交通版高等学校交通工程专业规划教材

JIAOTONG YUNSHU LEI JIBEN ZHUANYE DAOLUN
交通运输类基本专业导论

李淑庆　主　编
秦严严　陈　坚　朱胜雪　彭　博　副主编
杨晓光　主　审

人民交通出版社股份有限公司
北京

内 容 提 要

本书是交通工程、交通运输、交通设备与控制工程这三个专业的入门认知导论。全书共分十一章,包括:交通运输类专业概述、交通运输类专业教学质量国家标准、交通工程专业的创建与发展、我国交通工程专业大学特色与人才培养、交通工程专业知识体系和核心课程简介、交通工程专业培养方案与就业去向、交通运输专业的创建与发展及就业方向、交通运输专业知识体系和培养方案、交通设备与控制工程专业简介、工程教育专业认证简介、职业规划与创新创业及就业教育。

本书可作为高等院校交通工程、交通运输、交通设备与控制工程、智慧交通等相关专业师生的专业导论课程参考教材和有关工程技术人员的参考用书,也可作为高考学生和家长选择填报交通运输类专业的参考资料。

图书在版编目(CIP)数据

交通运输类基本专业导论 / 李淑庆主编. —北京:
人民交通出版社股份有限公司, 2021.9
ISBN 978-7-114-17479-7

Ⅰ.①交⋯ Ⅱ.①李⋯ Ⅲ.①交通运输—高等学校—教材 Ⅳ.①U

中国版本图书馆 CIP 数据核字(2021)第 139511 号

交通版高等学校交通工程专业规划教材

书　　名:	交通运输类基本专业导论
著　作　者:	李淑庆
责任编辑:	杨　明　郭红蕊
责任校对:	孙国靖　宋佳时
责任印制:	刘高彤
出版发行:	人民交通出版社股份有限公司
地　　址:	(100011)北京市朝阳区安定门外外馆斜街 3 号
网　　址:	http://www.ccpcl.com.cn
销售电话:	(010)59757973
总　经　销:	人民交通出版社股份有限公司发行部
经　　销:	各地新华书店
印　　刷:	北京科印技术咨询服务有限公司数码印刷分部
开　　本:	787×1092　1/16
印　　张:	17.25
字　　数:	391 千
版　　次:	2021 年 9 月　第 1 版
印　　次:	2024 年 7 月　第 2 次印刷
书　　号:	ISBN 978-7-114-17479-7
定　　价:	45.00 元

(有印刷、装订质量问题的图书由本公司负责调换)

交通版高等学校交通工程专业规划教材
编审委员会

主 任 委 员： 徐建闽(华南理工大学)

副主任委员： (按姓氏笔画排序)
马健霄(南京林业大学)
王明生(石家庄铁道大学)
王建军(长安大学)
吴　芳(兰州交通大学)
李淑庆(重庆交通大学)
张卫华(合肥工业大学)
陈　峻(东南大学)

委　　员： (按姓氏笔画排序)
马昌喜(兰州交通大学)
王卫杰(南京工业大学)
龙科军(长沙理工大学)
朱成明(河南理工大学)
刘廷新(山东交通学院)
刘博航(石家庄铁道大学)
杜胜品(武汉科技大学)
郑长江(河海大学)
胡启洲(南京理工大学)
常玉林(江苏大学)
梁国华(长安大学)
蒋阳升(西南交通大学)
蒋惠园(武汉理工大学)
韩宝睿(南京林业大学)
靳　露(山东科技大学)

秘　书　长： 张征宇(人民交通出版社股份有限公司)

前 言

据初步统计,2020年,我国大陆约有134所院校开设了交通工程专业,其中普通院校116所,独立学院18所;161所院校开设了交通运输专业,其中普通院校142所,独立学院19所。大批交通工程与交通运输专业的学生正在成为我国交通强国建设的主力军。

目前,我国交通运输类专业有十一个专业,分别是交通运输、交通工程、航海技术、轮机工程、飞行技术、交通设备与控制工程、救助与打捞工程、船舶电子电气工程、轨道交通电气与控制、邮轮工程与管理、智慧交通。其中,交通运输、交通工程两个专业为基本专业,其他为国家控制布点专业或特设专业。考虑到目前多数大学招生采用大类专业招生办法,而且许多学校同时开设了交通工程与交通运输两个基本专业,随着智能与智慧交通的兴起,很多学校也开设交通设备与控制工程专业;同时交通运输、交通工程两个专业相互交叉渗透,边界越来越模糊,需要结合大数据、人工智能和智慧交通等加以改造提升。因此,本书在重点介绍交通工程与交通运输专业导论的基础上,也简单介绍了交通设备与控制工程专业,这将有助于各院校教材选用与教学组织。

专业导论课是一门专业的入门认知课,主要介绍该专业的起源形成与发展历程、培养方案、课程与实践体系、社会需求与就业创业,有益于大学生一进校就了解和认知所学专业的特点与内涵、专业与行业及社会经济发展的关系、专业涉及的主要学科知识和课程与实践体系、专业人才培养基本要求,帮助大学生养成专业兴趣爱好、瞄准专业学习的方向与脉络、掌握专业学习方法、做好大学学业计划、做好未来人生与职业规划等。

本书由重庆交通大学李淑庆、秦严严、陈坚、彭博、马庆禄、任其亮,联合淮阴工学院朱胜雪、山东科技大学张俊友等多位教授一起编写,由教育部交通工程专业教学指导分委员会主任、同济大学杨晓光教授主审。其中李淑庆编写了第一章、第二章,秦严严编写了第三章、第四章,朱胜雪编写了第五章,彭博编写了第六章,陈坚编写了第七章、第八章,马庆禄编写了第九章,任其亮编写了第十章,张俊友编写了第十一章,全书由李淑庆统稿。本书编写过程中得到了北京交通大学邵春福教授、北京工业大学关宏志教授、西南交通大学蒋阳升教授、上海海事大学葛颖恩教授的指导与帮助,在此表示衷心感谢!

我国大学教育非常重视对大学生的专业认知与导论指引,但目前正式出版的专业导论教材或相关书籍很少,鉴于可借鉴的资料不多和作者水平有限,书中难免出现疏漏与不妥之处,敬请读者批评指正。

作　者
2021 年 3 月

目 录

第一章	**交通运输类专业概述**	1
第一节	交通与运输	1
第二节	我国高等教育专业与学科体系	10
第三节	交通运输类专业	34
第二章	**交通运输类专业教学质量国家标准**	38
第一节	我国高等教育基本状况	38
第二节	我国高等学校本科专业教学质量国家标准	41
第三节	我国交通运输类专业教学质量国家标准	46
第四节	美国大学本科教育特点及培养标准简介	57
第三章	**交通工程专业的创建与发展**	60
第一节	交通工程专业内涵	60
第二节	我国交通工程专业简介	68
第三节	国外交通工程专业简介	75
第四章	**我国交通工程专业大学特色与人才培养**	81
第一节	基于道路交通的交通工程专业特色	81
第二节	基于轨道交通的交通工程专业特色	83
第三节	基于水运交通的交通工程专业特色	84
第四节	基于航空交通的交通工程专业特色	84
第五节	基于运载工具的交通工程专业特色	85
第六节	基于管理开设的交通工程专业特色	86
第五章	**交通工程专业知识体系和核心课程简介**	88
第一节	交通工程专业的知识体系	88
第二节	"交通工程导论"课程简介	90
第三节	交通工程师的工具课程内容简介	112
第四节	交通分析理论基础简介	113
第五节	核心专业课基本内容简介	115
第六节	其他部分专业课程基本内容简介	119

第六章　交通工程专业培养方案与就业去向 … 123
第一节　交通工程专业2011版培养方案简介 … 123
第二节　交通工程专业2014版培养方案简介 … 128
第三节　交通工程专业2018版培养方案简介 … 130
第四节　交通工程专业就业去向 … 146

第七章　交通运输专业的创建与发展及就业方向 … 154
第一节　交通运输专业简介 … 154
第二节　我国交通运输专业的发展 … 155
第三节　国外交通运输专业的发展 … 169
第四节　交通运输专业就业方向 … 178

第八章　交通运输专业知识体系和培养方案 … 187
第一节　交通运输专业的知识体系 … 187
第二节　交通运输专业主要核心课程内容简介 … 198
第三节　交通运输专业培养方案要求 … 203
第四节　交通运输专业培养方案示例 … 207

第九章　交通设备与控制工程专业简介 … 222
第一节　交通设备与控制工程的概念 … 222
第二节　交通设备与控制工程专业的形成与发展过程 … 224
第三节　交通设备与控制工程专业的培养目标与特色 … 231
第四节　交通设备与控制工程专业学习的基本要求 … 232
第五节　交通设备与控制工程专业就业方向 … 233
第六节　交通设备与控制工程专业人才培养方案示例 … 234

第十章　工程教育专业认证简介 … 248
第一节　工程教育专业认证的基本理念 … 248
第二节　工程教育专业认证标准 … 250
第三节　交通运输类专业工程教育专业认证情况 … 253

第十一章　职业规划与创新创业及就业教育 … 255
第一节　大学生职业规划 … 255
第二节　创新创业教育 … 260
第三节　就业教育 … 262

参考文献 … 266

第一章 交通运输类专业概述

恭喜你,考上大学并选择了交通运输类专业!你一定迫切想知道:什么是交通?什么是运输?交通与运输的相互关系是什么?什么是专业?大学为什么要设置专业?怎样设置专业?什么是学科?怎么划分学科?大学专业与学科的相互关系是什么?交通运输类专业包含哪些专业?其支撑学科和类别是什么?本章将回答这些问题。

➡ 第一节 交通与运输

一、交通

1. 交通的基本概念

交通是人类社会最基本的活动之一,是基本生活需求中"行"的表现,是商品交换的先决条件。随着交通的改善,人类的物质生产逐步从自给自足,过渡到分工交换。物质产品的分工交换,是现代工业社会的基础之一,交通工具的发展促进了社会的进步与繁荣。

"交通"一词的概念,最早可追溯至《易经》的"天地交而万物通"。古人"山川涸落,天气下,地气上,万物交通""阡陌交通,鸡犬相闻"等论述,反映了大自然气息相通和人群往来通达的状态,是交通的古朴本质。《说文解字》解释"交",意交叉,"通",即到达。《辞源》中"交通"的释义是"彼此相通"和"交接往还"。《现代汉语词典》中"交通"的基本词义是"往来通达"。《汉语辞海》中将"交通"释义为"往来通达、阡陌交通",是各种运输和邮电事业的总称。《道路交通管理词典》对交通的解释为:交通是人或物、信息在两地间的往来、输送,是各种运输事业和邮电通信的总称。

实际上,"交通"一词具有两层含义:一是广义的交通,二是狭义的交通。广义的交通是指人、车、货、信息(语言、文字、符号、图像等)从一个位置移动到另一个位置的全过程,即现代五种基本交通方式和邮电的总称。狭义的交通仅指人员和车辆(包括汽车、火车、轮船和飞机)沿着规定的路线(如铁路、公路、水路和航线等)行驶或航行的过程,即现代铁、公、水、航四种基本交通方式。

2. 交通的组成要素

交通是一个移动过程,由移动的主体、交通工具、交通设施、交通环境、交通规则、信息等要素组成。

移动主体,即人和物。人是指所有的交通参与者,包括驾驶员、乘客、行人,以及交通规划、设计、管理人员和决策者等。人是交通的主体,起交通主导作用,无人驾驶汽车或飞机,实际上也是由人主导的。物,一般指人们能够支配的物质实体和自然力。交通移动的物指需要移动的有形或无形物质,包括固体、液体和气体的原材料或制成品等。

交通工具,即汽车、火车、轮船、飞机等,是交通移动的载体,是达到交通目的的工具,没有这类工具,交通过程一般不可能完成。

交通设施,即铁路、公路、水路、航线、管道等线路与站场设施、管理设施、安全设施、能源与动力设施、监控与服务设施等,这是交通的基础,没有这些基础设施,再好的交通工具也无用武之地。

交通环境,即地形地貌、气候、照明、空气、生态等交通条件,交通环境对交通移动效率具有极大的影响。

交通规则,即交通政策与法规,交通规划、交通建设、运营与管理必须遵守和符合交通规则。

交通信息,一般指交通系统与环境交换的,系统内部要素之间交换的,要素自身处理加工的,用于服务、影响、干预、引导、指挥交通行为的所有信息指引;或指交通正常移动前、移动中和移动后需要的所有信息资讯,如法律法规信息、静态与动态交通信息等。现代交通体系中,为保障交通安全、有序、畅通、高效移动,交通信息发挥越来越重要的作用。

二、运输

1. 运输的基本概念

《现代汉语词典》中"运输"的基本词义是用交通工具把人员或物资从一个地方运到另一地方。《汉语辞海》将"运输"释义为使用一定的工具和设备,把旅客或货物从一地运送到另一地的活动;"运输"包括铁路运输、公路运输、水路运输、航空运输、管道运输五种基本运输方式。

事实上,"运输"是指人和货物的载运和输送,或指用交通工具把人员或物资从一处输运另一处的过程,实现人和物空间位置变化的社会活动。"运输"除包括五种基本运输方式外,还包括由某种基本运输方式派生或几种基本运输方式组合出的其他运输方式,如:驼背运输是一种公路和铁路联合的运输方式,货运汽车或集装箱直接开上火车车皮运输,到目的地再从车皮上开下的运输方式;多式联运是由两种及以上的交通工具相互衔接、转运而共同完成的运输过程;轨道运输除包括铁路运输外,还包括地铁、轻轨、有轨电车、磁悬浮轨道系统、单轨系统和旅客自动捷运系统等。此外,索道、缆车、电扶梯、电梯、传送带等属于特色运输方式。

按运输按服务对象不同分为旅客运输和货物运输。

①旅客运输是以充分满足人民群众在经济社会和文化生活上的旅行需要,安全、快速、准确、舒适地将旅客运送到目的地为基本任务,是交通运输部门为满足人们旅行需要所提供的一种服务。旅客运输包括人员、行李、包裹和邮件运输,具有生产性质。

②货物运输是运输从业者借助运输工具和交通基础网络,合法合规地把各类原材料、物资、产品等货物从一个地方移动到另外一个地方,包括制造商和流通商的装卸、运输、仓储、搬运、配送等一系列的过程。

货物运输一般分为普通货物运输和特种货物运输两大类。普通货物运输,是指货物在运输、装卸和保管过程中没有特殊要求,不必采用特殊方式或手段即可以运送的货物运输。特种货物运输是对装卸、运送和保管等环节有特殊要求的货物运输的通称。特种货物运输包括:危险品运输、三超大件运输、冷藏运输、特殊机密物品运输、贵重货物和特种柜运输等。

2. 运输的构成要素

运输是人员或货物从一个地方移动另一个地方的过程,由运输对象、运输工具、运输线路(网)设施、运输支持保障系统四大要素组成。

运输对象,即要运输的人员或货物对象。人员对象包括一般人员或特殊人员,个体人员或团体人员等。货物对象指普通货物或特种货物。

运输工具,指完成旅客和货物运输的机车、客货车辆、汽车、轮船、飞机等。由于这些运输工具是完成旅客和货物位移的工具,故又称交通运输移动设备。根据其从事运输活动的独立程度,可以分为三类,第一类是没有装载客货容器,只提供原动力的运输工具,比如机车、推车(拖船)、牵引车等;第二类是没有原动力,只有装载客货容器的从动运输工具,如车辆、挂车、驳船等;第三类是既有装载客货容器,又有原动力的独立式运输工具,如轮船、汽车、飞机等。

运输线路(网络)设施,是指供运输工具定向移动的路线、节点、通道(网络),是运输工具赖以运行的空间设施基础。在现代运输系统中,主要的运输线路有铁路、公路、水路、航空线和管道五种运输线路,或火车站、汽车站、港口码头、机场和管道站等运输节点,或铁路网、公路网、水路网、航空线网和管道网五种运输网络。其中铁路和公路为陆上运输线路(网络),需承受运输工具及其装载物或人的重量,可引导运输工具的行进方向。水路和航空线主要起引导运输工具定位定向行驶的作用,不必承受来自运输工具及其装载物或人的重量,船舶等浮动器和飞机等航空器及其装载物或人的重量分别由水和空气的浮力来支撑。管道是一种相对特殊的运输线路,由于其严密的封闭性,使之部分地承担了运输工具的功能。现代综合交通运输网络一般包含运输需求网、设施网、能源网、服务网、管控网、治理网、感知网、通信网、互联网等。

运输支持保障系统是保障运输过程有序、安全、高效的人、财、物等系统,包括运输环境条件、运输政策与法规、运输企业与个体、运输从业人力资源系统、运输能源与动力系统、运输信息及智能化系统、运输行业管理系统、运输生产组织系统等。现代运输体系越来越需要完善、先进、安全、可靠、智慧的运输支持保障系统。

3. 运输的特性

运输主要具有生产、服务、基础三个特性。

(1) 运输的生产特性

运输既具有实质生产的共性,又具有区别于一般物质生产的个性,运输是生产过程在流通过程内的继续,属于物质生产领域。

①运输生产的本质性。运输的生产过程是由一定的生产关系联系起来的、具有劳动技能的人们使用劳动工具(如车、船、飞机及其他设施)对劳动对象(货物和旅客)进行生产,产生位移,并创造产品的过程。运输的产品,对旅客运输来说,是人的空间位移,对货物运输来说,是货物的空间位移。显然,运输是以改变"人和物"的空间位置为目的的生产活动,并不创造新的实物形态产品,这一点和通常意义下以改变劳动对象物理、化学、生物属性为主的工农业生产不同。

②运输生产的派生性。从消费学的角度看,运输需求是一种派生需求。运输生产并不是为了生产而生产,而是为了满足其他生产和生活的需要。因此,旅客和货主所提出的运输需求,是为了实现生活、生产中的本源性需求。例如,旅客乘车,位移本身不是目的,而是为了通过位移的改变满足其上班、外出购物、商务旅游、探亲访友等目的。货运中货物位移的目的是使货物投入生产、加工、销售领域,实现其价值。由此可见,运输生产是相对被动的,是随着与其相关的本源性需求的产生而产生的。

③运输生产的开放性。运输生产过程是一个点多、线长、面广、流动、分散、多环节、多工种的联合作业过程,这些决定了运输生产活动不可能局限于某一车间或地点,运输生产渗透到社会经济的各个方面。一辆车可以是一个独立的生产单位,一次运输活动也可能是一个完整的运输生产过程。因此,对运输生产活动的跟踪控制,对运输沿线客货源的组织,以及提高运输生产效率等方面的工作,形成了运输企业不同的管理要求。此外,运输生产过程还需与外部环境变化相关联,即运输生产与外部环境不断发生着物质、能量和信息的交换。

④运输生产过程与消费过程的同一性。工农业产品的生产和消费,表现为在空间上和时间上相分离的两种行为。产品作为成品离开生产过程后,便作为与生产过程分离的商品转入流通,通过流通环节到达消费者,最后进入消费,如个人或家庭直接消费、企业或团体用于再生产的进一步消费。运输生产是在运输过程中完成的,运输消费也是在运输过程中完成的,即运输产品的生产和消费是同时进行的、边生产边消费,因为运输产品的使用价值不能同他的生产过程相分离,不能像其他商品一样在生产过程之外流通。因此,运输产品生产和消费这两种行为是合二为一的,在空间上和时间上是结合在一起的,在时空上是重合的。应该注意的是,运输生产与运输消费具有不同的行为主体。运输生产的行为主体是运输经营者和运输监管部门,而运输消费者的行为主体是乘客或货主等。完成的运输生产过程与消费过程包括了诸多方面和环节,运输生产过程与消费过程的同一性主要是指运输生产过程与运输消费过程在时空上具有重合性的特点,这也表明运输生产的产品是无形的,不具有物质实体,既不能调拨,也不能存储。

⑤运输生产的增值性。虽然说运输生产本身不产生新的物质产品,不增加社会产品数量,不赋予产品新的使用价值,只是改变客货的空间位置,但是,运输过程却可以创造"场所

效"。场所效应指同种物品由于空间场所不同,使用价值的实现程度不同,效益也不同。因改变场所而发挥的使用价值,最大限度地提高了投入产出比,由此所产生的效用被称为场所效应。通过运输,将"物品"运到场所效应最高的地方,就能发挥"物品"的潜力,实现资源的优化配置。从这个意义上讲,运输生产提高了产品的使用价值,具有增值性。

⑥运输产品的无形性与异质性。货物作为劳动对象进入运输过程并不像一般商品生产那样,劳动对象经过物理或化学的变化取得新的使用价值形态。运输产品,即运输服务,本身是无形的,不具有实物形态,无法用手触摸或用肉眼感知它的存在。消费者在消费这种产品之前,无法用预先"观察"和其他手段了解它的性能和质量。消费者在消费后,同样没有留下具有实物形态的东西(除了车船票或纪念品等)。同时,这种位移有不同的质量要求,即异质性,如快速、直达、便利、舒适等。

⑦运输产品的同一性。各种运输方式具有不同的技术经济特征,使用不同的运输工具承载运输对象,在不同的运输线路上运行、进行运输生产活动,显然具有不同的技术经济特性。但不论运输对象是人还是物,也不论货物种类如何众多繁杂,各种运输方式生产的是同一的产品,即运输对象的位移,它对社会具有相同的效用。工农业生产部门则不同,其产品多种多样、千差万别,对社会具有不同的效用。运输产品的同一性决定了在一定条件下各种运输方式的相互替代、补充、协调,这也是建立形成一个有效综合运输系统的需求所在。

(2)运输的服务特性

服务业的特征是以提供服务的方式为社会生产和人民生活服务。运输的服务特性基于三次产业理论,即运输业被列入第三产业,运输具有明显的服务特性。运输服务业兼有运输业和商业服务业的特性,但又不同于运输生产和商业服务,有着自己鲜明的特点:

①运输服务具有社会必要性和物质属性。运输服务虽然不能像制造业、农业那样创造有形财富,但可以产生使人或物实现空间移动的无形效果,可以对人类社会产生非常重要的效用,是人类生产、生活必不可少的。服务具有无形性,看不见、摸不着,物质属性极为淡化,因而世界各国均把服务业列为第三产业,以区别于其他物质生产部门。运输业虽然也被列为第三产业,但运输业的物质属性却非常突出。运输服务是与时间和空间有关的活动,而时间和空间是物质存在的基本形式。

服务业的特征是以提供服务的方式为社会生产和人民生活服务。在这一点上,运输服务业与其他服务业是相同的。运输服务业与其他服务业的主要区别在于:运输服务业既有劳务服务,又带有运输业物质生产的性质。它是作为物质生产部门的运输组成部分而存在的,有明显依赖于运输、服务于运输的特点。比如货物包装、仓储理货、联货、联运、客货委托代办等,既是服务业,又是运输生产过程中的环节。

②运输服务具有过程性。运输在提供人或物的空间转移时必然发生时间消耗,该时间消耗是从起点到终点的全程时间,因而运输服务必须在位移活动中提供全过程服务。这种全过程服务一方面说明运输服务不能发生间断,必须连续进行。另一方面说明运输服务要注意各环节的有机衔接,从受理、承运、暂存、交付等全过程提供系列化服务。

运输服务业为运输生产前后和生产过程服务,是运输生产全过程中不可缺少的组成部分,它的价值不仅反映在运输价值上,同时也反映在旅客和货物实现位移的过程中。

③运输服务具有一定公益性。运输服务在承担其经济任务的同时,也担负着保障公民基本出行权及其对基本物质的需求权的职责,这就表明运输服务具有一定公益性,这种公益性是社会各相关主体对运输行业或企业的社会性普遍服务要求。运输服务不仅为运输企业的生产提供直接服务,而且为广大旅客和货主提供直接服务。它的效益不仅反映在经济效益上,而且更反映在社会效益上,运输服务是社会的公益事业,具有公共特性。

④运输服务具有竞争性。由于运输需求的多样性、并存性和产品的可替代性,决定了运输服务具有竞争性。运输服务的竞争性是指不同运输业主为了获取运输市场业务份额或为具体消费者提供运输服务的权利,而彼此进行的运输市场角逐。运输服务竞争有两类,一类是为市场而竞争,如为获取出租公路经营许可证进行的竞争;另一类是在市场上为争取更多的消费者而进行的竞争。

运输市场上的竞争主要可以分为两种形式:第一种是不同运输方式之间的竞争,例如公路与铁路之间、铁路与水运之间、高速铁路与航空之间的竞争;第二种是同一运输方式企业之间的竞争,如不同航空公司之间、不同轮船公司之间或不同卡车主之间相互竞争。

⑤出行即服务是智慧交通和绿色出行的未来。近年来,随着城市化进程加快,机动车拥有量增加,城市交通压力不断增大,公共交通竞争力减弱,城市交通拥堵日益严重,这对城市居民出行服务提出了新的要求,提倡出行即服务(Mobility-as-a-Service,简称 MaaS)的理念,将多元交通工具(模式)全部整合在统一的服务平台上,基于数据的共享服务,运用大数据技术进行资源配置优化和决策,建立无缝衔接的、以出行者为核心的交通系统,并使用移动支付的新方法,提供符合出行者需求的,更为灵活、高效、经济的出行服务。MaaS 通过将离散交通子系统向一体化综合交通系统转化,打造一个比自己拥有车辆更方便、更可靠、更经济的交通服务环境,让出行者从拥有车改为拥有交通服务,实现由私人交通向共享交通的转变。

MaaS 具有"共享""一体化""人本"和"绿色"四个特点。"共享",即强调 MaaS 应更注重交通服务的提供而不是对车辆的拥有。乘客既是交通服务的受益者也是交通数据的提供者与分享者,基于数据的挖掘分析可使整个出行服务得以优化。"一体化",即基于时间或费用等敏感因子,高度整合多种交通出行方式,实现最优出行方案的动态推荐,并能够完成支付体系的一体化。"人本",即提倡以人为本,强调为人服务,而不是为了小汽车服务,它主要的目标是为民众提供更高效率、更高品质、更加安全的出行服务和无缝衔接的出行体验。"绿色",MaaS 将更多地鼓励民众使用公共交通方式出行,提升绿色出行的比例,减少私人机动化的出行,节能减排。

(3)运输的基础特性

运输是支撑国民经济,决定国家经济活力水平的基础与前提,是国民经济结构中的先行和基础产业,任何国家和地区的经济发展都是以安全、高效的运输为基础的。

运输基础设施在许多国家既可以由政府提供,也可以由其他社会成员提供,因此它们可能是公共产品,也可能是私人产品。它具有一些不同于其他一般基础设施的特性,具体表现在:运输基础设施的社会公益性;运输基础设施的价值及使用价值;运输基础设施的级差效益;运输基础设施的商品属性。

4.五种基本运输方式

（1）五种基本运输方式的适应性

随着社会经济的发展和人们生活水平的提高，旅客对出行的快速、方便、舒适、安全要求越来越高，因此高铁和民航越来越受到旅客的青睐，这也是旅客运输的重要支撑和发展方向。对货物运输来说，五种基本运输方式各有其适应性。

①铁路运输。特点：运量大，速度快，运费较低，受自然因素影响小，连续性好；但造价高，占地广，短途运输成本高。它一般适合大宗笨重、需长途运输的货物。

②公路运输。特点：机动灵活，可实现门到门，周转速度快，装卸方便，对各种自然条件适应性强；但运量小，耗能大，成本高，运费较高。它一般适合短程、量小的货物运输。

③水路运输。特点：运量大，投资少，成本低；但速度慢，灵活性和连续性差，受航道水文状况和气象等自然条件影响大。它一般适合大宗、远程、时间要求不高的货物运输。

④航空运输。特点：速度快，效率高；但运量小，耗能大，运费高，且设备投资大，技术要求严格。它一般适合急需、贵重、数量不大的货物运输。

⑤管道运输。特点：损耗小，连续性强，平稳安全，管理方便，运量大；但设备投资大，灵活性差。它一般适合大量流体货物运输。

（2）五种基本运输方式的主要技术特征指标

五种基本运输方式的产品都是客货在空间上的位移，但运输速度、载重量、连续性、安全性、舒适度等是不一样的。一般评价交通运输方式的主要技术特征指标采用速度、最大运输能力、通用性和机动性四项指标，五种基本运输方式的主要技术特征指标见表1-1-1。

五种基本运输方式的主要技术特征指标　　　表1-1-1

运输方式		速度(km/h)	最大运输能力/通行能力	通用性	机动性
铁路		普速客车：80~160 货车：80~100 动车：160~200 高铁：300~350	单线：1800 万吨/年 双线：5500 万吨/年	较好	较差
水路	海运	30~50	不受限制	较好	差
	内河	20~40	船闸单线：2000 万吨/年 船闸双线：4000 万吨/年	较好	差
公路		客车：80~120 货车：60~100	高速公路：1800~2000 标准小客车/h	较好	好
航空		700~900	一般 100~400 客座位	较好	较好
管道			管径 762mm：输油 2000 万吨/年 管径 564mm：输油 1000 万吨/年	差	较差

三、交通与运输的关系

现代社会中，交通关乎人们的工作、学习与生活等方面，是人类社会生活的重要内容。运输是开展生产和发展经济的前提，是现代社会生产活动的基础。交通与运输两个词在现代社会中的出现频率很高。两个词有时可以通用，但有时又具有一定的区别。

1. 交通与运输的区别

(1) 定义不一样

按照交通的定义,交通是运输和邮电的总称,说明交通与运输是一个包含关系,交通的范畴要大于运输。

(2) 侧重点不一样

"交通"与"运输"是反映同一事物的两个方面。同一事物就是二者都反映了人员、货物或运输工具在交通网络上的流动情况,两个方面就是"交通"和"运输"所关心的侧重点不同。

"交通"强调的是人、货物或交通工具在交通网络上的流动整体性,即交通流,而与交通工具上所载运的人员与物资数量关系不大。"运输"强调的是实现位移的客或货的数量多少,即运输量,和位移距离与完成运输过程所需的时间,即运输周转量,而不强调采用何种运输工具。由此可见"交通"是"运输"的前提,"交通"是手段,"运输"是目的。

(3) 服务对象和服务载体不一样

"交通"的服务对象是交通参与者(包括行人、非机动工具、机动工具),服务载体为交通线路。但"运输"的服务对象是人或物(人或物必须载于运输工具内,且必须通过交通线路来实现),服务载体为专门用于运送人或物的运输工具。

(4) 英文词汇不一样

在英文单词上,"交通"一般用"communications"或"traffic"表示,"运输"一般用"transportation"或"transport"表示。其中,"communications"具有交通和通信的含义;"traffic"指往来于街道上的行人和车辆,或铁路上的列车,或河流通行的轮船,或天空中飞行的飞机等。"transportation"与"transport"均可表示"运输",但"transportation"多用于美式英语,一般只能作名词;"transport"多用于英式英语,可用作名词和及物动词,同时能表示运输器材或工具之意。

(5) 涉及问题不一样

"交通"主要涉及交通方式的选择、交通基础设施建设和国家交通政策、交通规划与交通投资问题。"运输"则是在现有交通设施的基础上如何进行运输活动等与企业经营有关的问题。"交通规划"一般注重交通基础设施网络布局与站场衔接等;"运输规划"更关注运输对象的组织管理和运输线路的设计与优化问题。

2. 交通与运输的联系

(1) 一般说来,交通设施是一种投资品,而运输则是无形的位移服务。由于现代的运输活动都是在特定的交通设施上进行的,因此人们习惯于把二者联系在一起,统称交通运输。

(2) 由交通与运输构成的一些词语,一部分可以相互替换使用。比如,交通线与运输线、交通方式与运输方式,交通部门与运输部门,交通系统与运输系统等。

(3) 从系统工程角度来看,交通系统与运输系统统称为交通运输系统,是一个整体,密不可分。交通运输系统类似于人体的血液循环系统,交通相当于人体的动脉血管、静脉血管和毛细血管组成的管道系统,即血液循环的交通基础设施;运输则相当于在血管中流动的血液,即在人体的各部分间实现养分、代谢废物和能量的位移。交通运输与国民经济的关系类似于血液循环系统与人体不同组织的关系,血液循环系统维持着人体所有的脏器和组织的生存和活力,没有良好的血液循环系统,部分人体组织就会坏死;同样若某个地区没有良好的交通基础设施,该地区的经济就无法发展。

(4)从未来发展的角度来看,在交通运输供给体系质量和效率提升、交通运输资源节约与共享、智能或智慧交通运输系统的建设等方面,交通与运输两者的内涵将不断融合、外延会更加重合、边界将越来越模糊,交通与运输的联系将愈来愈紧密,两者融合发展成为一体化系统、密不可分。

四、交通运输的作用

随着人类社会的进步和科学技术的发展,交通运输的功能与作用越来越大。劳动生产、工作学习、贸易往来、科学文化活动、社会交往和信息传递等都离不开交通运输。交通运输的作用主要表现在以下几方面:

1. 社会经济发展的基础性作用

交通运输是国民经济的基础,是国民经济中各项生产、生活活动的主要环节之一;交通运输在国民经济和社会发展中起基础性、战略性、先导性、引领性作用。一个地区、一个国家的生产发展、经济繁荣以及社会活动的各个方面均有赖于发达的交通运输。交通运输是生产过程在流通领域的继续和进行社会再生产的必要条件,是沟通工农之间、城乡之间、地区之间、企业之间经济活动的纽带,也是联系国内与国外、商品生产与商品消费不可缺少的桥梁。良好的交通条件与高效的运输系统,能促进社会的发展和经济的繁荣,保障人们日常生活的正常进行。边远山区和贫穷落后地区的开发,社会交往与旅游活动的开展,都要依靠交通运输的发展。国家和地区经济的合理布局与协调发展,城市各项功能的发挥,特别是大城市政治、经济、社会、科技、文化教育等各项活动的正常开展,均有赖于交通运输的现代化。

此外,交通运输能扩大商品市场与原材料的来源,降低生产成本与运输费用,促进工业、企业的发展与区域土地的开发,提高土地价格与城市活力。交通运输的发展还可实现运输的专业化、便捷化、批量化与运费低廉化,从而可能在更大的范围内合理配置生产要素,也可促进全国或地区内人口的合理流动。

2. 社会公益作用

交通运输基础设施在许多国家既可以由政府提供,也可以由其他社会成员提供,因此它们可能是公共产品,也可能是私人产品。它具有一些不同于其他一般基础设施的特性,具体表现在:交通运输基础设施的社会公益性,交通运输基础设施的价值和使用价值,交通运输基础设施的级差效益,交通运输基础设施的商品属性。

现代化的交通运输业,必须不分昼夜、季节、全天候地正常运输,与国家的政治和经济休戚相关。遇到非常时期,发生灾难时,如地震、洪水、大火、海啸、疫情等,或在战争时,或国家财产受到威胁时,交通工具都会用来抢救危亡,恢复社会正常秩序。这些时候,这种超经济的社会公益作用会显得更为突出。

3. 宏观调控作用

当国民经济失调而需要调整或治理整顿时,交通运输作为国家宏观调控工具的作用会更加突出,如煤炭抢运、全国性粮食调运等。

4. 国防战备作用

交通运输是国防的基础与后备力量,战时又是必要的军事手段,关系到民族存亡、国家安危,绝非用经济尺度所能衡量。

总之,由各种交通方式构成的现代交通运输网络,可以使国家内部各地区联结成一个统一的整体,对促进国家经济和社会协调发展、社会公益事业发展、宏观调控、国防战备等具有十分重要的作用和意义。

第二节　我国高等教育专业与学科体系

一、专业与学科

1. 专业的概念

《辞海》对"专业"的定义为"高等学校或中等专业学校根据社会分工需要而划分的学业门类"。《实用教育大词典》对"专业"的定义是,"高等学校或中等专业学校根据社会分工、经济和社会发展需要以及学科的发展和分类状况而划分的学业门类"。高等学校和中等专业学校设置的各种专业,体现各自不同的培养目标和规格,制定各自不同的教学计划和课程体系。有学者从广义、狭义和特指三个层面来理解"专业"。广义的"专业"是指某种职业不同于其他职业的一些特定的劳动特点(job 或 career)。狭义的"专业"主要指某些特定的社会职业,这些职业的从业人员从事的是比较高级、复杂、专门化程度较高的脑力劳动,一般人所理解的"专业"是指这类特定的职业(profession)。所谓特指的"专业",即高等学校中的专业(major 或 specialty)。

本书中的"专业"是指高等学校中谈及的专业,即高等学校为培养本科人才而设置的专业,是指"高等学校根据社会分工、经济和社会发展需要以及学科的发展对人才的要求和分类状况而划分的学业门类"。不同本科专业具有各自不同的培养目标和规格、教学计划和课程体系。

2. 学科的概念

"学科"一词译自英文的 discipline,含义为科学门类或某一研究领域、一定单位的教学内容、规范惩罚等。因此,从其本源来说,学科一方面指知识的分类和学习的科目,另一方面,又指对人进行的培育,尤其侧重于带有强力性质的规范和塑造。

《辞海》中对"学科"从两方面界定:一是学术的分类,指一定科学领域或一门科学的专业分支,如理学门类中的物理学类、生物科学类,工学门类中的土木类、交通运输类等;二是"教学科目"的简称,即"科目",学校教学的基本单位。中国教育界的研究者通常从三层含义上定义学科:一是学问的分支,二是教学的科目,三是学术的组织。

《现代汉语词典》对"学科"一词的解释是:"按照学问的性质而划分的门类"。

综上所述,"学科"有两种内涵:一是指学术的分类,即一定科学领域或一门科学的专业分支,即"学科是相对独立的知识体系";二是指教学科目的简称,是依据一定的教学理论组织起来的科学知识体系。不同的学科具有不同的研究领域和知识体系。

3. 学科与专业的区别

(1) 学科与专业的构成不同

一般认为，一门独立学科的形成需要如下几个要素：一是研究的对象或研究的领域，即这门学科具有独特的、不可替代的研究对象或方向，具有特殊的规律；二是理论体系，即一门独立学科需形成特有的概念、原理、规律，构成严密的逻辑系统；三是学科的研究方法。

专业主要是由专业培养目标、课程体系和专业中的人构成。专业培养目标对整个专业活动起导向和规范作用，专业建设很大程度上取决于对专业培养目标的定位与设计。课程体系直接影响专业建设与发展，即课程体系合理与否、质量高低、实施效果好坏直接影响专业的人才培养质量。

(2) 划分学科与设置专业依据的原则不同

学科划分遵循知识体系自身的逻辑。学科及其分支是相对稳定的知识体系，即使是在一些学科分化与综合的演变中形成的新的交叉学科、边缘学科和综合性学科，也都有自身相对稳定的研究领域。而专业是按照社会对不同领域和岗位专门人才的需要来设置的，处于学科体系与社会职业需求的交叉点。从大学的角度看，专业是为学科承担人才培养职能而设置的；从社会的角度看，专业是为满足从事某种社会职业所必须接受的训练而设置的。不同领域的专门人才需要什么样的知识结构，专业就组织相关的学科来满足。不同的社会发展阶段和发展水平要求有不同的专业设置及专业培养目标与之适应。专业以学科为依托，有时某个专业需要若干个学科支撑，有时某个学科又下设若干个专业。有时一个学科往往就是一个专业，除了一些公共基础知识。目前倡导的"跨学科专业"以培养复合型人才为目标，就是不同学科在教学功能上的交叉，而不仅是学科在自身发展意义上的交叉。

(3) 学科与专业所追求的目标不同

学科发展的核心是知识的发现和创新，学科以本学科研究的成果为目标，向社会提供的产品一般称之为科研成果，科研成果又可分为科学型和技术型两种。专业则以为社会培养各级各类专业人才为目标，培养适应社会对不同层次人才在质量、数量上的具体要求。

(4) 在高校人才培养上，学科与专业描述的对象不同

对于高校人才培养，尽管专业和学科都是为培养人才服务，但专业可以简单理解为主要和本科培养教育相关，而学科可以简单认为主要和研究生培养教育相关。

(5) 从培养人才的角度看，专业的作用是直接的，学科的作用是间接的

在专业定位及培养目标、专业口径、教学计划、教学内容、教学方法、教学手段的研究与使用、教材、实验设计与开设、教学管理制度等方面，学科是无法替代的。因此，专业是直接面对人才培养的各个方面，学科起到专业人才培养的支撑作用。

4. 学科与专业的联系

学科和专业是密切相关的，学科与专业并存是高校的一种特有现象，两者相互依存、相互促进、相互发展。专业是学科人才培养的基地，学科是专业持续发展的基础，任何高校的人才培养质量都取决于该高校的学科和专业水平。

(1) 专业依托学科

18世纪后,自然科学从哲学中分化出来,本身又分化为不同的学科领域,以便分门别类地进行研究,如理学、工学、经济学等。随着科学技术的不断发展,这些基础学科不断分化,相继出现一级、二级学科。与此同时,学科综合发展趋势日益明显,原有各学科间产生边缘学科、综合学科,如交通工程学、环境科学、空间科学等。这些都构成了现代大学专业的学科基础,即学科为专业人才培养任务奠定理论基础,提供知识体系和方法体系,是专业的基础和后盾,保障专业为社会经济发展提供高素质的劳动者。

(2) 专业与学科是多对多的关系

一个专业可能要求多种学科的综合(例如土木工程专业可能涉及数学、工程力学、岩石力学、地质学、混凝土结构、计算机等学科),而一个学科可在不同专业领域中应用(例如流体力学学科可能用于机械、土木、建筑、航空航天、交通工程等专业)。

(3) 专业特色主要是学科特色与社会适应特色

社会适应特色主要由大学的外部来进行评价,即大学的外部对专业的基础学科与主干学科认可与否。因此,专业特色实质上就是学科特色。一个学科的特色愈强,其作为主干学科的专业特色也就愈强。同时,一个有特色的专业,其学科特色也一定很鲜明。当然,学科与专业的结合是通过课程的设置及课程内容的选择与组织来体现的。

(4) 学科和专业有效结合才能完整实现大学的四大功能

现代大学有人才培养、科学研究、社会服务、文化传承四大功能。人才培养是大学的核心工作;科学研究是大学的重要职能和人才培养的重要载体;社会服务是人才培养和科学研究功能的延伸;文化传承是大学之大与大学之道的根本体现,大学之大在于有大德、有大道、有大爱、有大师、有大精神,孔子的《大学》开篇句就讲"大学之道,在明明德,在新民,在止于至善"。大学这四大功能相互联系,不可分割。大学的人才培养功能一般按专业组织体现,科学研究功能一般按学科组织进行,社会服务功能是通过学科和专业有效结合实现的,文化传承是教育的宗旨,即通过大学教育,弘扬光明正大的品德,学习和应用于生活,使人达到最完善的境界。

二、我国高等教育专业体系

1. 大学教育的目的

教育是一种人类道德、科学、技术、知识储备、精神境界等的传承和提升行为,是人类文明的传递。广义的教育指增进人们的知识和技能、影响人们思想品德的活动。狭义的教育,主要指学校教育,是教育者根据社会或一定阶级的要求,有目的、有计划、有组织地对受教育者的身心施加影响,把他们培养成为社会或一定阶级所需要的人的活动。

高等教育是在完成中等教育的基础上进行的专业教育和职业教育,是培养高级专门人才和职业人员的主要社会活动。高等教育主要包含两个方面,一个方面是高等教育机构(大学或学院)和管理机构(政府主管部门),另一方面就是接受高等教育的教育者(大学生)。显然,我国高等教育机构和管理机构兴办高等教育的目的就是为我国社会主义事业培养德、智、体、美、劳等方面全面发展的建设者和接班人。

作为高等教育的受教育者,从高中毕业、考上大学、进入大学学习到接受大学教育的目的主要表现为：

(1) 提高对自我的认识

大学教育的重要性并不完全在于学生学会了多少专业知识,掌握了多少技术,更重要的是让学生学会认识自我,提高自我,完善自我,形成独立的人格。

(2) 强化对他人、对社会的责任

大学生作为有知识、有思想的社会一分子,理应承担更多的社会责任,不仅要关注自己的学业,更应关注他人,关注集体、国家、民族和社会的发展,培养和建立责任感。

(3) 坚持对真理的追寻与探索,对知识的掌握与传播

大学是知识经济之根,大学教育的一个最基本目的就是对知识的了解、熟悉、掌握与传播,对真理不断追寻与探索,具有批判的意识和创新的精神。

(4) 学会与自然环境和谐协调

大学教育意在使学生关注自然,关注生命,培养他们可持续发展的价值观和判断能力,使他们能形成环境道德观,养成关心与爱护环境的素养。

(5) 学会终身学习的方法

在小学和中学学习阶段,学生的学习一般要受到家长和老师的诸多约束管教。而在大学学习阶段,大学生一般远离父母,学习受父母影响较小,同时大学课程教学风格与中小学课堂教育很不一样,此外,大学生选择的专业一般是在具有独立思想和人格(一般都满18周岁)条件下,选择自己喜爱的专业进行学习。因此,大学教育的过程实际上是培养大学生自学、独立思考、独立钻研的精神,这也是培养人生终身学习的方法。

2. 我国高等学校划分专业的目的

浩瀚自然,纷繁复杂,大千世界,奇妙无穷,知识积累越积越多,劳动分工越来越细,社会行业越分越多,专业或职业需要与社会分工相适应。高等学校划分专业的目的主要有两点：

(1) 国家培养分门别类的高级人才的需要

国家兴办高等教育,需要培养分门别类的高级人才。

(2) 大学生接受教育,适应社会的需要

学生在大学期间,其学习时间和精力都有限,无法做到全知全能,只能通过专注或选择喜爱的专业来获得该领域方面的知识教育和技能培训,作为走入社会再学习教育的起点和工作劳动的一技之长。

3. 我国高等学校专业划分

专业是高校办学的重要组成部分,是高等学校根据学科分类和社会职业分工而设置的培养人才的类别。《普通高等学校本科专业目录》是我国高等教育工作的基本指导性文件之一。它规定了专业划分、名称及所属门类,是设置和调整专业、实施人才培养、安排招生、授予学位、指导就业,进行教育统计和人才需求预测等工作的重要依据。新中国成立以来我国高校进行了六次大规模专业调整。改革开放以来,我国在1982年、1993年、1998年和2012年对《普通高等教育本科专业目录》共进行了四次大规模调整和修订。经过不断的修订和调整,该目录体系更加完整、科学和规范,我国高等学校本科教育逐渐形成一整套良好的运行

机制。

教育部2012年制定的《普通高等学校本科专业目录》包含基本专业和特设专业。基本专业一般是指学科基础比较成熟、社会需求相对稳定、布点数量相对较多、继承性较好的专业。特设专业是满足经济社会发展特殊需求所设置的专业,在专业代码后加"T"表示。涉及国家安全、特殊行业等专业由国家控制布点,称为国家控制布点专业,在专业代码后加"K"表示。该专业目录把我国普通高等学校大学本科专业共分为12个学科门类(除军事学外),92个专业类,506个专业(基本专业352个、特设专业154个),即按照专业划分设置有三层架构,学科门类、专业类、专业,详见表1-2-1。

普通高等学校本科专业目录(2012年)　　　　　　　　　表1-2-1

学科门类及编号	专业类名称及编号	专业		数量(个)
		基本专业	特设专业	
哲学01	哲学类0101	哲学、逻辑学、宗教学	伦理学	4
经济学02	经济学类0201	经济学、经济统计学	国民经济管理、资源与环境经济学、商务经济学、能源经济	6
	财政学类0202	财政学、税收学		2
	金融学类0203	金融学、金融工程、保险学、投资学	金融数学、信用管理、经济与金融	7
	经济与贸易类0204	国际经济与贸易、贸易经济		2
法学03	法学类0301	法学	知识产权、监狱学	3
	政治学类0302	政治学与行政学、国际政治、外交学	国际事务与国际关系、政治学经济学与哲学	5
	社会学类0303	社会学、社会工作	人类学、女性学、家政学	5
	民族学类0304	民族学		1
	马克思主义理论类0305	科学社会主义、中国共产党历史、思想政治教育		3
	公安学类0306	治安学、侦查学、边防管理	禁毒学、警犬技术、经济犯罪侦查、边防指挥、消防指挥、警卫学、公安情报学、犯罪学、公安管理学、涉外警务、国内安全保卫、警务指挥与战术	15
教育学04	教育学类0401	教育学、科学教育、人文教育、教育技术学、艺术教育、学前教育、小学教育、特殊教育	华文教育	9
	体育学类0402	体育教育、运动训练、社会体育指导与管理、武术与民族传统体育、运动人体科学	运动康复、休闲体育	7

续上表

学科门类及编号	专业类名称及编号	专业		数量(个)
		基本专业	特设专业	
文学05	中国语言文学类 0501	汉语言文学、汉语言、汉语国际教育、中国少数民族语言文学、古典文献学	应用语言学、秘书学	7
	外国语言文学类 0502	英语、俄语、德语、法语、西班牙语、阿拉伯语、日语、波斯语、朝鲜语、菲律宾语、梵语巴利语、印度尼西亚语、印地语、柬埔寨语、老挝语、缅甸语、马来语、蒙古语、僧伽罗语、泰语、乌尔都语、希伯来语、越南语、豪萨语、斯瓦希里语、阿尔巴尼亚语、保加利亚语、波兰语、捷克语、斯洛伐克语、罗马尼亚语、葡萄牙语、瑞典语、塞尔维亚语、土耳其语、希腊语、匈牙利语、意大利语、泰米尔语、普什图语、世界语、孟加拉语、尼泊尔语、克罗地亚语、荷兰语、芬兰语、乌克兰语、挪威语、丹麦语、冰岛语、爱尔兰语、拉脱维亚语、立陶宛语、斯洛文尼亚语、爱沙尼亚语、马耳他语、哈萨克语、乌兹别克语、祖鲁语、拉丁语、翻译、商务英语		62
	新闻传播学类 0503	新闻学、广播电视学、广告学、传播学、编辑出版学	网络与新媒体、数字出版	7
历史学06	历史学类 0601	历史学、世界史、考古学、文物与博物馆学	文物保护技术、外国语言与外国历史	6
理学07	数学类0701	数学与应用数学、信息与计算科学	数理基础科学	3
	物理学类0702	物理学、应用物理学、核物理	声学	4
	化学类 0703	化学、应用化学	化学生物学、分子科学与工程	4
	天文学类0704	天文学		1
	地理科学类 0705	地理科学、自然地理与资源环境、人文地理与城乡规划、地理信息科学		4
	大气科学类0706	大气科学、应用气象学		2
	海洋科学类 0707	海洋科学、海洋技术	海洋资源与环境、军事海洋学	4
	地球物理学类 0708	地球物理学、空间科学与技术		2
	地质学类 0709	地质学、地球化学	地球信息科学与技术、古生物学	4
	生物科学类 0710	生物科学、生物技术、生物信息学、生态学		4
	心理学类 0711	心理学、应用心理学		2
	统计学类 0712	统计学、应用统计学		2

续上表

学科门类及编号	专业类名称及编号	专业 基本专业	专业 特设专业	数量(个)
工学08	力学类0801	理论与应用力学、工程力学		2
	机械类0802	机械工程、机械设计制造及其自动化、材料成型及控制工程、机械电子工程、工业设计、过程装备与控制工程、车辆工程、汽车服务工程	机械工艺技术、微机电系统工程、机电技术教育、汽车维修工程教育	12
	仪器类0803	测控技术与仪器		1
	材料类0804	材料科学与工程、材料物理、材料化学、冶金工程、金属材料工程、无机非金属材料工程、高分子材料与工程、复合材料与工程	粉体材料科学与工程、宝石及材料工艺学、焊接技术与工程、功能材料、纳米材料与技术、新能源材料与器件	14
	能源动力类0805	能源与动力工程	能源与环境系统工程、新能源科学与工程	3
	电气类0806	电气工程及其自动化	智能电网信息工程、光源与照明、电气工程与智能控制	4
	电子信息类0807	电子信息工程、电子科学与技术、通信工程、微电子科学与工程、光电信息科学与工程、信息工程	广播电视工程、水声工程、电子封装技术、集成电路设计与集成系统、医学信息工程、电磁场与无线技术、电波传播与天线、电子信息科学与技术、电信工程及管理、应用电子技术教育	16
	自动化类0808	自动化	轨道交通信号与控制	2
	计算机类0809	计算机科学与技术、软件工程、网络工程、信息安全、物联网工程、数字媒体技术	智能科学与技术、空间信息与数字技术、电子与计算机工程	9
	土木类0810	土木工程、建筑环境与能源应用工程、给排水科学与工程、建筑电气与智能化	城市地下空间工程、道路桥梁与渡河工程	6
	水利类0811	水利水电工程、水文与水资源工程、港口航道与海岸工程	水务工程	4
	测绘类0812	测绘工程、遥感科学与技术	导航工程、地理国情监测	4
	化工与制药类0813	化学工程与工艺、制药工程	资源循环科学与工程、能源化学工程、化学与工业生物工程	5
	地质类0814	地质工程、勘查技术与工程、资源勘查工程	地下水科学与工程	4

续上表

学科门类及编号	专业类名称及编号	专业 基本专业	专业 特设专业	数量(个)
工学08	矿业类 0815	采矿工程、石油工程、矿物加工工程、油气储运工程	矿物资源工程、海洋油气工程	6
	纺织类 0816	纺织工程、服装设计与工程	非织造材料与工程、服装设计与工艺教育	4
	轻工类 0817	轻化工程、包装工程、印刷工程		3
	交通运输类 0818	交通运输、交通工程、航海技术、轮机工程、飞行技术	交通设备与控制工程、救助与打捞工程、船舶电子电气工程	8
	海洋工程类 0819	船舶与海洋工程	海洋工程与技术、海洋资源开发技术	3
	航空航天类 0820	航空航天工程、飞行器设计与工程、飞行器制造工程、飞行器动力工程、飞行器环境与生命保障工程	飞行器质量与可靠性、飞行器适航技术	7
	兵器类 0821	武器系统与工程、武器发射工程、探测制导与控制技术、弹药工程与爆炸技术、特种能源技术与工程、装甲车辆工程、信息对抗技术		7
	核工程类 0822	核工程与核技术、辐射防护与核安全、工程物理、核化工与核燃料工程		4
	农业工程类 0823	农业工程、农业机械化及其自动化、农业电气化、农业建筑环境与能源工程、农业水利工程		5
	林业工程类 0824	森林工程、木材科学与工程、林产化工		3
	环境科学与工程类 0825	环境科学与工程、环境工程、环境科学、环境生态工程	环保设备工程、资源环境科学、水质科学与技术	7
	生物医学工程类 0826	生物医学工程	假肢矫形工程	2
	食品科学与工程类 0827	食品科学与工程、食品质量与安全、粮食工程、乳品工程、酿酒工程	葡萄与葡萄酒工程、食品营养与检验教育、烹饪与营养教育	8
	建筑类 0828	建筑学、城乡规划、风景园林	历史建筑保护工程	4
	安全科学与工程类 0829	安全工程		1
	生物工程类 0830	生物工程	生物制药	2
	公安技术类 0831	刑事科学技术、消防工程	交通管理工程、安全防范工程、公安视听技术、抢险救援指挥与技术、火灾勘查、网络安全与执法、核生化消防	9

续上表

学科门类及编号	专业类名称及编号	专业 基本专业	专业 特设专业	数量(个)
农学09	植物生产类0901	农学、园艺、植物保护、植物科学与技术、种子科学与工程、设施农业科学与工程	茶学、烟草、应用生物科学、农艺教育、园艺教育	11
	自然保护与环境生态类0902	农业资源与环境、野生动物与自然保护区管理、水土保持与荒漠化防治		3
	动物生产类0903	动物科学	蚕学、蜂学	3
	动物医学类0904	动物医学、动物药学	动植物检疫	3
	林学类0905	林学、园林、森林保护		3
	水产类0906	水产养殖学、海洋渔业科学与技术	水族科学与技术	3
	草学类0907	草业科学		1
医学10	基础医学类1001	基础医学		1
	临床医学类1002	临床医学	麻醉学、医学影像学、眼视光医学、精神医学、放射医学	6
	口腔医学类1003	口腔医学		1
	公共卫生与预防医学类1004	预防医学、食品卫生与营养学	妇幼保健医学、卫生监督、全球健康学	5
	中医学类1005	中医学、针灸推拿学、藏医学、蒙医学、维医学、壮医学、哈医学		7
	中西医结合类1006	中西医临床医学		1
	药学类1007	药学、药物制剂	临床药学、药事管理、药物分析、药物化学、海洋药学	7
	中药学类1008	中药学、中药资源与开发	藏药学、蒙药学、中药制药、中草药栽培与鉴定	6
	法医学类1009	法医学		1
	医学技术类1010	医学检验技术、医学实验技术、医学影像技术、眼视光学、康复治疗学、口腔医学技术、卫生检验与检疫	听力与言语康复学	8
	护理学类1011	护理学		1

续上表

学科门类及编号	专业类名称及编号	专业		数量(个)
		基本专业	特设专业	
管理学 12	管理科学与工程类 1201	管理科学、信息管理与信息系统、工程管理、房地产开发与管理、工程造价	保密管理	6
	工商管理类 1202	工商管理、市场营销、会计学、财务管理、国际商务、人力资源管理、审计学、资产评估、物业管理、文化产业管理	劳动关系、体育经济与管理、财务会计教育、市场营销教育	14
	农业经济管理类 1203	农林经济管理、农村区域发展		2
	公共管理类 1204	公共事业管理、行政管理、劳动与社会保障、土地资源管理、城市管理	海关管理、交通管理、海事管理、公共关系学	9
	图书情报与档案管理类 1205	图书馆学、档案学、信息资源管理		3
	物流管理与工程类 1206	物流管理、物流工程	采购管理	3
	工业工程类 1207	工业工程	标准化工程、质量管理工程	3
	电子商务类 1208	电子商务	电子商务及法律	2
	旅游管理类 1209	旅游管理、酒店管理、会展经济与管理	旅游管理与服务教育	4
艺术学 13	艺术学理论类 1301	艺术史论		1
	音乐与舞蹈学类 1302	音乐表演、音乐学、作曲与作曲技术理论、舞蹈表演、舞蹈学、舞蹈编导		6
	戏剧与影视学类 1303	表演、戏剧学、电影学、戏剧影视文学、广播电视编导、戏剧影视导演、戏剧影视美术设计、录音艺术、播音与主持艺术、动画	影视摄影与制作	11
	美术学类 1304	美术学、绘画、雕塑、摄影	书法学、中国画	6
	设计学类 1305	艺术设计学、视觉传达设计、环境设计、产品设计、服装与服饰设计、公共艺术、工艺美术、数字媒体艺术	艺术与科技	9
合计(个)	92			506

注：表 1-2-1 是根据教育部教高〔2012〕9 号的附件 1 制作而成。在该附件 1 的文字中，将 31 个带"K"的国家控制布点专业统计在基本专业中，将 31 个带"TK"的特设国家控制布点专业统计在特设专业中。

学科门类是对具有一定关联的学科的归类，是授予学位的学科类别，由国务院学位委员会和教育部共同制定，是国家进行学位授权审核与学科管理、学位授予单位开展学位授予与人才培养工作的基本依据。一般大学本科毕业学士学位就是按照学科门类授予的。专业大类是本科教育中的专业类,专业就是专业大类中的细分专业。

按照2012年修订颁布的《普通高等学校本科专业设置管理规定》,专业设置和调整实行备案或审批制度,备案或审批工作每年集中进行一次。2012年以来,教育部每年都根据国家社会经济、科技和教育发展需要,对本科专业目录进行不断的调整,到2020年3月公布了《普通高等学校本科专业目录(2020年版)》,该2020年版是在2012年《普通高等学校本科专业目录》92个专业类、506个专业的基础上,有68个专业类共新增了197个专业,这些基本上都是特设专业,详见表1-2-2,使总专业个数达到703个。2021年2月,教育部公布2020年度普通高等学校本科专业备案和审批结果,2021年列入普通高等学校本科专业目录的新增37个专业,详见表1-2-3,使总专业个数达到740个。

《普通高等学校本科专业目录(2020年版)》(在2012年版基础上新增) 表1-2-2

学科门类及编号	专业类名称及编号	新增专业名称(新增专业年)	数量(个)
经济学02	经济学类0201	劳动经济学(2016)、经济工程(2017)、数字经济(2018)	3
	金融学类0203	精算学(2015)、互联网金融(2016)、金融科技(2017)	3
法学03	法学类0301	信用风险管理与法律防控(2017)、国际经贸规则(2017)、司法警察学(2018)、社区矫正(2018)	4
	政治学类0302	国际组织与全球治理(2018)	1
	社会学类0303	老年学(2019)	1
	马克思主义理论类0305	马克思主义理论(2017)	1
	公安学类0306	技术侦查学(2016)、海警执法(2016)、公安政治工作(2018)、移民管理(2018)、出入境管理(2018)	5
教育学04	教育学类0401	教育健康学、卫生教育(2016)、认知科学与技术(2018)	3
	体育学类0402	体能训练(2017)、冰雪运动(2017)、电子竞技运动与管理(2018)、智能体育工程(2018)、体育旅游(2018)、运动能力开发(2019)	6
文学05	中国语言文学类0501	中国语言与文化(2016)、手语翻译(2016)	2
	外国语言文学类0502	桑戈语(2017)、阿姆哈拉语、吉尔吉斯语、索马里语(2014)、土库曼语(2014)、加泰罗尼亚语(2014)、约鲁巴语(2014)、亚美尼亚语(2015)、马达加斯加语(2015)、格鲁吉亚语(2015)、阿塞拜疆语(2015)、阿非利卡语(2015)、马其顿语(2015)、塔吉克语(2015)、茨瓦纳语(2016)、恩德贝莱语(2016)、科摩罗语(2016)、克里奥尔语(2016)、绍纳语(2016)、提格雷尼亚语(2016)、白俄罗斯语(2016)、毛利语(2016)、汤加语(2016)、萨摩亚语(2016)、库尔德语(2016)、比斯拉马语(2017)、达里语(2017)、德顿语(2017)、迪维希语(2017)、斐济语(2017)、库克群岛毛利语(2017)、隆迪语(2017)、卢森堡语(2017)、卢旺达语(2017)、纽埃语(2017)、皮金语(2017)、切瓦语(2017)、塞苏陀语(2017)、语言学(2018)、塔玛齐格特语(2018)、爪哇语(2018)、旁遮普语(2018)	42
	新闻传播学类0503	时尚传播(2017)、国际新闻与传播(2018)、会展(2019)	3

续上表

学科门类及编号	专业类名称及编号	新增专业名称(新增专业年)	数量(个)
历史学 06	历史学类 0601	文化遗产(2015)	1
理学 07	数学类 0701	数据计算及应用(2018)	1
	物理学类 0702	系统科学与工程(2017)	1
	化学类 0703	能源化学(2015)	1
	地球物理学类 0708	防灾减灾科学与工程(2018)	1
	生物科学类 0710	整合科学(2016)、神经科学(2016)	2
工学 08	机械类 0802	智能制造工程(2017)、智能车辆工程(2018)、仿生科学与工程(2018)、新能源汽车工程(2018)	4
	仪器类 0803	精密仪器(2017)、智能感知工程(2019)	2
	材料类 0804	材料设计科学与工程(2015)、复合材料成型工程(2017)、智能材料与结构(2019)	3
	能源动力类 0805	储能科学与工程(2019)	1
	电气类 0806	电机电器智能化(2016)、电缆工程(2016)	2
	电子信息类 0807	人工智能(2018)、海洋信息工程(2019)	2
	自动化类 0808	机器人工程(2015)、邮政工程(2016)、核电技术与控制工程(2017)、智能装备与系统(2019)、工业智能(2019)	5
	计算机类 0809	数据科学与大数据技术(2015)、网络空间安全(2015)、新媒体技术(2016)、电影制作(2016)、保密技术(2017)、服务科学与工程(2019)、虚拟现实技术(2019)、区块链工程(2019)	8
	土木类 0810	铁道工程(2014)、智能建造(2017)、土木、水利与海洋工程(2018)、土木、水利与交通工程(2019)	4
	水利类 0811	水利科学与工程(2015)	1
	测绘类 0812	地理空间信息工程(2015)	1
	化工与制药类 0813	化工安全工程(2017)、涂料工程(2017)、精细化工(2018)	3
	地质类 0814	旅游地学与规划工程(2019)	1
	纺织类 0816	丝绸设计与工程(2016)	1
	轻工类 0817	香料香精技术与工程(2016)、化妆品技术与工程(2017)	2
	交通运输类 0818	轨道交通电气与控制(2017)、邮轮工程与管理(2017)	2
	海洋工程类 0819	海洋机器人(2018)	1
	航空航天类 0820	飞行器控制与信息工程(2015)、无人驾驶航空器系统工程(2016)	2
	兵器类 0821	智能无人系统技术(2019)	1
	农业工程类 0823	土地整治工程(2016)、农业智能装备工程(2019)	2

续上表

学科门类及编号	专业类名称及编号	新增专业名称(新增专业年)	数量(个)
工学08	林业工程类0824	家具设计与工程(2018)	1
	生物医学工程类0826	临床工程技术(2016)、康复工程(2019)	2
	食品科学与工程类0827	食品安全与检测(2016)、食品营养与健康(2019)、食用菌科学与工程(2019)、白酒酿造工程(2019)	4
	建筑类0828	人居环境科学与技术(2017)、城市设计(2019)、智慧建筑与建造(2019)	3
	安全科学与工程类0829	应急技术与管理(2018)、职业卫生工程(2018)	2
	生物工程类0830	合成生物学(2019)	1
	公安技术类0831	海警舰艇指挥与技术(2015)、数据警务技术(2018)	2
农学09	植物生产类0901	智慧农业(2019)、菌物科学与工程(2019)、农药化肥(2019)	3
	自然保护与环境生态类0902	生物质科学与工程(2019)	1
	动物生产类0903	经济动物学(2018)、马业科学(2018)	2
	动物医学类0904	实验动物学(2017)、中兽医学(2018)	2
	林学类0905	经济林(2018)	1
	水产类0906	水生动物医学	1
	草学类0907	草坪科学与工程	1
医学10	基础医学类1001	生物医学(2014)、生物医学科学(2015)	2
	临床医学类1002	儿科学(2015)	1
	中医学类1005	傣医学(2015)、回医学(2016)、中医康复学(2016)、中医养生学(2016)、中医儿科学(2016)、中医骨伤科学(2018)	6
	药学类1007	化妆品科学与技术(2018)	1
	医学技术类1010	康复物理治疗(2016)、康复作业治疗(2016)、智能医学工程(2017)	3
	护理学类1011	助产学(2016)	1
管理学12	管理科学与工程类1201	邮政管理(2016)、大数据管理与应用(2017)、工程审计(2017)、计算金融(2018)、应急管理(2019)	5
	工商管理类1202	零售业管理(2016)	1
	公共管理类1204	健康服务与管理(2015)、海警后勤管理(2016)、医疗产品管理(2017)、医疗保险(2019)、养老服务管理(2019)	5
	物流管理与工程类1206	供应链管理(2017)	1
	电子商务类1208	跨境电子商务(2019)	1

续上表

学科门类及编号	专业类名称及编号	新增专业名称(新增专业年)	数量(个)
艺术学 13	艺术学理论类 1301	艺术管理(2016)	1
	音乐与舞蹈学类 1302	舞蹈教育(2017)、航空服务艺术与管理(2018)、流行音乐(2018)、音乐治疗(2018)、流行舞蹈(2018)	5
	戏剧与影视学类 1303	影视技术(2017)、戏剧教育(2018)	2
	美术学类 1304	实验艺术、跨媒体艺术(2015)、文物保护与修复(2016)、漫画(2016)	4
	设计学类 1305	陶瓷艺术设计、新媒体艺术(2016)、包装设计(2016)	3
合计(个)	68		197

注：表 1-2-2 是基于教育部教高〔2020〕2 号附件 2。普通高等学校本科专业目录(2020 年版)，整理列出了 2013—2019 各年新增专业(附件 2 中部分新增专业未列出新增年份)。

列入普通高等学校本科专业目录的新专业名单(2021 年)   表 1-2-3

序号	门类	专业类	专业代码	专业名称	学位授予门类	修业年限	增设年份(年)
1	法学	社会学类	030307T	社会政策	法学	四年	2020
2	法学	公安学类	030621TK	反恐警务	法学	四年	2020
3	法学	公安学类	030622TK	消防政治工作	法学	四年	2020
4	教育学	教育学类	040113T	融合教育	教育学	四年	2020
5	历史学	历史学类	060108T	古文字学	历史学	四年	2020
6	理学	物理学类	070206T	量子信息科学	理学	四年	2020
7	理学	化学类	070306T	化学测量学与技术	理学	四年	2020
8	理学	大气科学类	070603T	气象技术与工程	理学,工学	四年	2020
9	工学	机械类	080217T	增材制造工程	工学	四年	2020
10	工学	机械类	080218T	智能交互设计	工学	四年	2020
11	工学	机械类	080219T	应急装备技术与工程	工学	四年	2020
12	工学	能源动力类	080505T	能源服务工程	工学	四年	2020
13	工学	电气类	080607T	能源互联网工程	工学	四年	2020
14	工学	电子信息类	080719T	柔性电子学	工学	四年	2020
15	工学	电子信息类	080720T	智能测控工程	工学	四年	2020
16	工学	自动化类	080808T	智能工程与创意设计	工学	四年	2020
17	工学	计算机类	080918TK	密码科学与技术	工学	四年	2020
18	工学	土木类	081011T	城市水系统工程	工学	四年	2020

续上表

序号	门类	专业类	专业代码	专业名称	学位授予门类	修业年限	增设年份（年）
19	工学	矿业类	081507T	智能采矿工程	工学	四年	2020
20	工学	交通运输类	081811T	智慧交通	工学	四年	2020
21	工学	航空航天类	082010T	智能飞行器技术	工学	四年	2020
22	工学	公安技术类	083112TK	食品药品环境犯罪侦查技术	工学	四年	2020
23	农学	植物生产类	090115T	生物农药科学与工程	农学	四年	2020
24	农学	自然保护与环境生态类	090205T	土地科学与技术	农学	四年	2020
25	农学	动物生产类	090306T	饲料工程	农学,工学	四年	2020
26	农学	动物生产类	090307T	智慧牧业科学与工程	农学	四年	2020
27	农学	动物医学类	090406TK	兽医公共卫生	农学	五年	2020
28	医学	公共卫生与预防医学类	100406T	运动与公共健康	理学	四年	2020
29	医学	医学技术类	101012T	生物医药数据科学	理学	四年	2020
30	医学	医学技术类	101013T	智能影像工程	工学	四年	2020
31	管理学	工商管理类	120216T	创业管理	管理学	四年	2020
32	管理学	公共管理类	120415TK	海关检验检疫安全	管理学	四年	2020
33	管理学	公共管理类	120416TK	海外安全管理	管理学	四年	2020
34	管理学	公共管理类	120417T	自然资源登记与管理	管理学	四年	2020
35	艺术学	艺术学理论类	130103T	非物质文化遗产保护	艺术学	四年	2020
36	艺术学	音乐与舞蹈学类	130212T	音乐教育	艺术学	四年	2020
37	艺术学	美术学类	130411T	纤维艺术	艺术学	四年	2020

4.大类招生

大类招生，就是按学科大类、院系大类等进行大学招生，是相对于按专业招生而言的。高校将相同、相近学科门类，同院系或是不同院系的专业合并，按一个大类招生。考生通过大类招生被录取之后，在本科阶段前两年(有的学校是一年)统一学习基础课，进行通识教育，大二或大三时再根据学校要求、自己的兴趣、专长和发展方向，在大类所含专业中重新选择具体专业。

(1)大类招生的背景

随着高等教育不断改革和探索，20世纪80年代后期，北京大学在调查研究的基础上提出了"加强基础，淡化专业，因材施教，分流培养"的16字教学改革方针，即在低年级实施通识教育,高年级实施宽口径的专业教育,并于2001年正式开始实施"元培计划"。随后,复旦大学、北京师范大学、南京大学、浙江大学等,根据自己的办学定位和学科专业特点,也先后实施了按学科大类招生与培养制度。目前,我国很多大学都采用以通识教育为基础,按照类别,即大类招生的一种人才培养模式。

(2) 大类招生的意义

许多考生和家长在高考填报志愿时,对大学了解不充分,对学生本人的兴趣爱好、专业的内涵和特点、社会对人才的需求变化等并不完全明确。大类招生,是在学生进入大学后,通过一定时期的学习和生活,逐步了解大学、学科、专业,根据自己的兴趣、特长和职业发展愿景,进行二次专业选择,给了学生更大的专业选择权,降低了高考填报志愿的盲目性,这样更符合学生利益和人才培养的个性化要求。

大类招生培养模式在高校较低年级普遍采用通识教育,学生培养时一般采用"通识课程—大类课程—专业课程"的课程体系,注重学生的全方位发展,通识课程和大类课程属于基础课程,是学生在进行专业分流前需要完成的,专业课程则是在专业分流后再进行学习。与按专业招生模式的课程不同,按大类招生的学生,会更加全面地接触和学习到更多门类学科和类型的课程,有利于帮助学生找到自己的兴趣点和擅长的专业,尤其是跨学科课程的学习,有利于学生拓宽视野,锻炼思维,从而增强学生的创造能力。

通识教育给学生带来的跨学科视野和创新思维,以及延迟选专业的制度,可以潜在地影响学生的科研兴趣和科研能力。通过一到两年的通识课程和大类课程学习,学生可以找到自己的兴趣和特长,并且为了在专业分流时能够选择自己心仪的专业,学习主观能动性会大大提高,从而能够拥有较为厚实的理论基础。在选择自己感兴趣的专业后,科研兴趣和科研能力都会大大提高,会促使学生进一步去攻读硕士和博士学位,从而获得更大的科研成就。

(3) 大类招生模式

目前我国高校实行大类招生大致分为以下四种模式:

①按学科门类或专业类进行大类招生

这是目前最常见的形式。这种招生的学科门类或专业类所包含学科或专业一般具有相近性,即把一些特点相似或者具有相同属性的学科或专业合并在一起进行招生。

②按院系招生

按照大学的一个学院不分专业,或一个系不分专业进行大类招生。

③按通识教育招生

新生入校时,对学生进行通识教育,打破专业限制,不分文理先学习基础课程,待大二再分专业。

④按"基地班""实验班"模式招生

有些大学按照学科门类或专业类,大类招收"基地班""实(试)验班"。如清华大学的"社会科学试验班",北京大学"工科实验班",浙江大学"工科试验班"等。

(4) 大类招生后的再分流模式

虽然大类招生暂时延迟了学生的专业选择时间,但未来还是要面临如何选专业,如何分流的问题。目前国内高校大类专业分流大致分为三种模式:

①根据学生成绩排序选择分流

按照入学后1~2年的学生学习成绩(学分绩点)进行综合排名,对具体专业设定一定的分流比例,由学生排序选择。这种模式显然使综合排名靠后的学生没有较多的选择余地。

②直接按照学生意愿选专业

直接根据学生意愿选专业,这种方法看似更科学,但操作起来很困难。实际上,大部分学生更乐意选择"热门专业"。

③其他模式

结合学生成绩排序和专业意愿进行分流,或采用其他一些模式进行分流。

5. 新工科与新工科专业

为主动应对新一轮科技革命与产业变革,支撑服务创新驱动发展、"中国制造2025"等一系列国家战略。2017年2月以来,教育部积极推进新工科建设,先后形成了"复旦共识""天大行动"和"北京指南",并发布了《关于开展新工科研究与实践的通知》《关于推进新工科研究与实践项目的通知》,全力探索形成领跑全球工程教育的中国模式和中国经验,助力高等教育强国建设。

新工科专业,主要指针对新兴产业的专业,以互联网和工业智能为核心,包括大数据、云计算、人工智能、区块链、虚拟现实、智能科学与技术等相关工科专业。新工科专业是传统工科专业的升级改造,相对于传统的工科人才,未来新兴产业和新经济需要的是实践能力强、创新能力强、具备国际竞争力的高素质复合型新工科人才。

交通运输类专业,特别是交通工程与交通运输专业,本来就与新工科专业互为交叉,迫切需要借助新工科的理念,以大数据、云计算、人工智能、区块链、虚拟现实、智能科学与技术等为其赋能、改造与提升,实现传统交通运输向智能交通运输和智慧交通运输的跨越式发展。

三、我国高等教育学科体系

1. 我国高等教育学科体系的构成

划分学科的目的主要是高等教育分类授予学位和研究生人才培养的需要。目前我国高等教育的学科体系是由学科门类、一级学科、二级学科三层结构体系构成。学科门类和一级学科是国家进行学位授权审核与学科管理、学位授予单位开展学位授予与人才培养工作的基本依据;二级学科是学位授予单位实施人才培养的参考依据。"学科门类"是学科目录中的第一个层次,决定了授予学位门类的名称,是对具有一定关联的学科的归类,其设置应符合学科发展和人才培养的需要,并兼顾教育统计分类的惯例;一级学科是具有共同理论基础或研究领域相对一致的学科集合,原则上按学科属性进行设置;二级学科是组成一级学科的基本单元,是研究生人才培养的基本单元,与学科分类和社会职业分工密切相关。学科门类、一级学科和二级学科三者之间既是不同的学科层次、相互独立,又相互联系、彼此制约。

2. 我国高等教育学科目录

高等教育学科目录适用于学士、硕士、博士的学位授予与人才培养,并用于学科建设和教育统计分类等工作,在人才培养和学科建设中发挥着指导作用和规范功能。学科目录分为学科门类、一级学科和二级学科。

我国先后颁布过四份学科目录。

第一份是1983年3月国务院学位委员会第四次会议决定公布试行的《高等学校和科研机构授予博士和硕士学位的学科专业目录(试行草案)》。

第二份是1990年10月国务院学位委员会第九次会议正式批准的《授予博士、硕士学位和培养研究生的学科、专业目录》,一级学科由原来的72个增加到88个,二级学科由原来的654种减少到381种。

第三份是1997年国务院学位委员会、国家教育委员会联合发布的《授予博士、硕士学位和培养研究生的学科、专业目录(1997年颁布)》,学科包括哲学、经济学、法学、教育学、文学、历史学、理学、工学、农学、医学、军事学、管理学12大学科门类,72个一级学科,249个二级学科。

第四份是2011年2月国务院学位委员会第二十八次会议审议批准的《学位授予和人才培养学科目录(2011年)》,原属文学门类的艺术学科从文学所属的中国语言文学(0501)、外国语言文学(0502)、新闻传播学(0503)、艺术学(0504)四个并列一级学科中独立出来,成为新的第13个学科门类,即艺术学门类。艺术学门类下设五个一级学科,艺术学理论(1301)、音乐与舞蹈学(1302)、戏剧与影视学(1303)、美术学(1304)和设计学(1305,可授艺术学、工学学位)。此外,《学位授予和人才培养学科目录(2011年)》中将一级学科由89个增加到110个(不含军事学);一级学科下共设二级学科375个。

2009年2月,国务院学位委员会和国家教育部发布《学位授予和人才培养学科目录设置与管理办法》(学位〔2009〕10号)。该办法规定:学科门类的设置应保持相对稳定;一级学科的调整每10年进行一次;二级学科目录每5年编制一次。

2010年11月,教育部办公厅印发关于《授予博士、硕士学位和培养研究生的二级学科自主设置实施细则》的通知(教研厅〔2010〕1号)。该通知要求:为规范二级学科自主设置,优化学科结构,加快创新人才培养,特制订《授予博士、硕士学位和培养研究生的二级学科自主设置实施细则》。因此,《学位授予和人才培养学科目录(2011年)》中仅包含学科门类和一级学科,二级学科则由学位授予单位在一级学科学位授权权限内自主设置。各学位授予单位设置的二级学科名录,由教育部定期向社会公布。

3.《学位授予和人才培养学科目录(2018年4月更新)》

2018年4月国务院学位委员会和教育部发布《学位授予和人才培养学科目录(2018年4月更新)》。与2011年版学科目录相比,更新后的新目录依旧保持13个学科门类的体系,其他更新主要包括:

(1)在"工学"门类下,增设"网络空间安全"一级学科,学科代码为"0839"。

(2)按照《国务院学位委员会、教育部关于对工程专业学位类别进行调整的通知》,将"工程"(代码0852)专业学位类别调整为电子信息(代码0854)、机械(代码0855)、材料与化工(代码0856)、资源与环境(代码0857)、能源动力(代码0858)、土木水利(代码0859)、生物与医药(代码0860)、交通运输(代码0861)等8个专业学位类别。调整后,"工程"专业学位类别不再保留。

(3)将"农业推广"正式更名为"农业"。

(4)新增"中医"专业学位。

(5)"军制学"更名为"军事管理学"。

《学位授予和人才培养学科目录(2018年4月更新)》中包括13个学科门类,111个一级学科,459个二级学科,详见表1-2-4。

《学位授予和人才培养学科目录(2018年4月更新)》(含二级学科)　　表1-2-4

学科门类及编号	一级学科名称及编码	二级学科名称	二级学科数量(个)
哲学01	哲学 0101	马克思主义哲学、中国哲学、外国哲学、逻辑学、伦理学、美学、宗教学、科学技术哲学	8
经济学02	理论经济学 0201	政治经济学、经济思想史、经济史、西方经济学、世界经济、人口资源与环境经济学	6
经济学02	应用经济学 0202	国民经济学、区域经济学、财政学(含:税收学)、金融学(含:保险学)、产业经济学、国际贸易学、劳动经济学、统计学、数量经济学、国防经济	10
法学03	法学 0301	法学理论、法律史、宪法学与行政法学、刑法学、民商法学(含:劳动法学、社会保障法学)、诉讼法学、经济法学、环境与资源保护法学、国际法学(含:国际公法、国际私法、国际经济法)、军事法学	10
法学03	政治学 0302	政治学理论、中外政治制度、科学社会主义与国际共产主义运动、中共党史(含:党的学说与党的建设)、国际政治、国际关系、外交学	7
法学03	社会学 0303	社会学、人口学、人类学、民俗学(含:中国民间文学)	4
法学03	民族学 0304	民族学、马克思主义民族理论与政策、中国少数民族经济、中国少数民族史、中国少数民族艺术	5
法学03	马克思主义理论 0305	马克思主义基本原理、马克思主义发展史、马克思主义中国化研究、国外马克思主义研究、思想政治教育、中国近现代史基本问题研究	6
法学03	公安学 0306	公安学基础理论、公安管理学、治安学、侦查学、犯罪学、公安情报学、国内安全保卫学、边防管理学、涉外警务学、警务指挥与战术、警卫学	11
教育学04	教育学 0401	教育学原理、课程与教学论、教育史、比较教育学、学前教育学、高等教育学、成人教育学、职业技术教育学、特殊教育学、教育技术学	10
教育学04	心理学 0402	基础心理学、发展与教育心理学、应用心理学	3
教育学04	体育学 0403	体育人文社会学、运动人体科学、体育教育训练学、民族传统体育学	4
文学05	中国语言文学 0501	文艺学、语言学及应用语言学、汉语言文字学、中国古典文献学、中国古代文学、中国现当代文学、中国少数民族语言文学(分语族)、比较文学与世界文学	8
文学05	外国语言文学 0502	英语言文学、俄语言文学、法语言文学、德语言文学、日语言文学、印度语言文学、西班牙语言文学、阿拉伯语言文学、欧洲语言文学、亚非语言文学、外国语言学及应用语言学	11
文学05	新闻传播学 0503	新闻学、传播学	2

续上表

学科门类及编号	一级学科名称及编码	二级学科名称	二级学科数量(个)
历史学06	考古学 0601	考古学史和考古学理论、史前考古、夏商周考古、秦汉魏晋南北朝考古、唐宋元明清考古、科技考古、文化遗产与博物馆、古代文字与铭刻、专门考古	9
	中国史 0602	历史地理学、历史文献学、史学理论及中国史学史、中国古代史、中国近代史、中国现代史、专门史	7
	世界史 0603	世界史学理论与史学史、世界古代中古史、世界近现代史、世界地区国别史、专门史与整体史	5
理学07	数学 0701	基础数学、计算数学、概率论与数理统计、应用数学、运筹学与控制论	5
	物理学 0702	理论物理、粒子物理与原子核物理、原子与分子物理、等离子体物理、凝聚态物理、声学、光学、无线电物理	8
	化学 0703	无机化学、分析化学、有机化学、物理化学(含:化学物理)、高分子化学与物理	5
	天文学 0704	天体物理、天体测量与天体力学	2
	地理学 0705	自然地理学、人文地理学、地图学、地理信息系统	4
	大气科学 0706	气象学、大气物理学与大气环境	2
	海洋科学 0707	物理海洋学、海洋化学、海洋生物学、海洋地质	4
	地球物理学 0708	固体地球物理学、空间物理学	2
	地质学 0709	矿物学岩石学矿床学、地球化学、古生物学与地层学(含:古人类学)、构造地质学、第四纪地质学	5
	生物学 0710	植物学、动物学、生理学、水生生物学、微生物学、神经生物学、遗传学、发育生物学、细胞生物学、生物化学与分子生物学、生物物理学	11
	系统科学 0711	系统理论、系统分析与集成	2
	科学技术史(分学科)0712	注:本一级学科不分设二级学科	0
	生态学 0713	动物生态学、植物生态学、微生物生态学、生态系统生态学、景观生态学、修复生态学、可持续生态学	7
	统计学 0714	数理统计、应用统计、社会经济统计、金融统计与风险管理和精算	8
工学08	力学 0801	一般力学与力学基础、固体力学、流体力学、工程力学	4
	机械工程 0802	机械制造及其自动化、机械电子工程、机械设计及理论、车辆工程	4
	光学工程 0803	注:本一级学科不分设二级学科	0
	仪器科学与技术 0804	精密仪器及机械、测试计量技术及仪器	2
	材料科学与工程 0805	材料物理与化学、材料学、材料加工工程	3

29

续上表

学科门类及编号	一级学科名称及编码	二级学科名称	二级学科数量(个)
工学08	冶金工程 0806	冶金物理化学、钢铁冶金、有色金属冶金	3
	动力工程及工程热物理 0807	工程热物理、热能工程、动力机械及工程、流体机械及工程、制冷及低温工程、化工过程机械	6
	电气工程 0808	电机与电器、电力系统及其自动化、高电压与绝缘技术、电力电子与电力传动、电工理论与新技术	5
	电子科学与技术 0809	物理电子学、电路与系统、微电子学与固体电子学、电磁场与微波技术	4
	信息与通信工程 0810	通信与信息系统、信号与信息处理	2
	控制科学与工程 0811	控制理论与控制工程、检测技术与自动化装置、系统工程、模式识别与智能系统、导航制导与控制	5
	计算机科学与技术 0812	计算机系统结构、计算机软件与理论、计算机应用技术	3
	建筑学 0813	建筑历史与理论、建筑设计及其理论、城市规划与设计(含:风景园林规划与设计)、建筑技术科学	4
	土木工程 0814	岩土工程、结构工程、市政工程、供热供燃气通风及空调工程、防灾减灾工程及防护工程、桥梁与隧道工程	6
	水利工程 0815	水文学及水资源、水力学及河流动力学、水工结构工程、水利水电工程、港口海岸及近海工程	5
	测绘科学与技术 0816	大地测量学与测量工程、摄影测量与遥感、地图制图学与地理信息工程	3
	化学工程与技术 0817	化学工程、化学工艺、生物化工、应用化学、工业催化	5
	地质资源与地质工程 0818	矿产普查与勘探、地球探测与信息技术、地质工程	3
	矿业工程 0819	采矿工程、矿物加工工程、安全技术及工程	3
	石油与天然气工程 0820	油气井工程、油气田开发工程、油气储运工程	3
	纺织科学与工程 0821	纺织工程、纺织材料与纺织品设计、纺织化学与染整工程、服装设计与工程	4
	轻工技术与工程 0822	制浆造纸工程、制糖工程、发酵工程、皮革化学与工程	4
	交通运输工程 0823	道路与铁道工程、交通信息工程及控制、交通运输规划与管理、载运工具运用工程	4

续上表

学科门类及编号	一级学科名称及编码	二级学科名称	二级学科数量(个)
工学08	船舶与海洋工程0824	船舶与海洋结构物设计制造、轮机工程、水声工程	3
	航空宇航科学与技术0825	飞行器设计、航空宇航推进理论与工程、航空宇航制造工程、人机与环境工程	4
	兵器科学与技术0826	武器系统与运用工程、兵器发射理论与技术、火炮自动武器与弹药工程、军事化学与烟火技术	4
	核科学与技术0827	核能科学与工程、核燃料循环与材料、核技术及应用、辐射防护及环境保护	4
	农业工程0828	农业机械化工程、农业水土工程、农业生物环境与能源工程、农业电气化与自动化	4
	林业工程0829	森林工程、木材科学与技术、林产化学加工工程	3
	环境科学与工程0830	环境科学程、环境工程	2
	生物医学工程0831	注:本一级学科不分设二级学科	2
	食品科学与工程0832	食品科学、粮食油脂及植物蛋白工程、农产品加工及贮藏工程、水产品加工及贮藏工程	4
	城乡规划学0833	区域发展与规划、城乡规划与设计、住房与社区建设规划、城乡发展历史与遗产保护规划、城乡生态环境与基础设施规划、城乡规划管理	6
	风景园林学0834		0
	软件工程0835		0
	生物工程0836		0
	安全科学与工程0837		0
	公安技术0838		0
	网络空间安全0839		0
农学09	作物学0901	作物栽培学与耕作学、作物遗传育种	2
	园艺学0902	果树学、蔬菜学、茶学	3
	农业资源与环境0903	土壤学、植物营养学	2
	植物保护0904	植物病理学、农业昆虫与害虫防治、农药学	3

续上表

学科门类及编号	一级学科名称及编码	二级学科名称	二级学科数量(个)
农学09	畜牧学 0905	动物遗传育种与繁殖、动物营养与饲料科学、草业科学、特种经济动物饲养(含:蚕、蜂等)	4
	兽医学 0906	基础兽医学、预防兽医学、临床兽医学	3
	林学 0907	林木遗传育种、森林培育、森林保护学、森林经理学、野生动植物保护与利用、园林植物与观赏园艺、水土保持与荒漠化防治	7
	水产 0908	水产养殖、捕捞学、渔业资源	3
	草学 0909		0
医学10	基础医学 1001	人体解剖与组织胚胎学、免疫学、病原生物学、病理学与病理生理学、法医学、放射医学、航空航天与航海医学	7
	临床医学 1002	内科学(含:心血管病、血液病、呼吸系病、消化系病、内分泌与代谢病、肾病、风湿病、传染病)、儿科学、老年医学、神经病学、精神病与精神卫生学、皮肤病与性病学、影像医学与核医学、临床检验诊断学、护理学、外科学(含:普外、骨外、泌尿外、胸心外、神外、整形、烧伤、野战外)、妇产科学、眼科学、耳鼻咽喉科学、肿瘤学、康复医学与理疗学、运动医学、麻醉学、急诊医学	18
	口腔医学 1003	口腔基础医学、口腔临床医学	2
	公共卫生与预防医学 1004	流行病与卫生统计学、劳动卫生与环境卫生学、营养与食品卫生学、少儿卫生与妇幼保健学、卫生毒理学、军事预防医学	6
	中医学 1005	中医基础理论、中医临床基础、中医医史文献、方剂学、中医诊断学、中医内科学、中医外科学、中医骨伤科学、中医妇科学、中医儿科学、中医五官科学、针灸推拿学、民族医学(含:藏医学、蒙医学等)	13
	中西医结合 1006	中西医结合基础、中西医结合临床	2
	药学 1007	药物化学、药剂学、生药学、药物分析学、微生物与生化药学、药理学	6
	中药学 1008	注:本一级学科不分设二级学科	0
	特种医学 1009		
	医学技术 1010		0
	护理学 1011		0
军事学11	军事思想及军事历史 1101	军事思想、军事历史	2
	战略学 1102	军事战略学、战争动员学	2
	战役学 1103	联合战役学、军种战役学	2
	战术学 1104	合同战术学、兵种战术学	2
	军队指挥学 1105	作战指挥学、军事运筹学、军事通信学、军事情报学、密码学、军事教育训练学(含:军事体育学)	6

续上表

学科门类及编号	一级学科名称及编码	二级学科名称	二级学科数量(个)
军事学11	军事管理学 1106	军事组织编制学、军队管理学	2
	军队政治工作学 1107		0
	军事后勤学 1108	军事后勤学、后方专业勤务	2
	军事装备学 1109	军事装备学	1
	军事训练学 1110		0
管理学12	管理科学与工程 1201	注:本一级学科不分设二级学科(学科、专业)	1
	工商管理 1202	会计学、企业管理(含:财务管理、市场营销、人力资源管理)、旅游管理、技术经济及管理	4
	农业经济管理 1203	农业经济管理、林业经济管理	2
	公共管理 1204	行政管理、社会医学与卫生事业管理、教育经济与管理、社会保障、土地资源管理	5
	图书情报与档案管理 1205	图书馆学、情报学、档案学	3
艺术学13	艺术理论 1301	艺术学理论	1
	音乐与舞蹈学 1302	音乐学、音乐表演、作曲与作曲技巧理论、舞蹈学、舞蹈表演、舞蹈编导	6
	戏剧与影视学 1303	播音与主持艺术、广播电视编导、戏剧影视文学、戏剧学、电影学、戏剧影视导演、表演、录音艺术、影视摄影与制作、戏剧影视美术设计、动画	11
	美术学1304	美术学、绘画、雕塑、摄影、中国画、书法学	6
	设计学类 1305	艺术设计学、视觉传达设计、环境设计、产品设计、服装与服饰设计、公共艺术、工艺美术、数字媒体艺术、艺术与科技	9
合计(个)	111		459

注:表1-2-4中的"学科门类及编号"和"一级学科名称及编码"严格按照2018年4月国务院学位委员会和国家教育部发布《学位授予和人才培养学科目录(2018年4月更新)》制作而成。表1-2-4中的"二级学科名称"和"二级学科数量"是根据1997年国务院学位委员会、国家教育委员会联合发布的《授予博士、硕士学位和培养研究生的学科、专业目录(1997年颁布)》的二级学科,以及后来教育部定期向社会公布的二级学科名录,汇总整理而成。

《专业学位授予和人才培养目录(2018)》中研究生专业学位有47个,详见表1-2-5。

《专业学位授予和人才培养目录(2018)》　　　　　　　　　　表 1-2-5

编号	名称	编号	名称	编号	名称	编号	名称
251	金融	453	汉语国际教育	858	能源动力	1055	药学
252	应用统计	454	应用心理	859	土木水利	1056	中药学
253	税务	551	翻译	860	生物与医药	1057	中医
254	国际商务	552	新闻与传播	861	交通运输	1151	军事
255	保险	553	出版	951	农业	1251	工商管理
256	资产评估	651	文物与博物馆	952	兽医	1252	公共管理
257	审计	851	建筑学	953	风景园林	1253	会计
351	法律	853	城市规划	954	林业	1254	旅游管理
352	社会工作	854	电子信息	1051	临床医学	1255	图书情报
353	警务	855	机械	1052	口腔医学	1256	工程管理
451	教育	856	材料与化工	1053	公共卫生	1351	艺术
452	体育	857	资源与环境	1054	护理		

注:表 1-2-5 是基于 2018 年 4 月国务院学位委员会和国家教育部发布的《学位授予和人才培养学科目录(2018 年 4 月更新)》附件内容,整理制作而成。

4. 交叉学科

2020 年 12 月,国务院学位委员会、教育部印发了《国务院学位委员会教育部关于设置交叉学科门类、"集成电路科学与工程"和"国家安全学"一级学科的通知》。新增交叉学科作为新的学科门类,编号为"14","集成电路科学与工程"和"国家安全学"为一级学科。这使我国的学科门类从 13 个增加到 14 个。

➡ 第三节　交通运输类专业

一、交通运输类专业的构成

根据 2020 年 3 月公布的《普通高等学校本科专业目录(2020 年版)》,目前交通运输类专业编号为 0818,共有十个专业,各专业名称及编号分别为:交通运输 081801、交通工程 081802、航海技术 081803K、轮机工程 081804K、飞行技术 081805K、交通设备与控制工程 081806T、救助与打捞工程 081807T、船舶电子电气工程 081808TK、轨道交通电气与控制 081809T、邮轮工程与管理 081810T。其中交通运输、交通工程两个专业为基本专业;航海技术、轮机工程、飞行技术三个专业为国家控制布点专业,交通设备与控制工程、救助与打捞工程、轨道交通电气与控制、邮轮工程与管理四个专业为特设专业;船舶电子电气工程既是国家控制布点专业,又是特设专业。2021 年 2 月,教育部在交通运输类新增智慧交通(081811T)为特设专业,即目前交通运输类具有十一个专业。

交通运输类专业是以建设交通强国为目标导向,紧密结合国家综合交通、智慧交通、平安交通、绿色交通的重大需求,突出综合交通规划与设计、施工与管养中工程技术、信息技术、大数据与人工智能运用、运输组织和先进管理技术多学科交叉、理论与实践并重,以素质教育为核心,培养掌握交通运输学科基础理论,具有扎实的自然科学基础、基本工程实践能力、社会适应能力和创新创业能力,综合素质优秀,具有国际化视野,人格健全,理想远大,具有创业基本素质和开创型个性的高级人才。交通运输类各个专业基本情况如下:

交通运输专业最初是由交通运输、道路交通管理工程、载运工具运用工程三个专业归并而成的,学习范围较广。学生主要需掌握应对"客货运输"过程中的各种问题和现象的方法。

交通工程专业主要研究交通行业中规划、建设与交通流组织相关的部分,主要解决交通拥堵、交通安全和交通环境污染等问题。

航海技术专业主要学习海洋船舶驾驶、船舶运输管理等方面的知识和技能,培养合格的"船长"。

轮机工程专业主要学习管理船舶所有机电设备和动力装置,培养船舶上的机电全能工程师。

飞行技术专业主要培养民用航空的飞行人才。

交通设备与控制工程专业于2003年设置,是国家专业综合改革与卓越计划试点专业,由机车车辆、机械设计制造其自动化、工程机械、交通信息与控制工程等专业组建而成。培养交通信息化和智能化的软硬复合型高级工程技术人才。

救助与打捞工程专业培养能够从事海洋救助打捞设计、研究、制造、管理等工作的高级工程技术人才。

船舶电子电气工程专业主要学习船舶电子电气设备维护,船舶电子电气生产设计、航运企业机电管理、船舶电子电气检验、海事管理、港口电气设备管理和维护等,可以参加由国家海事部门组织的海船船员适任证书考试,取得相应的海船船员职务适任证书。

轨道交通电气与控制专业是2017年我国高校设置的本科专业,以交通运输工程、电气工程、控制科学与工程为主要学科支撑的应用型新工科专业,具有较强的轨道交通电气与自动控制领域的设备设计、安装、调试、维修维护等技能的应用型人才。

邮轮工程与管理专业是2017年我国高校设置的本科专业,培养游轮上从事相关设备维护、保养与管理,或在游轮母港从事相关机构保障,或在船厂游轮建造维修中从事设备现场管理的高级人才。

智慧交通专业是2021年新增目录专业,培养具有交通工程、交通信息、大数据与人工智能、交通控制等基本知识与智能技术运用能力,从事陆路、空路、水上,以及城市交通智能运输系统规划、设计、建设、运维等工作的高级人才。

二、交通运输类专业的形成史

交通运输类专业是基于铁路运输、公路运输、水路运输、管道运输、航空运输五种交通运输方式的发展不断形成的,交通运输类专业主要从事这些运输方式的基础设施的规划、布局、设计、修建,交通与运输安全、运输经营组织与管理、载运工具运用、交通信息控制及智能化的工程领域。培养具有大交通、综合交通、立体交通意识和较强实践能力,既懂技术又懂管理的复合型综合性人才。

交通运输类专业的形成过程如下:

1993年发布的《普通高等学校本科专业目录(1993年)》中,将交通运输类专业的学科门类划分为"工学",编号为"0817",下设8个专业,其专业名称与编号分别为:交通运输081701、载运工具运用工程081702、交通工程081703、海洋船舶驾驶081704、轮机管理081705、飞机驾驶081706、石油天然气储运工程081707、总图设计与运输工程081708。

1998年发布的《普通高等学校本科专业目录(1998年)》中,交通运输类专业的学科门类仍划分为"工学",编号变为"0812",下设6个专业,其专业名称与编号分别为:交通运输081201、交通工程081202、油气储运工程081203、飞行技术081204、航海技术081205、轮机工程081206。1998年与1993年交通运输类专业目录对照详见表1-3-1。

1998年与1993年交通运输类专业目录对照表 表1-3-1

1998年		1993年	
学科门类 专业代码	学科门类专业类、专业名称	学科门类 专业代码	学科门类专业类、专业名称
08	学科门类:工学	08	学科门类:工学
0812	交通运输类	0817	交通运输类
081201	交通运输	081701	交通运输
		081702	载运工具运用工程
		082004	道路交通管理工程
081202	交通工程	081703	交通工程
		081708	总图设计与运输工程(部分)
081203	油气储运工程	081707	石油天然气储运工程
081204	飞行技术	081706	飞机驾驶
081205	航海技术	081704	海洋船舶驾驶
081206	轮机工程	081705	轮机管理

注:表1-3-1是根据教育部发布的普通高等学校本科专业目录新旧专业对照表(1998)整理而成。1998年与1993年相对照,不仅专业代码和专业名称发生变化,而且1998年的部分专业整合了1993年的两个或多个专业(部分)。

2012年发布的《普通高等学校本科专业目录(2012年)》,在《普通高等学校本科专业目录(1998年)》的基础上进行了大调整修订,交通运输类专业的学科门类仍为"工学",编号变为"0818",下设8个专业,其专业名称与编号分别为:交通运输081801、交通工程081802、航海技术081803K、轮机工程081804K、飞行技术081805K、交通设备与控制工程081806T、救助与打捞工程081807T、船舶电子电气工程081808TK。2012年与1998年交通运输类专业目录对照详见表1-3-2。

2012 年与 1998 年交通运输类专业目录对照表 表 1-3-2

2012 年		1998 年	
学科门类 专业代码	学科门类 专业类、专业名称	学科门类 专业代码	学科门类 专业类、专业名称
08	学科门类:工学	08	学科门类:工学
0818	交通运输类	0812	交通运输类
081801	交通运输	081201	交通运输
		080715S	总图设计与工业运输(部分)
081802	交通工程	081202	交通工程
		081210S	交通建设与装备(部分)
081803K	航海技术	081205	航海技术
081804K	轮机工程	081206	轮机工程
081805K	飞行技术	081204	飞行技术
081806T	交通设备与控制工程	081213S	交通信息与控制工程
		081209W	交通设备信息工程
		080647S	交通设备与控制工程
081807T	救助与打捞工程	081211S	救助与打捞工程
081808TK	船舶电子电气工程	080636S	船舶电子电气工程
专业代码说明: 一、该目录分为基本专业和特设专业,及国家控制布点专业。 二、特设专业和国家控制布点专业分别在专业代码后加"T"和"K"表示,以示区分。		专业代码说明: 一、专业代码后带"＊"的表示目录内需一般控制设置的专业。 二、专业代码后带"△"的表示目录内需从严控制设置的专业。 三、专业代码后带"Y"的表示引导性专业。 四、专业代码后带"W"的表示目录外专业。 五、专业代码后带"S"的表示在少数高校试点的目录外专业。		

注:表 1-3-2 是根据教育部发布的普通高等学校本科专业目录新旧专业对照表(2012)整理而成。2012 年与 1998 年相对照,不仅专业代码和专业名称发生变化,而且 2012 年的部分专业整合了 1998 年的两个或多个专业(部分)。

2017 年,在《普通高等学校本科专业目录(2012 年)》的基础上,交通运输类新增两个特设专业,其专业名称与编号分别为:轨道交通电气与控制 081809T、邮轮工程与管理 081810T。即形成交通运输类的十个专业。

2021 年 2 月,教育部公布 2021 年列入普通高等学校本科专业目录的新增 37 个专业中,含交通运输类的"智慧交通专业"(081811T),即形成交通运输类的十一个专业。

第二章 交通运输类专业教学质量国家标准

高等院校是为国家培养合格人才的场所,怎样算合格人才？有什么标准去评价合格人才？高等院校有什么标准去培养合格人才？交通运输类专业将如培养合格人才、保障人才培养质量？本章将回答这些问题。

第一节 我国高等教育基本状况

一、我国高等教育规模

新中国成立以来,特别是改革开放以来,我国高等教育改革发展取得了举世瞩目的成就,高等教育已经进入了大众化阶段,实现了历史性的跨越,初步形成了中国特色社会主义高等教育体系,为我国经济社会发展提供了强有力的智力支撑与人才保障。从1977年恢复高考后,特别是1999年扩招以来,我国高等教育迅速发展。教育部发布《2019年全国教育事业发展统计公报》表明,截至2019年,全国共有普通高等学校2688所(含独立学院257所),其中,本科院校1265所,高职(专科)院校1423所。全国共有成人高等学校268所。有研究生培养机构828个,其中,普通高校593个,科研机构235个。我国高校数量世界第二。全国各类高等教育在学总规模达到4002万人,其中普通本科在学总规模达到1751万人、普通专科在学总规模1281万人,高等教育毛入学率达到51.6%(1949年为0.26%、1978年为1.55%)。我国高等教育在校生规模为世界第一。目前具有高等教育学历的从业人员总数居世界第二,我国已经成为高等教育大国。表2-1-1为1977—2019年全国参加高考人数与录取人数统计表。

全国历年参加高考人数和录取人数统计（1977—2019年）　　　　表 2-1-1

时间(年)	参加高考人数(万人)	录取人数(万人)	录取率(%)
1977	570	27	5
1978	610	40.2	7
1979	468	28	6
1980	333	28	8
1981	259	28	11
1982	187	32	17
1983	167	39	23
1984	164	48	29
1985	176	62	35
1986	191	57	30
1987	228	62	27
1988	272	67	25
1989	266	60	23
1990	283	61	22
1991	296	62	21
1992	303	75	25
1993	286	98	34
1994	251	90	36
1995	253	93	37
1996	241	97	40
1997	278	100	36
1998	320	108	34
1999	288	160	56
2000	375	221	59
2001	454	268	59
2002	510	320	63
2003	613	382	62
2004	729	447	61
2005	877	504	57
2006	950	546	57
2007	1010	566	56

续上表

时间(年)	参加高考人数(万人)	录取人数(万人)	录取率(%)
2008	1050	607	58
2009	1020	639	63
2010	957	661	69
2011	933	681	73
2012	915	689	75
2013	912	700	77
2014	939	721	77
2015	942	738	78
2016	940	748	80
2017	940	761	81
2018	975	791	81
2019	1031	835	81

注:数据由中华人民共和国教育部历年的《全国教育事业发展统计公报》和《中国考试》2007年第8期普通高考大事记整理而成。

二、我国高等学历教育

高等学历教育是指受教育者经过国家教育考试,进入实施高等学历教育的高等学校或者其他高等教育机构,在规定的期间内学完相应的课程,并获得国家承认的学历证书的过程。与它相对应的是非学历教育。学历教育的最大特点是,不仅使受教育者掌握了知识,而且很重要的是可以给受教育者一个证明,标志他的受教育程度。国家对学历教育的管理相对于非学历教育要严格许多。

我国的学历教育主要是由普通全日制高等学校进行,这主要包括:大学、独立设置的学院、高等专科学校、高等职业学校实施。科学研究机构经国务院教育行政部门批准可以承担研究生教育的任务。社会力量举办的高等学校,具备国家规定办学条件,通过国务院教育行政部门的批准,可以实施高等学历教育。另外,经国务院教育行政部门批准,普通高校也可通过举办一些远程网络教育、函授班、夜大学来实施高等学历教育。公民通过国家规定的考试,达到相应标准,才能取得接受高等学历教育的资格。

高等学历教育分为专科教育、本科教育和研究生教育。这三个层次的高等学历教育在招生对象、培养目标、修业年限、学业标准等方面各有不同。根据《中华人民共和国高等教育法》规定,高等学历教育应当符合的学业标准是:专科教育应当使学生掌握本专业必备的基础理论、专门知识,具有从事本专业实际工作的基本技能和初步能力;本科教育应当使学生系统地掌握本学科、专业必需的基础理论、基本知识,掌握本专业必要的基本技能、方法和相关知识,具有从事本专业实际工作和研究工作的初步能力;硕士研究生教育应当使学生掌握本学科坚实的基础理论、系统的专业知识,掌握相应的技能、方法和相关知识,具有从事本专业实际工作和科学研究工作的能力;博士研究生教育应当使学生掌握本学科坚实宽广的基础理论,系统深入的专业知识、相应的技能和方法,具有独立从事本学科创造性科学研究工作和实际工作的能力。

三、我国高等学位教育

按照《中华人民共和国学位条例》的规定,我国实施三级学位制度,学位分为学士、硕士、博士三级。我国的学位分级与高等教育的不同阶段相联系。学士学位,由国务院授权的高等学校授予;硕士学位、博士学位,由国务院授权的高等学校和科学研究机构授予。《中华人民共和国学位条例》对各级学位的授予标准作出了明确的规定,分别具体规定了各级学位获得者应具备的学术水平。

根据《中华人民共和国学位条例》的有关规定,各级学位的授予基本标准如图 2-1-1 所示。

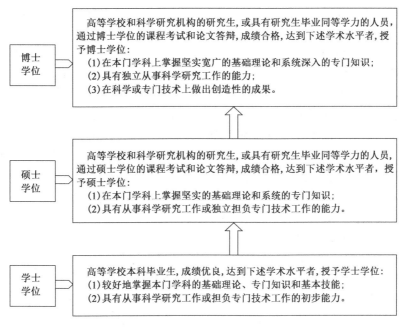

图 2-1-1 我国博士、硕士、学士学位授予的基本条件

第二节 我国高等学校本科专业教学质量国家标准

我国三个层次的高等学历教育(专科、本科、研究生)和三个层次的高等学位教育(学士、硕士、博士)中,本科学历和学士学位教育是高等教育的重要方面,也是高等教育的主力军。国家一直都非常重视本科教育,特别是高校扩招后就如何保障本科教育质量,国家采取了很多措施,如本科教育评估、本科质量工程项目、卓越计划、国家精品共享课程、中国大学视频公开课、大规模在线开放课程(慕课)、本科专业认证等。

2011 年 7 月 1 日,教育部和财政部印发了《关于'十二五'期间实施'高等学校本科教学质量与教学改革工程'的意见》,即"本科教学工程",明确了"质量标准建设、专业综合改革、国家精品开放课程建设与共享、实践创新能力培养、教师教学能力提升"是"本科教学工程"的五大建设内容,并将"本科专业教学质量国家标准研制"作为首要建设内容。教育部随后组织全国高等学校92种专业类教学指导委员会对我国高等学校92个专业类的所有本科专业研制本科专业教学质量国家标准,2018年教育部发布了《普通高等学校本科专业类教学质量国家标准》,即《普通高等学校本科专业类教学质量国家标准(2018)》。

一、标准的特点

1. 本科专业教学质量国家标准应具有的基本特点

本科专业教学质量国家标准有六个基本特点,即:共识性、规范性、权威性、分类性、主体性、客体性。

标准的共识性,是指行业内推行的某一本科专业的教学质量国家标准,经由协商,大家共同认可、都可接受、都以这一标准进行产品(毕业生)的质量控制,从而实现产品(毕业生)的交流与互换。

标准的规范性有两层含义。一是指标准的内容和形态规范。在内容上表现为标准内容完整、衔接,同一系列或同一个标准的若干个部分之间的关系清楚,逻辑与层次清晰;在形态上表现为术语的确立规范,量和单位的应用符合要求,概念范围界定清楚,形成的标准文本符合技术要求。二是标准制定的程序规范。标准制定程序的规范化是影响标准质量的重要因素之一。标准的制定程序有严格的规定,按照这一规定制定标准可以避免一系列人为的、随意的因素对标准的客观效果产生影响,可以保证标准的制定更科学、更符合自身规律。国家标准管理办法规定,我国的标准制定程序分征求意见、审查和报批三个阶段。在每个阶段均应有相应的要求。

标准的权威性,指标准是一类特殊的技术文件,它是由利益相关及关注它的各方面代表和专家参加制定,并由公认机构批准颁布的。

标准的分类性,指标准都是在特定的类型、类别范围内推行的,不同的类型、类别应有不同的标准。

标准的主体性有两个含义。第一,标准的设立取决于标准制定者的价值观念和价值标准,制定者不同,标准也就不同。但若同一个制定者所处的历史条件不同,价值观念和价值标准就不同,相应的标准也就不同。第二,在标准的运用过程中(评价和管理中),由于每个个体的价值观念和价值标准不同,他们对同一标准的理解也就不同。

标准的客观性也有两个含义。第一,标准的本体特征是客观存在的。标准主要由三个方面的要素构成:①强度和频率。强度是指标项目达到要求的程度或各种规范化行为的优劣程度。频率是指标项目达到要求的数量或各种规范化行为的出现次数。②标号,指不同强度和频率的标记符号,它是评价标准的辅助部分。③标度,是评定时的档次、等级,是达到标准的程度。表示标度的方式有三:一是用等级,二是用分数,三是用描述性的语言。第二,标准的客观性还表现在标准总是从客观存在中抽象出来,或以一客观状态作为原型。

2.《普通高等学校本科专业类教学质量国家标准(2018)》的特点

《普通高等学校本科专业类教学质量国家标准(2018)》从2011年立项研制到2018年发

布,经历了近7年的时间,是我国实施高等教育几十年以来发布的第一个高等教育教学质量国家标准。研制过程中紧紧围绕三大原则:第一,突出以学生为中心,注重激发学生的学习兴趣和潜能,创新形式、改革教法、强化实践,推动本科教学从"教得好"向"学得好"转变;第二,突出产出导向,主动对接经济社会发展需求,科学合理设定人才培养目标,完善人才培养方案,优化课程设置,更新教学内容,切实提高人才培养的目标达成度、社会适应度、条件保障度、质保有效度和结果满意度;第三,突出持续改进,强调做好教学工作要建立学校质量保障体系,要把常态监测与定期评估有机结合,及时评价、及时反馈、持续改进,推动教育质量不断提升。该标准涵盖了普通高校本科专业目录中全部92个本科专业类、587个专业,涉及全国高校56000多个专业点。

《普通高等学校本科专业类教学质量国家标准(2018)》主要有三个特点:

(1)既有"规矩"又有"空间",既对各专业类提出统一要求、保证基本质量,又为各校各专业人才培养特色发展留出足够的拓展空间,即"保底不封顶";

(2)既有"底线"又有"目标",既对各专业类提出基本要求,兜底线、保合格,又对提升质量提出前瞻性要求,追求卓越;

(3)既有"定性"又有"定量",既对各专业类标准提出定性要求,又包含必要的量化指标。

二、标准研制的意义

1.标准研制的战略意义

研制我国高等学校本科专业教学质量国家标准是在认真贯彻落实党的教育方针,坚持立德树人,培育和践行社会主义核心价值观,深刻把握专业建设的基本规律,明确专业建设的基本内容和要求的基础上,探索建立中国特色的人才培养国家标准,促进高校以立德树人为根本任务,创新人才培养机制,积极为多样化、个性化、创新型人才成长提供良好环境;以激发高校办学活力为基本导向,深入推进"管、办、评"分离,改进项目管理方式、改进本科教学评估,进一步落实和扩大高校办学自主权;以促进高校办出特色争创一流为主要目标,引导高校优化调整学科专业结构,促进区域高等教育协调发展,更加适应人民群众接受优质多样高等教育的现实需要;推动省、行业部门(协会)和高校联合制定专业人才评价标准,促进各高校根据经济社会发展需要和本校实际制定各专业人才培养标准,修订人才培养方案;使教育行政部门通过标准来规范、监管高校的办学,规范专业的准入、建设和评价,引导高校推进改革、提高质量。

高等学校本科专业教学质量国家标准的是各个本科专业类人才培养质量的基本要求,是本科专业准入标准、专业建设标准和专业评价标准。准入标准中有一定的定量指标。标准根据各专业类建设现状、专业改革要求,以及国际通行标准确定课程体系。标准要尊重学科发展规律和人才培养规律,要有广阔的视野,既与国际前沿接轨,又具有中国特色。

2.标准研制对评估和管理及标准化建设的意义

首先,标准包含了非常明显的价值取向,具有导向作用。它体现了一定的价值观念,反映一定的价值要求。它本身就是根据一定的价值标准建立的,用来维护一定的价值标准的。

因此，标准就像一个指挥棒一样，对适用范围内的主客体有着极大的导向作用。其次，标准是一个国家非常重要的质量制度之一，是一种根本性的规范。从一定意义说，标准的研制是一个国家质量管理体制成熟和完善的重要标志，而一个国家质量标准的水平，实际上也反映一个国家发展的水平。从功能主义的角度看，作为一种文化模式的维护活动，有了质量标准，还可以实现产品（毕业生）系列化，使产品（毕业生）品种得到合理的发展。第三，标准作为"一般等价物"，通过术语、符号、代号、制图、文件格式等标准消除技术语言障碍，加速了科学技术的合作与交流。标准可使一个系统内部的各种不同活动进行沟通、过渡和"交换"，可使不同的系统之间，不同的活动之间彼此交流、认同和联系。通过标准，可以使某种（类）产品（毕业生）区别于另一种（类）产品（毕业生），还可以传播产品（毕业生）技术信息，介绍新科研成果，加速新技术、新成果的应用和推广。第四，标准是监测、评估或评价活动的一种手段和工具。标准可以衡量某种事物是否符合一定的要求和规范，以及是否达到了必要的水平和目标。第五，标准还可作为管理的依据。通过生产技术、试验方法、检验规则、操作程序、工作方法、工艺规程等各类标准统一生产和工作的程序和要求，保证每项工作的质量，使有关生产、经营、管理工作走上正常轨道。标准的制定将促使高校去进一步实施，依据标准建立全面的质量管理制度，推行高校人才质量认证制度，健全高校管理制度，提高和发展高校的科学管理水平。

3. 普遍意义

本科教学质量标准是由公认机构制定和批准的，有关于本科教学活动或活动结果的，并反映本科教学质量的指标和参数的规范性文件。这一定义与我国目前本科教学质量标准的特征比较吻合，主要表现在：从用途上看，我国高校的本科教学质量标准主要用于评价和管理；从高校的第三部门特征上看，高校提供的教育服务在一定程度上适合用一定标准进行质量控制。

本科教学质量标准也具备标准的一般特征。

第一，从标准的权威性上看，本科教学标准作为国家和政府实施教育管理的手段和方式，实质上体现的是一种国家和政府的意志。本科教学质量标准的建立和制定是政府行为，但绝不是"长官命令"，标准的建立必须遵循教育规律，符合本科教学活动和教育领域的准则。从理论上讲，目前，在我国只有教育部制定的本科教学质量标准才是合法的，才是合于标准规范的。

第二，从标准的规范性上看，标准的内容和形态都具有极强的专业性，因此，制定标准要广泛吸收各种专业人员参加，听取不同领域专家的意见，组织有关专业人员进行研究和论证，从而在程度上和内容上保证本科教学质量标准的规范性。不能认为标准就是教学要求，标准和要求有相通的地方，但教学要求往往是从管理的角度提出的，而标准则多从评价的视角来认识的。教学要求会根据教学内容如何讲授提供具体的细节，包括对教学内容的组织、教材的编排方式以及具体的教学方法等做出规定；而标准描述的是过程或结果，学生知识和能力掌握的程度等。

标准的内容要具体，概念要规范明确，既要涵盖指标的主要方面，又要避免交叉重复，而教学要求则可面面俱到。教学标准是设计教学要求的指南，教学要求是教学标准的具体化。

第三，从标准的分类性看，标准总是在一定范围内的标准，不同类型不同层次的本科院校应有不同的本科教学质量标准。目前,我国的本科教育的类型结构并不十分清晰,但总体来讲,不外乎学术型和应用型两种类型。从学科内容看,有的科类偏重于科学或基础,有的科类偏重于应用。从学科的培养目标来看,有些科类主要是培养学术型、理论型人才,而有些科类则明显地偏向培养应用型人才,甚至以培养应用型人才为主。从层次上看,我国本科教育分三个层次:一是研究型大学,二是教学研究型大学,三是教学型大学。因此,本科教学质量标准必须多样化,必须对我国的本科院校在分类分层的基础上制定质量标准,这样才能促进各类高校的和谐协调发展,才不会造成都按精英教育模式办学的"千校一面"格局。

  第四,从标准的共识性上看,没有共识就没有标准。所以,如果"教学质量标准"是某一所高校制定的,且没有得到大家的认可,则不能作为通用标准。一段时期以来,由于我国的本科院校的多样性,质量认知主体的多元化,质量认知客体的复杂性,使得本科教学质量标准一直处于"公说公有理、婆说婆有理的"状态,难以形成一定的共识,从而影响了质量标准功能的发挥。近年来,随着我国本科教学评估活动的深入开展,大批高校在"以评促建、以评促改、以评促管、评建结合、重在建设"方针的指导下,加强对评估方案的学习和研究。教育部也经常对评估专家组织一些培训学习,以统一他们对本科教学质量标准的理解和把握,这些做法使得各类主体对本科教学质量标准的理念、内涵、要求有了较为一致的认识。比如,在理念上,基本确立了本科教学在培养人才的特质上应有"知识—能力—素质"三位一体、辩证统一的质量标准。逐渐形成了多样化的质量观、强调个性特色的质量观和发展的质量观。在对指标和标准内涵的理解和掌握上也比以往更加明晰和准确。

  这些都为进一步提高本科教学质量提供了有力的保障。总之,标准主体共识性的提高,减少了评估中的分歧和误差,真正实现了以评促建、以评促改的目标,推动了我国本科教学水平的不断提高。

  第五,从标准的主体性和客体性上看,质量标准在教育环境里,是指一种对目标成果的水平和这个成果价值的判断。这也正是标准主体性和标准的价值判断功能的表现。本科教学质量标准的主体性体现了制定者对本科教学的价值追求与目标期望,这种价值追求与目标期望更多地以教育行政部门的方针政策形式表现出来。本科教学质量标准的主体性还表现在不同的主体对标准的理解也不尽相同,这就需要我们加强标准的学习和宣传,才能统一认识,更好地发挥本科教学质量标准的导向作用。本科教学标准的客体性也有两方面的内容:一是表现在标准的现实性上。标准来源于客观现实,是高校对本科教学实际原型的反映。这也是本科教学质量标准确立的依据。二是表现在本科教学的内在结构和实际状态上。一般而言,教学工作系统是由教学条件、教学管理、教学过程、教学结果等四个要素组成。因此,本科教学的质量标准应包括人才培养质量标准(针对教学结果)、教学质量标准(针对教学过程)、工作质量标准(针对教育者的工作和行为准则)和教学条件标准等。这些内容一方面客观反映了本科教学的内在结构,另一方面了也反映了人们对它们关系的认识和把握。对标准的主体和客体关系的理解,有助于我们纠正一些错误认识。例如,有人认为教学目标就是教学标准,其实,教学目标是对预期的结果的描述,是一种应然状态,不一定能够实现,而标准则是在一定范围内对本科教学的过程和结果要达成状态的表达,是能够实现的,若总不能实现,标准则失去意义。

第三节　我国交通运输类专业教学质量国家标准

目前交通运输类专业（0818）包括交通运输（081801）、交通工程（081802）、航海技术（081803K）、轮机工程（081804K）、飞行技术（081805K）、交通设备与控制工程（081806T）、救助与打捞工程（081807T）、船舶电子电气工程（081808TK）、轨道交通电气与控制（081809T）、邮轮工程与管理（081810T）、智慧交通（081811T）共十一个专业。但2018年国家教育部发布的《普通高等学校本科专业类教学质量国家标准》中没有包含"轨道交通电气与控制（081809T）""邮轮工程与管理（081810T）""智慧交通专业（081811T）"三个专业的教学质量国家标准。

我国交通运输类专业具有两大特点：第一是系统复杂性，涉及众多交叉学科；第二是因办学历史和特色优势，目前我国高等学校在该专业类人才培养过程基本上是按某一运输方式或专业方向培养交通运输类专门人才。

按照教育部统一部署，我国高等学校交通运输类专业教学指导委员会组织交通工程、航海技术、道路运输与工程、水路运输与工程、铁路运输与工程、航空运输与工程6个教学指导分委员会及相关专业的专家教授研制了"交通运输类专业本科教学质量国家标准"。

《普通高等学校本科专业类教学质量国家标准（2018）》中有关"交通运输类专业本科教学质量国家标准"的主要内容如下：

1　概述

交通运输类专业包括交通运输、交通工程、航海技术、轮机工程、飞行技术、交通设备与控制工程、救助与打捞工程、船舶电子电气工程等专业，培养掌握交通运输规划、运营与安全保障等基本理论与方法，以及交通运输领域某个专门方向较深入的知识与技能，能在交通运输领域从事交通运输系统规划、建设、安全高效运行、经营与管理、应急救援与指挥等相关工作的人才，以满足社会发展对交通运输资源的合理配置需要。交通运输类专业是一个系统理论和实践并重且多学科交叉的专业。由于科学技术的不断发展以及一系列前沿交叉学科在交通运输领域的应用，这种交叉与融合的趋势逐渐淡化了各传统专业学科间的界限，促使交通运输类专业越来越多地站在交通运输工程一级学科层面形成系统连贯的学科思维。

交通运输在国家经济建设发展中占有极其重要的地位，是国民经济发展的基本需要和先决条件，在整个社会机制中起着纽带作用，是衔接生产和消费的重要环节，也是保障人们在政治、经济、文化、军事等方面联系交往的手段。交通运输是现代社会的生存基础和文明标志，是现代工业的先驱和国民经济的先行部门，是调节社会资源配置和宏观调控的重要手段，同时对促进社会分工、大工业发展和规模经济的形成，巩固国家的政治统一和加强国防建设，扩大国际经贸合作和人员往来发挥着重要作用。现代交通运输方式包括道路运输、铁路运输、水路运输、航空运输和管道运输五种基本方式。

交通运输类专业主干学科为交通运输工程一级学科，其二级学科包括道路与铁道工程、交通信息工程与控制、交通运输规划与管理、载运工具运用工程。相关学科还包括数学、力学、经济学、管理学、系统科学、法学、机械工程、材料科学与工程、动力工程与工程热物理、信息与通信工程、控制科学与工程、计算机科学与技术、土木工程、船舶与海洋工程、航空宇航科学与技术、环境科学与工程等。

与交通运输类专业相关的本科专业包括道路桥梁与渡河工程、土木工程、港口航道与海岸工程、物流工程、物流管理、包装工程、能源与动力工程、车辆工程、汽车服务工程、油气储运工程、安全工程、交通管理工程、交通管理、海事管理等。

交通运输类专业特点之一是其系统复杂性,且涉及众多交叉学科;特点之二是目前我国高等学校在该专业类人才培养过程中因办学历史和特色优势,基本上是按某一运输方式或专业方向培养交通运输类专门人才。

2 适用专业范围

2.1 专业类代码

交通运输类(0818)

2.2 本标准适用的专业

交通运输(081801)

交通工程(081802)

航海技术(081803K)

轮机工程(081804K)

飞行技术(081805K)

交通设备与控制工程(081806T)

救助与打捞工程(081807T)

船舶电子电气工程(081808TK)

3 培养目标

3.1 专业类培养目标

交通运输类专业培养具有良好的工程技术、文化素养和高度的社会责任感,较好地掌握交通运输领域基础理论、专门知识和基本技能,富有创新精神、创业意识和实践能力,具备国际化视野,能够在交通运输领域从事规划设计、技术开发与运用、运营组织和经营管理等工作,以及在教育、科研等部门从事相关工作的高素质专门人才。

3.2 学校制订相应专业培养目标的要求

各高校应根据上述培养目标和各自的定位、办学条件、区域人才市场需求,结合各自相关专业基础和学科特色,在对区域和交通运输行业特点进行充分论证的基础上确定办学定位,以适应交通运输行业发展对多样化人才培养需要为目标,细化人才培养目标的内涵,准确定位本专业人才培养的具体目标。

各高校还应根据科技及经济、社会持续发展的需要,定期对交通运输类专业人才培养质量与培养目标的吻合度进行评估,建立适时调整专业发展定位和人才培养目标的有效机制。

4 培养规格

4.1 学制

4年。

4.2 授予学位

工学学士。

4.3 参考总学时或学分

交通运输类专业总学分一般要求为140~180学分,其中实践性教学学分一般不少于总学分的25%。各高校可根据具体办学情况做适当调整。

4.4 人才培养基本要求

4.4.1 思想政治和德育方面

按照教育部统一要求执行。

4.4.2 业务知识与能力方面

(1)系统掌握交通运输系统基础知识和基本理论。

(2)熟练掌握交通运输工程实验及运行管理的基本技能。

(3)了解交通运输的发展历史、学科前沿和发展趋势;认识交通运输在经济社会发展中的重要地位与作用。

(4)掌握本专业所需的数学、力学、经济学、管理学、系统科学等基础知识;了解安全、信息、能源、环境等相关领域的基本知识。

(5)初步掌握交通运输工程某一领域研究的基本方法和手段,初步具备发现、提出、分析和解决该领域相关问题的能力。

(6)具有高度的协调配合团队精神和可持续发展理念。

(7)具有良好的书面和口语表达能力。

(8)具有基本的资料搜集和文献检索能力。

(9)具有终身学习的理念和能力。

(10)具有一定的本专业外文书籍、外文文献资料的阅读与翻译能力。能撰写专业论文的外文摘要。能使用外文进行一般性交流。

各高校还应根据自身的定位和细化的人才培养目标,结合学科专业特点、行业和区域特色以及学生自我发展的需要,在上述业务要求的基础上,强化或者增加某些方面的知识、能力和素质要求,形成人才培养特色。

4.4.3 体育方面

按照教育部统一要求执行。

各高校可结合行业特色需要,在体育技能上强化或者增加某些特殊方面的能力要求。

5 师资队伍

5.1 师资队伍数量和结构要求

各高校交通运输类专业应当建立一支规模适当、结构合理、相对稳定、水平较高的师资队伍,以满足专业教学需要。

新开办交通运输类专业至少应具有10名专任教师,在30名学生基础上,每增加10名学生,须增加1名专任教师。

教师队伍中应有学术造诣较高的学科或者专业带头人。专任教师中具有硕士及以上学位的比例应不低于60%,35岁以下专任教师必须具有硕士及以上学历,并通过岗前培训;具有高级职称的教师比例应不低于30%。35岁以下实验技术人员应具有相关专业本科及以上学历。

实验教学中每位教师指导学生数不得超过15人。每位教师指导毕业设计(论文)的学生人数原则上不超过8人。

有企业或行业专家作为兼职教师。

5.2 教师背景和水平要求

从事本专业教学工作的教师,其本科和硕士和博士学历中,应至少有1个为交通运输类专业,或有过不少于1年的专业培训,对有相关要求的专业,教师应取得行业岗位资质证书或培训证书,且其专业背景要与专业的教学研究方向相适应。专任教师必须具有高等学校教师从业资格(高等学校教师资格证书)。

从事专业课教学(含实践教学)工作的主讲教师,应每3年有3个月以上的工程实践(包括现场实习或指导现场实习、参与交通运输工程项目开发、在交通运输企业工作等)经历;一般应有一定数量的有企业工作经历的人员从事专业教学;从事本专业教学工作的主讲教师应有明确的科研方向和参加科研活动的经历。

5.3 教师发展环境

各高校应建立基层教学组织,健全教学研讨、老教师传帮带、教学难点重点研讨等机制。

实施教师上岗资格制度、青年教师助教制度、青年教师任课试讲制度;制订青年教师培养计划,建立青年教师专业发展机制和全体教师专业水平持续提高机制,使青年教师能够尽快掌握教学技能,传承本学校优良教学传统。

应加强教育理念、教学方法和教学手段的培训,提高专任教师的教学能力和教学水平。

6 教学条件

6.1 教学设施要求

6.1.1 基本办学条件

交通运输类专业的基本办学条件参照教育部相关规定执行。

6.1.2 教学实验室

基础课程实验室在生均面积、生均教学设备经费至少应满足教育部相关规定的基本要求。专业实验室应能满足本专业类培养计划实践教学体系所列要求。每种实验设备既要有足够的台套数,又要有较高的利用率。

实验室应建立设备使用档案、设备与实验的标准操作规程。有专人负责保管,定期进行检查、清洁、保养、测试和校正,确保仪器设备的性能稳定可靠。有存放实验设备、耗材的设施,有收集和处置实验废弃物的设施。

实验室应具备支持研究的能力,具有一定的课外开放时间,条件允许下应设立实验室基金。

6.1.3 实践基地

必须有满足教学需要、相对稳定的实习基地。应根据学科专业特色和学生的就业去向,与交通运输行业科研院所、企业加强合作,建立有特色的实践基地,满足相关专业人才培养的需要。

实践基地应制定实践管理制度并依据制度对学生进行管理。实践管理制度应包括教师选派、教学安排、质量评价等内容。实践单位应指定专门负责人并提供必要的实践、生活条件保障。

各类实践实习要有具体的实习大纲和实习指导书,有明确的实习内容,实习结束后学生应提交实习报告,据此给予实习考核成绩。

6.2 信息资源要求

6.2.1 基本信息资源

通过手册或者网站等形式,提供本专业的培养方案、各课程的教学大纲、教学要求、考核要求、毕业审核要求等基本教学信息。

6.2.2 教材及参考书

专业基础课中 2/3 以上的课程应采用正式出版的教材,其余专业基础课、专业课如无正式出版教材,应提供符合教学大纲的课程讲义。教材优先选用国家级或行业规划教材。

6.2.3 图书信息资源

图书馆与相关资料室中应提供必要的交通运输类及相关学科的图书资料、刊物,刊物应包括交通运输领域核心期刊,有一定数量的外文图书与期刊。

提供主要的数字化专业文献资源、数据库和检索这些信息资源的工具,并提供使用指导。

建设必要的专业基础课、专业课课程网站,提供一定数量的网络教学资源。

本专业类所有馆藏资源均应向学生开放。

6.3 教学经费要求

教学经费应能满足本专业类教学、建设和发展的需要。

已建专业每年正常的教学经费应包含师资队伍建设经费、实验室维护更新费用、专业实践教学经费、图书资料经费、实习基地建设经费等。

新建专业应保证一定数额的不包括固定资产投资在内的专业开办经费,特别是应有实验室建设经费。

每年学费收入中应有足够的比例用于专业的教学支出、教学设备仪器购买、教学设备仪器维护以及图书资料购买等。

7 质量保障体系

各专业应在学校和学院相关规章制度、质量监控体制机制建设的基础上,结合各自特点,建立教学质量监控和学生发展跟踪机制。

具有国际公约和国内法规要求的专业质量管理体系,应取得相应质量管理体系认证证书。

7.1 教学过程质量监控机制要求

有保障教授给本科生上课的机制;有教学各环节的质量标准和教学要求;有专业基本状态数据监测评估体系,便于开展专业评估和专业认证;有专业学情调查和分析评价机制,能够对学生的学习过程、学习效果和综合发展进行有效测评;有以学生评估为主体的评教制度;有学习困难学生帮扶机制;有毕业生、用人单位、校外专家参与的研讨和修订专业培养目标、培养规格和培养方案的机制,使专业培养定位和规格不断适应学生和社会发展的需要。

7.2 毕业生跟踪反馈机制要求

建立有毕业校友和用人单位对培养方案、课程设置、教学内容与方法进行征求意见及建议的机制、制度,通过对毕业生知识、素质和能力的调查与评价,不断改善人才培养质量。

跟踪反馈分析内容:毕业生在就业单位工作状况等表现以及就业状况分析;毕业生对在校期间专业课程设置、教师教学和就业工作的评价分析;用人单位对毕业生思想素质、专业技能的评价分析。

跟踪反馈调查形式:采取召开毕业生座谈会、由毕业生本人填写调查表、走访用人单位、网络调查和电话调查等多种形式。

7.3 专业的持续改进机制要求

定期举行学生评教和专家评教活动,及时了解和处理教学中出现的问题;定期开展专业评估,及时解决专业发展和建设过程中的问题;吸纳行业、企业专家参与专业教学指导工作,形成定期修订完善培养方案的有效机制。

附录　交通运输类专业知识体系和核心课程体系建议

1 专业类知识体系

1.1 知识体系

1.1.1 通识类知识

除国家规定的教学内容外,人文和社会科学、外语、计算机与信息技术、体育、艺术等内容由各高校根据办学定位与人才培养目标确定。

1.1.2 学科基础知识

公共基础知识主要包括数学、力学、经济学、管理学、系统科学以及交通运输类各专业教育所需要的基础知识。教学内容应满足教育部相关课程教学指导委员会对工科类本科专业的基本要求,各高校可根据自身的人才培养定位调整提高相关教学要求。

专业基础知识主要包括工程制图,土木测量、机械基础、传热学基础、工程材料、电工电子、计算机应用技术、信息及自动化控制、通信导航、运筹优化、技术经济分析等知识领域。交通运输类不同专业可根据专业内涵在以上范围内选择设置。

1.1.3 专业知识

交通运输类不同专业的课程须覆盖相应的核心知识领域,并培养学生将所学的知识应用于交通运输系统实践中的能力。

交通运输专业核心知识领域一般包括交通运输基础设施建设、载运工具理论与技术装备、交通运输系统规划、港站枢纽规划与设计、旅客运营组织、货物运营组织、运营调度指挥以及交通运输政策法规、交通运输商务、交通运输经济、交通运输安全、现代物流和综合运输等知识领域。具体课程及内容,可针对各种运输方式的共性知识领域,也可结合某一种运输方式(道路、铁路、水运、航空)或者综合运输的特点设置。

交通工程专业核心知识领域一般包括交通系统分析、规划与设计、交通组织及交通运营管理三个方面的内容。核心课程包括交通分析理论、交通工程导论、交通规划、交通设计、交通管理与控制及交通安全等。

航海技术专业核心知识领域主要包括船舶航行与定位、船舶结构与设备、海上通信、船舶操纵与避碰、船舶导航与信息系统、船舶货运、航海气象学与海洋学、船舶管理、航海英语等。

轮机工程专业核心知识领域主要包括船舶动力装置及系统、船舶辅助设备、轮机测试与维修技术、船舶管理体系及防污染技术、船舶电子与电气技术、轮机监测与自动控制、轮机英语等。

飞行技术专业核心知识领域主要包括飞机基础知识、飞行原理与飞行性能、航行基础、航空管理学基础、航空心理学基础、飞行英语、飞行理论、飞机驾驶技术等。

交通设备与控制工程专业核心知识领域主要包括交通设备结构、交通信息检测、数据分析、系统研发与集成、交通管理与控制等。

救助与打捞工程专业核心知识领域主要包括救助工程、打捞工程、海洋工程、潜水技术、船舶设计、船舶驾驶、航海气象学与海洋学等工程技术知识,还应包括救助与打捞领域相关的政策法规、标准合同、应急管理、项目管理等法律和管理类知识,并特别强化救捞专业英语知识和运用能力。

船舶电子电气工程专业核心知识领域主要包括船舶电力拖动、船舶电力系统、机舱自动控制、传感器与监测报警、船舶计算机与网络、航行设备与通信系统、船舶电子电气设备维护管理、船舶管理、船舶电子电气英语等。

各高校可结合自身办学特色设置一定数量的专业补充课程,传授国际化和前沿性的学科知识。同时根据学科、行业、地域特色及学生就业和未来发展的需要,强化学生的个性化发展。建议多采用工程实践案例教学,以拓展学生的知识面。紧密联系工程实际,构建更加合理和多样化的知识结构,形成各高校自身的专业特色和优势。

1.2 主要实践性教学环节

主要包括专业类实验、实习、设计等,根据专业需要可进行必要的专业实训。

1.2.1 实验

包括学科门类基础实验、专业基础实验、专业实验三个层次及课程实验、综合实验两个方面。实验主要类型包括演示性、综合性、设计性。应提高综合性和设计性实验所占的比例。

要求具备完整的实验大纲、指导书、任务书,学生按规范书写实验报告。鼓励有条件的学校设置相对独立的实验课程体系。

1.2.2 实习

包括专业认识实习、生产实习、毕业设计(论文)实习。

(1)认识实习

目的是建立交通运输系统的整体概念,了解交通运输系统的构成要素、各部门之间的关系、各部门生产特点和运行特点。重点了解某一种或几种运输方式的设施设备、组织结构、工作流程、管理规范、运营管理内容以及施工、运输现场技术发展趋势等。

(2)生产实习

深入到交通运输企业、规划设计咨询单位、技术装备制造企业、施工建设企业等进行,目的是使学生直接参与到生产实践过程中,得到应用基础理论和方法开展规划、设计、施工、生产、维修和运营管理等能力的锻炼。

(3)毕业设计(论文)实习

结合毕业设计(论文)题目和内容要求,了解交通运输领域的实际问题,收集资料、准备数据和开展毕业设计(论文)内容的研究等。

各实习环节要求具备完整的实习大纲、实习任务书,学生按规范填写实习日志和实习报告。为保证实习环节的顺利进行,应建立相对稳定的校内外实习基地,密切产学研合作。

1.2.3 设计

包括课程设计、毕业设计(论文)。设计(论文)环节应与实践环节相结合。

(1) 课程设计

针对课程目标,结合课程知识点,开展综合性设计,以加深对课程理论知识的理解和掌握。课程设计应密切结合实践,培养学生的实际动手能力和创新创造能力。要求具备完整的设计指导书、任务书,学生按规范完成设计内容,并具有规范化的评分标准。

(2) 毕业设计(论文)

题目和内容应有明确的工程应用背景,坚持一人一题,工作量和难度适中,要求学生独立完成,使学生运用知识的能力和解决工程实践问题的能力获得显著提升。指导教师应引导学生完成选题、调研、查阅资料、需求分析、制定计划以及研究、设计、撰写等环节,使学生得到全面、系统的专业能力训练。指导的学生数量应适当,并保证达到规定的指导次数和指导时间。要求具备完整的设计(论文)指导书、任务书和开题报告,学生按规范完成设计(论文)内容,按程序进行毕业设计(论文)答辩,并具有标准化的评分标准。

1.2.4 实训

需要有实训的专业,相关高等学校必须建有满足教学需要、相对稳定、具有相关行业资质的校内外实训基地。实训内容和时间应依据行业标准设定,并注重理论密切结合实践,全面、系统地培养学生的实际动手能力、职业素质和团队合作能力。指导教师的资质必须符合相关行业要求,指导实训的学生人数应适当。要求具备完整的实训大纲、实训记录和各阶段考核标准,同时制定切实有效的实训质量监控方案。

鼓励学生利用各种教学和科研资源参加科学研究活动,支持学生参加相关专业的学科竞赛活动,提高科技创新能力。

2 专业类核心课程建议

2.1 课程体系构建原则

课程体系是人才培养模式的载体,课程体系构建是高校的办学自主权,也是体现学校专业办学特色的基础。各高等学校结合各自的专业人才培养目标和培养规格,依据交通运输类专业学生知识、素质、能力的形成规律和学科的内在逻辑顺序,构建体现本学科优势或者地域特色,能够满足学生未来多样化发展需要的课程体系。

2.1.1 理论课程要求

交通运输类专业课程体系按照通识类、学科基础类、专业类三类设置。人文社会科学类通识教育课程至少占总学分的15%,数学和自然科学类课程至少占总学分的15%,数学和自然科学类课程外的学科基础类、专业类课程至少占总学分的40%。课程的具体名称、教学内容、教学要求及相应的学时、学分等教学安排,由各高校自主确定,同时可设置体现学校、地域或者行业特色的相关选修课程。

2.1.2 实践课程要求

实践类课程在总学分中所占的比例应不低于25%,注重培养学生的创新意识和实践能力。学生开展创新项目、发表论文、获得专利和自主创业等所获成果可折算为实践课程学分。

应构建交通运输类专业演示性实验、综合性实验、设计性实验等多层次的实验教学体系,其中综合性实验和设计性实验的学时应不低于总实验学时的40%。

除完成实验教学基本内容外,可建设特色实验项目,以满足特色人才培养的需要。

交通运输类各专业应根据人才培养目标,构建完整的实习(实训)、创新训练体系,确定相关内容和要求,多途径、多形式完成相关教学内容。载运工具运用和交通设备应用类专业应适当提高实习(实训)的学时比例,并加强工程训练的教学,以提高学生适应未来工作的能力。

交通运输类专业的毕业设计(论文)一般安排在第四学年,原则上为1个学期。

2.1.3 扩大学生自主选择课程的权利

坚持"以学生为本"的原则,适当扩大公共基础课程与专业选修课程的比例,选修课占总课程比例一般不少于15%。各高校可依据课程设置的实际情况设定。

2.1.4 适应发展需要,调整课程体系

在培养计划执行期内,针对交通运输系统的发展变化,可对课程进行适当调整,但应保证课程体系的相对稳定。建议每4年修订一次培养计划,每年课程更新率不应超过总课程数量的10%。

2.2 核心课程体系示例

核心课程体系是实现专业人才培养目标的关键。各高校应根据人才培养目标,将上述核心知识领域的内容组合成核心课程,将这些核心课程根据专业学科的内在逻辑顺序和学生知识、基本技能、素质能力形成的规律组织编排,并适当增加本校特色内容,形成专业核心课程体系。

2.2.1 交通运输专业核心课程体系示例

交通运输专业可分为道路运输、铁路运输、水路运输、航空运输4个办学方向。本标准仅给出设置该专业建议开设的课程名称和相应学时。各高校可根据自身特色培养目标对课程知识单元的内容进行筛选、增减与融合,形成具有本校特色的课程体系。课程的名称、学分、学时和具体教学要求由各高校自行确定。(括号内数字为建议学时数)

(1)道路运输核心课程体系示例

道路运输专业分汽车技术应用和道路运输管理2个方向。其共同核心课程包括:交通运输工程概论(36)、汽车构造、行驶理论与应用(64)、道路工程基础理论与技术(64)、运筹学(64)、技术经济学(64)、交通运输企业管理(64)。

汽车技术应用方向还应包括:交通运输工程学(64)、汽车运用工程(64)、汽车维修工程(64)、汽车检测诊断技术(64)、汽车可靠性理论(32)、汽车运行材料(32)、汽车电子与电器(32)、交通安全工程(32)。

道路运输管理方向还应包括:交通运输组织学(64)、交通港站与枢纽(64)、城市公交规划与运营管理(64)、现代物流学(64)、运输经济学(32)、交通运输市场学(32)、运输企业财务管理(32)、特种货物运输(32)。

(2)铁路运输核心课程体系示例

交通运输基础设施与装备(64)、交通运输系统规划与布局(64)、铁路站场与枢纽(64)、铁路旅客运输(32)、铁路货物运输(32)、铁路运输组织(64)、运输政策与法规(32)、运输商务(32)、运输经济(64)、运输安全(32)、现代物流(64)、综合运输(32)。

(3) 水路运输核心课程体系示例

交通港站与枢纽(36)、交通规划理论与方法(54)、货运技术(36)、危险品运输(36)、运输经济学(36)、航运经济学(36)、集装箱运输与多式联运(36)、物流与供应链管理(36)、水运法规与政策(36)、港口管理(36)、港口装卸工艺(36)、港航工程与规划(54)、港口环境保护(36)、航运管理(54)、船舶原理(36)、运输代理理论与实务(36)、班轮运输实务与法规(36)、租船运输实务与法规(36)、海商法/海事法(36)、海上运输保险(36)。

(4) 航空运输核心课程体系示例

航空运输专业核心课程包括专业基础课程和3个方向专业课程(任选一个):

专业基础课:空中交通系统优化与管理(64)、空气动力学(46)、航空气象学(46)、航空中人的因素及实践(28)、飞机性能工程(54)、航空情报服务与航图(46)、空域规划(54)。

空中交通管理方向还应包括:机场管制及模拟训练(58)、程序管制及模拟训练(58)、雷达管制及模拟训练(68)。

飞行运行管理方向还应包括:航空公司运行管理(54)、飞行计划及实践(76)、放行评估综合实验(40)。

机场运行管理方向还应包括:现场运行管理及实践(66)、机场运行协同管理(18)。

2.2.2 交通工程专业核心课程体系示例

交通分析理论(64),交通工程导论(32),交通规划(64),交通设计(64),交通管理与控制(64),交通安全(48)。

2.2.3 航海技术专业核心课程体系示例

航海力学(54)、船舶原理(54)、电工学(36)、船舶无线电技术基础(36)、航海学(180)、船舶结构与设备(36)、GMDSS(全球海上遇险与安全系统)通信设备与业务(126)、船舶操纵(54)、船舶值班与避碰(72)、航海雷达与仪器(126)、船舶货运(90)、航海气象学与海洋学(72)、船舶管理(54)、远洋业务和海商法(54)、航海英语(90)。

2.2.4 轮机工程专业核心课程体系示例

工程力学(72)、工程流体力学(36)、轮机工程材料(36)、工程热力学与传热学(54)、船舶柴油机(90)、船舶辅机(90)、轮机自动化基础(36)、轮机自动化(54)、船舶动力装置技术管理(72)、船舶电气设备及系统(90)、轮机维护与修理(54)、船舶防污染技术(36)、轮机英语(54)。

2.2.5 飞行技术专业核心课程体系示例

飞行技术理论课程:飞机基础知识(108)、飞行原理(36)、飞行性能计划与载重平衡(54)、飞行领航学(72)、航空气象学(54)、仪表飞行与航图(54)、航空法规(36)、飞行员无线电陆空通话(108)、飞行英语(90)、私用驾驶员执照理论(36)、仪表等级理论(36)、商用驾驶员执照理论(36)。

飞行技术实训课程:私用驾驶员执照飞行训练(36)、仪表等级飞行训练(36)、商用驾驶员执照飞行训练(108)。

2.2.6 交通设备与控制工程专业核心课程体系示例

机车车辆工程(64)、列车牵引与制动(64)、车辆结构强度与动力学(64)、电力牵引传动与控制(64)、内燃机原理与结构(32)、动车组技术(64)、列车控制与通信网络(32)、制造与修理工艺(32)、工程维修设备与控制(32)、先进制造技术(64)、交通工程学(32)、交通管理与控制(64)、交通仿真(32)、交通检测技术(64)、交通信息处理技术(64)、交通软件技术(64)、交通硬件技术(64)、交通管控技术(32)、交通集成技术(32)。

2.2.7 救助与打捞工程专业核心课程体系示例

救助工程(54)、打捞工程(72)、海洋工程(72)、潜水技术基础(54)、船舶静力学(54)、船舶与海洋工程结构力学(54)、救捞应急管理(46)、救捞国际标准合同(36)、救助与打捞政策法规(36)、救捞及海洋工程项目管理(36)、救捞专业英语(36)、船舶动力装置与特种装备(54)、海洋平台设计(36)。

2.2.8 船舶电子电气工程专业核心课程体系示例

轮机概论(36)、自动控制原理(54)、电路原理(54)、可编程序控制器原理及应用(54)、电力电子技术(36)、电机学(54)、交流变频调速技术(36)、船舶电力拖动系统(54)、船舶电站及其自动化装置(36)、船舶主机控制系统(36)、船舶机舱监测报警系统(36)、船舶局域网技术及应用(36)、船舶导航通信系统(54)、船舶管理(18)、船舶电子电气英语(36)。

建议各高校根据各专业特点、自身定位及特色,参考上述专业核心课程体系示例,来设置相关核心课程。

其他核心课程的名称、学分、学时以及教学要求等由各高校自主确定,本标准不做硬性要求。

3 人才培养多样化建议

各高校应依据自身办学定位和人才培养目标,以适应社会对多样化人才培养的需要和满足学生继续深造与就业的不同需求为导向,积极探索研究型、应用型、复合型人才的培养模式,并构建与之相适应的课程体系,据此确定教学内容,选择适当的教学方法,设计优势特色课程,适当提高选修课比例,由学生根据个人的兴趣和未来职业发展规划进行选修。

在培养方式的多样化方面,可以探索具有国际化的"2+2"培养方式,鼓励中外合作办学,鼓励学生取得中外双学士学位或双校毕业证书;也可以探索校企合作的"3+1"培养模式,鼓励学生到生产实践中完成本专业的学习和实践。

4 有关名词释义和数据计算方法

4.1 名词释义

(1) 专任教师

是指从事交通运输类专业教学的专任全职教师。为交通运输类专业承担数学、力学、计算机和信息技术、思想政治理论、外语、体育、通识教育等课程教学的教师,以及担任专职行政工作(如辅导员、党政工作)的教师不计算在内。

(2) 主讲教师

是指每学年给本科生主讲课程的教师,给其他层次的学生授课或者专职指导毕业设计(论文)、实践等的教师不计算在内。

(3) 演示性实验

也称验证型实验,属于直观教学。其基本方式是教师演示、学生参与的实验过程,或者在教师指导下由学生自主完成实验过程,展示自然科学现象,引导学生观察、思考、验证或分析实验现象,得出相应结论。

(4)综合性实验

实验内容跨2个以上知识体系,能够将多个课程内容原理和实验方法复合在一个实验中,形成比较系统、复杂的实验操作过程,从而提高学生综合利用各类仪器和操作方法,解决比较复杂的自然科学问题的能力。

(5)设计性实验

由学生根据教师提出问题或者自己提出的问题,确定实验原理,设计实验过程,完成实验操作,分析实验结果,撰写实验报告,体现自然科学研究基本过程与规律,培养学生的科研素质和实践能力。

(6)实训

是指在校内、外实训基地根据行业标准对学生进行实践能力培养的教学过程。在实训过程中应注重理论紧密结合实践,强调学生的参与式学习,实现学生在专业能力、职业素质、团队合作等方面的综合提高。

4.2 数据的计算方法

(1)专业折合在校生数

专业折合在校生数 = 本专业普通本科学生数 + 本专业本科留学生数×3

(2)师生比

生师比 = 折合在校生数/教师总数

折合在校生数 = 普通本、专科(高职)生数 + 硕士生数×1.5 + 博士生数×2 + 留学生数×3 + 预科生数 + 进修生数 + 成人脱产班学生数 + 夜大(业余)学生数×0.3 + 函授生数×0.1

教师总数 = 专任教师数 + 聘请校外教师数×0.5

(3)学时与学分的对应关系

理论课教学一般每16或18学时计1个学分。实验课教学一般每32或36学时计1学分。集中实践教学[包括课程设计、实习、毕业设计(论文)等]1周计1学分。

第四节 美国大学本科教育特点及培养标准简介

美国的高等教育体系特别注重本科教育,尤其是一流大学,对本科教育教学工作极为重视。尽管这些一流大学普遍拥有强大的科研实力和研究生院,但最让这些大学感到自豪和最终确立他们地位和水平的关键因素,依然是其难以逾越的本科教育质量。时至今日,这些大学仍然在不懈地探索如何进一步提高本科教学质量,以适应快速变化的世界和未来。

一、美国本科教育的特点

与我国的高等本科教育相比,美国本科教育有如下特点:

1."自由"的专业

以文学艺术教育为核心的美国的大学教育可理解为"素质教育""通识教育",这也是美国高等教育的特色。通过对学生的全面教育,培养学生的表达能力和分析问题的能力。具体来说,学生可根据自己的兴趣,自由选择学习艺术、历史、哲学、人文、社会科学、自然科学等领域内的课程。在进行了足够广泛的学习后,学生可根据自身的兴趣选择一个专业方向,进行深入学习。这种通识教育的好处在于,学生不必在申请入学时就确定专业,解除了国内高考学生入学前必须选择专业的限制。这不仅能让学生了解到不同的学科,扩展视野,也给予了学生充分的时间和自由去考虑和体验、权衡和选择个人的特长、兴趣、爱好和未来职业。我国的大类招生方式在一定程度借鉴了美国"自由"专业的特点。

2."自由"的班级

与中国高校严格的分班、分级制度不同,美国的大学生在入学后的班级是流动的,不固定的。通常,学生们根据自己的兴趣选课。也就是说,同年入学、相同专业的学生不一定在一起上课,而不同年级、不同专业的学生则可能因为相同的兴趣走入同一个课堂。这样的自由选课制度既增加了来自不同层次和不同纬度的思维碰撞,也培养和开发了学生独立学习和研究的能力。

3."自由"的课堂

美国课堂注重通过教授与学生之间互动交流进行"启发式"教育和学习。美国的大学教育,旨在培养学生的综合素质和创新精神,基于此设置的各种类型的讨论课和专题研究独具特色。在老师的引导下,学生们各抒己见畅所欲言,任何"奇思异想"都会得到尊重鼓励,由此充分调动了学生们思考的主动性和积极性,并启发了他们独立思考和判断的能力。目前,我国有些大学的课堂也在提倡这种"自由"讨论与交流的课堂教与学方式。

二、美国大学对本科生培养的 12 条标准

美国大学对本科生培养提出的 12 条标准如下:

(1)具有清楚的思维、谈吐、写作的能力(The ability to think, speak and write clearly);

(2)具有以批判的方式系统地推理的能力(The ability to reason critically and systematically);

(3)具有形成概念和解决问题的能力(The ability to conceptualize and solve problems);

(4)具有独立思考的能力(The ability to think independently);

(5)具有敢于创新及独立工作的能力(The ability to take initiative and work independently);

(6)具有与他人合作的能力(The ability to work in cooperation with others and learn collaboratively);

(7)具有判断什么意味着彻底理解某种东西的能力(The ability to judge what is means to understand something thoroughly);

(8)具有辨识重要的东西与琐碎的东西、持久的东西与短暂的东西的能力(The ability to distinguish the important from the trivial, the enduring from the ephemeral);

(9)熟悉不同的思维方式(定量、历史、科学、道德、美学)(Familiarity with different modes of thought);

(10)具有某一领域知识的深度(Depth of knowledge in a particular field);

(11)具有观察不同学科、文化、理念相关之处的能力(The ability to see connection among disciplines, ideas and cultures);

(12) 具有一生求学不止的能力(The ability to pursue lifelong learning)。

美国的大学对本科生培养的 12 条标准,对我国本科生求学态度和求学目的端正将会有积极的作用。本科生学习不只是为了将来找到一个好的去处,大学生活应该是一生中最值得回味的,对人的一辈子会产生深刻的影响。美国的大学教育比较重视个人能力和思维的锻炼,激发学生的潜力、培养他们的兴趣爱好等。

大学生应以追求真知为前提,在知识、能力和素质等方面得到全面提升,为人类认识、征服、改造和发展自然和社会贡献智慧与力量。

第三章　交通工程专业的创建与发展

交通运输是国民经济和社会发展的基础,交通运输类专业是高等院校为交通运输行业培养交通规划、设计、建设、运营与管理专门人才所划分的学业门类。作为交通运输类专业中的基本专业之一,交通工程专业的内涵是什么?交通工程专业是怎么创建与发展的?国外交通工程专业的基本情况如何?本章将回答这些问题。

第一节　交通工程专业内涵

一、交通工程专业基本内涵

20世纪30年代,美国交通运输工程师协会(ITE)的成立标志着国外交通工程专业方向的建立。20世纪50年代,日本京都大学等开展交通工程学研究。20世纪60年代,同济大学邀请莫斯科城市建设学院杜拉也夫教授到校讲学,设置了城市建设系及专业,开启了城市道路与交通的教学与研究。20世纪70年代末,美籍华人张秋先生应邀到国内讲学,1979年,杨佩昆教授在同济大学成立了我国第一个交通工程研究室,任福田教授在北京工业大学提出交通工程专业"工管兼容"的办学思路,标志国内交通工程专业的建立。

我国交通工程专业是交通运输类专业中两个基本专业之一。交通工程专业是因交通基础设施规划建设和交通运行产生的有关技术问题,特别是交通拥塞、交通安全、交通环境污染等交通问题的产生而兴起的,也是满足快速城市化的交通规划、设计、建设和管理人才的需求而设置的一个以应用为主的工科类专业。交通工程专业旨在培养具有创新精神和实践能力,具有坚实的数学、物理、外语、计算机等基础知识,掌握必备的交通工程学、系统工程、土木工程、交通信息的基本理论和基本技能,受过识图制图、上机操作、工程测量、工程概预算等基本训练,能够在交通工程领域从事综合交通系统规划、交通设计、交通工程设计与施工、交通影响评价、交通安保工程、交通管控与智能交通等方面工作的高级工程技术、科研和管理复合型人才。

交通工程专业的基础是交通工程学、系统分析等。交通工程学是以交通参与者(驾驶员、行人、乘客、交通管理者)、交通工具、交通时间(年、月、日、时、分、秒)和空间(道路、铁路、水路、空路、枢纽站场等)交通环境为研究对象,系统分析研究交通发生、发展、运行与管理的科学规律与工程应用技术。交通工程专业涉及的内容主要包括交通系统规划、交通设施设计与建造、交通运营与管理,解决处理交通系统中的综合一体化协调和各种交通问题,即交通拥挤堵塞、交通安全事故、交通环境污染与绿色交通、交通土地利用、交通经济等,使交通系统更加安全、便捷、高效、舒适、经济,即寻求交通系统最大的安全保障、最高的通行效率、最低的环境污染。

国家人社部发〔2016〕18号《中华人民共和国职业分类大典(2015版)》,就"道路交通工程技术人员"(编号2-02-15-08,即职业大类为"2"、职业中类为"02"、职业小类为"15"、该小类中的第八种职业编号为"08")解释为"从事道路交通政策研究、规划设计、管理控制、安全评估的工程技术人员",主要工作任务:

(1)进行道路交通政策研究;
(2)编制道路交通规划;
(3)制定道路交通控制方案,绘制管控设计图;
(4)进行道路交通组织优化设计;
(5)进行道路交通安全分析与评估;
(6)编制道路交通设施的运营及养护标准和规范及组织实施;
(7)进行城市轨道交通规划、设计并指导运营。

交通工程本科毕业后可进入各级交通政府部门,交通事业单位,交通规划、勘测、设计、建造或施工、监理、管理等单位。

二、交通工程专业新内涵

交通工程学科是一个新学科,同时也是一个交叉学科,交通工程专业相对也是一个新专业,随着时代的变化发展和科技的进步,特别是数学、物理学和计算机科学等基础科学,以及信息技术、人工智能(AI)和大数据技术的快速发展,交通工程学科的内容在不断地充实,交通工程专业的内涵在不断地丰富,并产生出交通工程专业的新内涵,包括交通工程专业需要再认识、交通工程专业新内涵概念、城市交通发展之路促进交通工程专业发展、交通工程专业的新形势、各种新背景下交通工程专业的新使命等。

1. 交通工程专业再认识

交通是人和物的移动和各种运输和邮电通信的总称,侧重于人和物移动的本质基础;而运输是指通过交通工具将人和物从一处运送到另一处,侧重于人和物移动的本身规模数量。交通运输系统的构成要素主要包括人和物、交通工具、交通设施、交通环境、交通规则及信息等,而交通工程专业所做的是对交通系统构成要素进行研究,让交通更安全、通畅、便捷、环保、高效,最终实现一个和谐、先进的交通系统。城市与交通是交互影响的,而现代交通系统是现代城市系统的关键,现代交通运输支撑并引导着现代城市的经济与社会发展。可见现代交通系统的构成是在传统的人、车、路三要素的基础上,逐步增加了"环境"要素,和"信息"要素。特别是"信息"要素的增加,极大充实了交通工程学科的内容,显著增加了交通工程专业的内涵。

2. 交通工程专业新内涵概念(交通工程2.0)

工业4.0带来了人工智能的浪潮,其对交通运输最大影响便是智能化或智慧化。交通工程专业新内涵最大的特征就是学科的交叉性,以智能交通系统工程为例,这种学科上的交叉表现为:交通+信息工程+控制,即交通(运输)+IT(信息技术),该研究以需求为导向,以IT为工具,支撑交通运输系统的功能和性能实现。交通工程专业新内涵是交通运输与信息技术的深度融合,人工智能在交通运输系统中的应用将越来越重要。交通系统的随机性、模糊性、不确定性和复杂性等特点决定了交通系统对人工智能的应用需求,而ITS(智能交通系统)概念与现实化加快了人工智能的应用需求与可能性,再加上先进的软件工程(ASE),交通人工智能(TAI)由此诞生,交通运输工程新理论技术与先进的软件工程(ASE)融合产生的新业态。

面对交通工程专业新内涵时代的到来,进入以数字化、网络化、信息化和智慧化为特征的交通工程2.0,在未来交通工程人才的培养上,要注重强化学科的交叉性,要做到"跨界交叉、深度融合",整合优势资源,强化跨学科联系,实现科技创新和人才优化,要特别强化"热点—痛点—难点—要点"问题破解能力的培养,关注行业重大需求与趋势及国际研究热点,如智慧城市、人工智能、城市交通一体化发展、无人驾驶等。

发展交通工程专业新内涵、培养新一代交通工程专业人才是我国变轨超车建设交通强国之须,交通工程学科研究及人才培养应更加关注信息化社会的资源、能源、环境与气候问题。值得注重的是,城市与交通的发展正从建设向管理、服务、公共政策和决策科技转变,基于IT(信息技术)和新IT(智能技术)科技发展起来的以BAT(Baidu、Alibaba、Tencent 中国三大互联网公司英文首字母的缩写)为代表的新兴科技与产业,以及车联网、物联网等行业正全面地拥抱城市(智慧城市)与交通(智能交通)科技,人才培养体系应适应这方面人才培养的需求和要求。

3. 城市交通发展之路促进交通工程专业发展

由于城市交通的综合性、社会性与开放性特点,使当前城市出现九大城市病病征,即:城市交通严重拥堵、大气污染雾霾严重、城市内涝积水成灾、城市能源消耗过度、城市生态严重破坏、安全保障系统不力、基础设施脆弱短命、城市运行效率低下、城市文化传承缺失。这些病证大部分与城市交通有关。如道路交通拥堵严重造成居民出行不便,给城市经济带来巨大损失;道路交通拥堵造成能源过度消耗,加剧了城市大气污染;交通安全形势严峻、道路交通伤亡人数居高不下等。面对"交通强国"国家发展战略及重大需求,不仅需要建设一个世界一流的交通基础设施,更重要的是要让世界一流的交通基础设施产生世界一流的交通运输效率与世界一流的交通服务质量。因此,我国城市交通体系正面临着从"硬件建设"为主向"效能提升"为主的重大转型:发展模式由基建拉动转向运输能力挖潜;服务模式由满足运输量需求转向保障公共资源高效利用;运输模式由单一方式运输转向多式协同联运;信息模式由"孤岛"式封闭系统转向共享互联的开放系统等。

要实现城市交通体系的重大转型,首要任务是突破城市交通发展模式转变过程中的技术瓶颈。当前我国正在实施的智能交通系统存在的重大技术瓶颈主要表现为城市交通大数据[包括城市公安交通管理控制中心、城市综合交通系统信息中心、RFID(射频识别)电子信息移动通信数据等]与城市交通解决方案(如城市交通系统的资源配置与规划设计、城市道路交通系统的交通管理与控制、城市公共交通系统的运行组织与控制等)之间,由于缺乏科学手段导致两者严重脱节,目前的城市交通大数据,只能解决交通状态检测问题,而城市交通的解决方案仍然要基于传统的交通分析模型,无法基于城市交通大数据实现交通系统的优化。为突破该技术瓶颈,需要研发基于大数据的城市交通集成分析技术,通过重构城市交通理论体系、开发城市交通系统软件、搭建城市交通虚拟平台等手段,实现城市交通大数据(即交通IT)与城市交通解决方案,即交通系统(TS)方案的有效衔接,实现真正意义上的智能交通系统(即ITS)。在交通结构的转型期,城市交通问题无法根本解决,但是可以引导转型。缓解大城市交通问题的总体思路是建设公交主导型的城市交通系统,近期以城市综合交通系统的效能提升策略为主(末端),中期以城市综合交通体系的系统协同策略为主(过程),远期以实现城市综合交通系统的供需平衡为主(源头),而总体思路与基本策略的实施需通过精明的交通规划、精致的交通设计、精细的交通组织以及精准的交通管控来完成实现。

新一轮技术革命将引发大城市交通系统发展模式的重大变革,而科学的城市交通发展需要城市虚拟交通系统,城市虚拟交通系统平台是城市发展中必须建设的基础设施。在新一轮技术革命背景下,城市交通建设要突破四大关键技术:一是交通大数据的快速获取与融合技术;二是大数据环境下的城市交通供需平衡模型体系;三是大规模超级交通网络交通仿真技术与软件实现;四是城市跨部门协同"一键式"交通仿真技术。

为更好地发展城市交通,一是在体制层面,要打破"部门壁垒""信息孤岛",构建基于大数据共享平台的跨部门协同决策体制机制;二是在技术层面,组织开展城市虚拟交通系统关键技术研发,构建基于顶层设计优化的协同决策技术体系;三是在业务层面,依托智慧城市,因地制宜建设定制式城市虚拟交通系统,构建跨部门的协同决策支持平台。

4. 交通工程专业的新形势

信息化与交通工程的深度融合是当今最主流的行业趋势之一。在市场发展方面,交通工程专业前景广阔,信息化需求旺盛;在学科发展方面,互联网、大数据、人工智能技术与交通运输正不断融合;在技术引领方面,只有创新,才能看到行业的格局;在人才需求方面,需要专业系统知识背景宽广的复合型人才;在业内公司的转型升级方面,要随市场、需求发展的转变而变化。在新的发展形势下,要以科技创新引领交通工程专业转型升级,加快建设市场导向、企业主体、产学研结合的行业技术创新体系,促进科技成果转化为交通运输生产力。

行业对交通工程专业的需求正发生着巨大变化。新需求主要表现在以下几个方面:一是实现基于大数据技术的交通量预测,通过大数据技术优化,实现基于多源连续数据的关系挖掘,利用实际数据标定BPR(业务流程重组)函数参数、修正道路实际通行能力,实现运行状态的持续跟踪,提供高时间频率或颗粒度的预测服务等;二是实现基于高分遥感的交通基础设施国土空间控制规划,如建立基于高分遥感的项目空间资源GIS(地理信息系统)平台,开发交通基础设施国土空间控制规划评估辅助决策功能,实现项目的图上评估;基于高分辨率遥感卫星影像及数据套图进行分析,实现国土空间资源占用冲突的图上自动识别,对既有规划和待建项目进行评估等;三是利用新技术实现交通安全评价,如利用BIM(建筑信息建模)和仿真技术,提前模拟项目建设过程或建成后的运行状态,并利用大数据和人工智能技术全面分析可能存在的安全隐患,并提出解决方案;四是利用新技术实现交通管理与控制,因为未来智能交通系统的需求是交通出行智能化、运行管控全局化、信息服务泛在化,主要特点是由服务定义设施,实现自主感知、自主管控,在物联网、大数据、人工智能、自动驾驶技术的快速发展背景下,要加大交通管控装备智能化、交通基础设施智能化、交通服务智能化的研究;五是车路协同技术在交通工程中的应用,该技术将在交通规划、交通管理与控制、交通安全、交通设施等方面发挥重大作用,甚至带来革命性变化。

在物联网、人工智能等新技术兴起之际,未来的交通运输将逐步实现与各个领域的智能联网,而企业对交通工程专业的新期待是:在业务方向上,全面感知的交通基础设施、协同运营的综合交通管控、综合交通智能化协同与服务、交通运输系统安全运行智能化保障、合作式智能交通与自动驾驶、开放共享的交通智能化服务等都是未来的发展趋势;在未来需求上,交通出行的智能化、运行管控的全局化和信息服务的泛在化等是最大的焦点和期待;在人才需求上,交通运输规划、交通工程设计、交通管控系统开发及信息集成应用等领域,更加期待基础厚、专业宽、综合素质高、适应能力强、创新意识好的"高精尖缺"人才,尤其是在公路与城市道路、铁路、航空领域,对专业人才的需求将与日俱增。

揭示交通系统机理、改善交通出行环境与状况、提高交通运输服务质量等是交通工程专业永恒的追求。交通工程专业新内涵将面临更加严峻的挑战。一方面,要超越"消耗资源+牺牲环境"的增长极限,通过对信息和智能技术的开发,代替对大自然的攫取,寻求创新、绿色、包容、可持续的发展;另一方面,要超越在"自然物质+传统大机器"生产方式下形成的思维与发展定式,通过"智能力量"更多地支配甚至取代"金属力量"。人脑智慧的开发延展,知识信息的聚合处理,新创意的融汇运用,数字技术与大规模机器生产的深度结合,正在给传统生产方式带来颠覆性的变化,同时也给交通运输行业带来了巨大变革。时代在变,互联网思维主导的经济社会发展新形态,将更加重视深度融合、创新驱动和资源配置,规模扩张正快速向质量提升转变。未来,在"五大发展理念"(创新、协调、绿色、开放、共享)引领下的交通工程新内涵时代,将不断转型升级,向协同高效、全寿命周期理念深入化、标准化、可持续化和高端化等方向演进。

5. 各种新背景下交通工程专业的新使命

在当前都市圈建立发展、大数据等新兴技术手段渗透、交通社会问题错综复杂等新的时代背景下,交通工程学科正不断主动或者被动地渗入新的内容,交通工程学研究在快速更新、持续发展的时代契机下也面临着新的任务和新的挑战。

(1)都市圈发展背景下的交通工程

都市圈和区域一体化是我国随着经济发展必然出现的地域发展现象,表现为以大城市为核心的区域一体化发展,研究表明区域交通系统的连续变化在某些关键点处能诱发区域经济的相变。都市圈系统发展背景对传统的交通工程研究内容提出了新的需求。

一是都市圈背景下居民的出行方式变化为交通规划理论注入了新的内容。伴随着都市圈的形成,多式联运必然成为城内和城际的主要交通运输模式。多样性的出行选择使得人的出行方式产生相应的变化,传统的四阶段模型难以直接为道路交通规划提供理论基础。都市圈背景下出行方式的划分与衔接、交通网络结构和出行方式选择的交互关系、多样化出行方式对交通分布分配的影响等成为交通规划研究的新内容。

二是都市圈的发展对道路交通管理模式提出了新的要求。在都市圈背景下,传统的以行政区划为单位的道路交通管理模式很难适应"一体化""平衡化""无缝化"的需求。以高速公路或城市快速路为骨干的都市圈道路网络交通管理业务为例,现有的"片管"或者"条管"模式均存在一定的局限性。故而须从管理学、运筹学、经济学等角度,研究探索新时代下的都市圈道路交通网络管理模式,开发协作性的城市内和城市间交通调度指挥管理系统,实现都市圈"统筹""协同"管理新模式,保障都市圈道路运输网络的安全和通畅。

三是都市圈的发展亟须综合交通枢纽规划、设计、建设的理论支持。综合交通枢纽是都市圈交通系统的重要组成部分,也是综合交通系统建设的核心内容。然而,传统的交通工程理论和技术体系中缺乏综合交通枢纽内的交通规划、交通流特征、基础设施网络设计、交通管理等理论和技术内容。国内部分建成的大型枢纽,配套快速路网络与停车设施容量不匹配导致快速路无法发挥应有的快速集散功能。

(2) 信息化和大数据发展背景下的交通工程

近年来,传统交通行业在信息化和大数据浪潮中迎来了新的发展契机。全国每天使用道路交通设施、参与交通活动的人数以亿计,其产生的交通信息更是数以兆记。同时,以智能网联为代表的道路基础设施信息化进程也不断加快。新时代下,交通工程研究面临着前所未有的新机遇和新挑战。

一是交通数据多元化和海量化成为精细化交通管理研究的基石。在传统的交通感知网络中,道路交通运行数据往往单一地来自以线圈、卡口等为代表的"断面式集计"数据,设备集中布设于干线道路出入口、立交间或重要路段。当前,以滴滴、百度等第三方应用平台为代表的海量"浮动非集计"数据有效弥补了传统的感知系统对交通运行状态描述和研判支持的不足。同时,基于集计数据的二维流密速静态模型也必将被多维的交通状态描述模型所取代。随着未来高精度定位技术、图像技术、红外和雷达远程感知技术等的进一步发展,将实现"实时获取道路上每一车辆精确运动状态和轨迹"的愿景,通过研究多源、多维度海量数据的融合技术和精准的预测研判技术,交通管理必将向进一步精细化和精准化的方向迈进。

二是机器学习和人工智能技术发展的背景下交通控制理论正在发生改变。近年来,机器学习和人工智能技术的迅猛发展,以阿里巴巴公司为代表的"城市大脑"在我国部分城市的交通控制领域已取得了一定的成效。传统的交通控制方法是以交通波、排队论、跟驰理论等为理论基础,从机理解析角度解释解决交通问题。随着人工智能、机器学习、非监督式学习技术的飞速突破,从现象识别、机器认知和数据角度直接、更好地解决交通问题已成为可能。

三是亟须开展以智能网联汽车为主流交通工具背景下的交通工程理论探索。近年来,智能网联汽车技术和产业在我国得到了飞速发展。工信部于 2017 年 12 月 14 日颁布了《促进新一代人工智能产业发展三年行动计划(2018—2020)》,明确了智能网联汽车的发展方向。作为交通工具主体,智能网联汽车必将对交通工程的发展产生深远的影响。由此,交通工程中的排队论、车流波动论和跟驰理论中的模型和参数都将产生根本性的改变。智能汽车和人工驾驶汽车的混合运行环境下的交通流理论和相关风险控制将成为研究的重点。

(3) 带有社会问题思维的交通工程

虽然，新时代下测绘技术、信息技术、工业制造技术等的飞速发展对交通运输科技的发展带来了深远的影响，但同时也带来了非技术领域的社会问题。一是新的交通工具不断应运而生，社会公众在享受便捷的同时，也会出现诸多社会问题。以共享自行车近年在我国的快速发展为例，在金融资本推动作用下，交通工具无序无度的发展，交通管理陷入极其被动的地步，主要表现为：

一是现有道路设施容量尤其是停车设施容量无法满足共享自行车的通行和停放，引起人行道空间资源进一步紧张等问题，甚至带来安全隐患。

二是共享单车井喷式的发展速度，城市居民出行方式骤变，使道路交通规划、设施设计与建设的技术理论和手段措手不及。

三是企业"重前期投放，轻后续管理"致使违法停车移位、车辆转运、坏车回收、环境破坏等管理成本不得不由政府部门或社会公众被动买单。

四是共享单车资本断链风险长期存在，企业亏损、押金挤兑的发生会严重影响社会稳定。

五是共享单车的换乘需求很大，如何解决停车换乘与停车设施的问题。新时代下，诸如共享单车、共享电动车、老人代步车、网约车等"倒逼"式的交通发展需求会成为常态，如何应对这些常态问题。运营车营运模式的不断创新带来新的社会问题，如网约车运营将原来客户选择出租车的模式改变为客户网上提交需求、网约车选择客户的模式，这就产生了高峰时间、短途、老年人打不到车等社会现象，一些道德问题也随之产生。再有，无人驾驶汽车技术研发所带来的无人车环境下交通事故的责任认定问题。交通配套设施的经济成本、管理成本、社会成本是否完全由政府部门负责等问题。

交通工程专业技术人员不仅需要掌握交通工程技术理论知识、管理学知识，了解信息技术、工业技术等相关领域的最新进展，而且必须植入社会学思维模式。同时，新时代下交通工程学科也必须纳入社会、经济学、金融学等理念与知识点。

(4) 注入风险管理意识的交通工程

防范化解重大风险，健全风险防控机制是我国社会经济健康发展的主要手段。交通安全风险管理理论研究对实施"交通强国"战略具有重大意义。

我国全面开展道路交通安全研究已有二十多年。通过近年来国家科技支撑计划、全国道路交通安全科技行动计划等国家重点研发计划的实施，在事故统计分析、交通安全评估、驾驶人安全教育、道路安全设施、交通安全调度指挥平台、交通安全执法等方面都取得了巨大的成就，但传统的安全研究方法存在某些局限性：一是大多以道路交通事故为基础，以事后分析和治理为主，对事前多因素安全隐患难以及时发现和入手。二是在交通事故中驾驶人犯错是主要因素，然而，我国缺乏驾驶人行为的基础理论研究，对驾驶人犯错因素的识别和控制捉襟见肘。三是力图从机理上解释事故致因，忽视交通事故的随机性和非线性性。四是由于数据获取、信息采集手段的限制，多数研究以定性分析为主，定量分析不足。五是交通安全改善部分项目的投入较为盲目，针对性的投入较少，导致投资资源分布不均，交通安全改善难以起到良好效果。

针对我国道路交通安全研究瓶颈,突破交通安全风险管理关键技术,提升道路交通安全研究水平,一是需开展交通事故风险源识别关键技术研究,辨识可能诱发事故的各类隐患,并量化其可能性。建立识别典型道路交通事故风险源的"故障树"和"事件树",形成"故障树林"和"事件树林"。二是需开展交通参与者行为谱构建技术研究。建立各种交通方式中各类人群的行为特征描述模型,全面辨识各种行为过程中的出错环节及其与车路系统交互的机理。三是要突破道路交通系统运行风险的评价关键技术,改传统的机理分析评价为随机性函数和可靠度等评价。四是要构建道路交通系统失效和风险源失效大数据库。定量确定各类风险源的可能性及道路交通事故风险的级别,形成风险源失效数据库,作为交通事故风险管理和控制的核心基础。五是要开展道路交通安全风险管理决策优化技术研究。通过确定风险管理目标和规划确定以及安全改善投资效益的评估,有计划有目标的按风险级别消除事故隐患,逐步降低交通事故风险等级。

另一方面,要开展风险管理技术应用示范,构建城市交通安全运行风险管控平台。近年来,道路交通运输行业在信息化建设方法已取得巨大成就,各地公安部门和交通部门建成了如驾驶人管理信息平台、车管信息平台、道路基础设施管理信息平台、交通控制中心指挥调度平台等平台。这些平台为构建城市交通安全运行风险管控平台提供了良好的数据和平台基础。通过集成和拓展这些平台,很多城市已经具备了初步构建城市交通安全运行风险管控平台的条件。

交通运输是兴国利器、利国基石、强国先导。无论从回顾历史不是展望未来的角度看,我国交通发展之路无鉴可借。新时代下,我国交通工程研究必须结合中国特色,交通工程专业要有新作为,走出一条自主的交通工程发展之路和交通工程专业人才培养之路,要有新贡献,担当起实现由交通大国向交通强国转变的历史使命。

三、交通工程专业的深造

交通工程专业学生毕业后可报考研究生,攻读硕士学位。按照目前国家硕士学位培养制度,把硕士学位分为学术型和专业型。

1. 学术型硕士学位

交通工程本科毕业后深造的学术型硕士学科为交通运输工程(编号:0823),学科专业方向主要有三个:

(1)道路与铁道工程(编号:082301)

道路与铁道工程是交通运输工程一级学科的二级学科,此学科是研究铁道、公路、城市道路和机场等交通基础设施的规划、勘测、设计、施工、运营、养护和管理中基础理论与关键技术的学科。其研究范围涵盖道路与铁道选线设计理论,工程设计优化及 CAD 技术,铁路及轨道交通轨道结构理论,路基与机场土工稳定性理论,路基与机场建造新材料新技术应用,道路与机场路面结构理论与新材料新工艺,道路与铁道工程施工与养护技术,遥感、GIS 等新技术在道路与铁道工程中的应用技术等内容。

(2)交通信息工程及控制(编号:082302)

交通信息工程及控制是交通运输工程一级学科下的二级学科,本学科研究领域主要以交通运输自动化和智能化控制为核心,基于交通智能检测与控制的基本理论和应用技术,构建一个智能化、综合化和全方位交通信息与控制系统,确保交通运输系统安全、高效、高速、低公害的运行,是控制、通信、计算机、微电子、信息等技术的在交通领域中的交叉集成应用。其研究范围涵盖交通信息与交通系统控制的理论与技术问题,交通信息工程与控制系统关键技术和智能交通系统理论与方法。包括交通信息的感知采集与处理技术、交通系统性能分析与评估技术,交通系统建模与仿真技术,交通大数据及应用,交通信息化管理,交通人工智能技术与应用,道路与轨道交通控制理论与控制技术等内容。

(3)交通运输规划与管理(编号:0823003)

交通运输规划与管理是交通运输工程一级学科下的二级学科,本学科探讨交通机理与规律,研究交通运输系统规划设计与决策管理评价的理论与方法,优化交通运输系统资源配置,协调交通供需关系,保持交通可持续发展,实现客货运输安全、迅速、舒适、经济的目的。其研究范围涵盖交通运输发展战略与策略、交通运输系统规划、交通设施优化设计理论、交通运输系统优化理论、交通流理论、交通与环境、交通运输系统运营与安全管理及指挥调度理论技术等内容。

2. 专业型硕士学位

交通工程专业本科毕业后深造的专业型硕士学科主要是交通运输(编号:0861):

交通运输专业型硕士是由交通运输工程硕士演变而来,属于工程硕士的一个研究领域。交通运输专业型硕士学科主要培养了解现代交通运输发展历史和行业发展动态,掌握现代规划设计施工理论和方法,强化工程实践,能运用先进科学技术对交通运输工程领域中的新工艺、新材料、新技术、新方法进行实验、分析、规划、设计、建造和管理的高级工程技术人才。交通运输专业硕士的研究方向主要分交通运输规划与管理、铁道工程的勘察设计施工与养护、机车及车辆运用工程、铁路信息工程及控制、道路工程的勘察设计施工与养护、汽车运用工程、道路信息工程及控制、港口海岸工程及航道工程勘察设计施工与养护、船舶运用工程、水路信息工程及控制、机场工程的勘察设计施工与养护、航空器运用工程、航空信息工程及控制等。

➡第二节 我国交通工程专业简介

一、我国交通工程学科启蒙老师之一——张秋先生

我国交通工程学科产生于20世纪70年代末—80年代初,美籍华人张秋先生是我国交通工程学的启蒙老师之一。1980年版《交通工程学》就是徐慰慈和严宝杰两位老师根据张秋先生1979年在同济大学、东南大学、长安大学、北京工业大学等高校主讲交通工程学的讲义整理而成的,如图3-2-1所示。

张秋,男,安徽人,1948年毕业于上海交通大学土木工程系,后到加拿大深造,并在加拿大与美国的交通部门供职。他是美国、英国和加拿大的注册土木工程师,由于成就卓越,成为美国交通工程师协会甲级会员。从1969年开始,他又历任加利福尼亚州桑地安纳市和海华市交通工程局局长。1974年12月,张秋先生首次回国探亲,在中国旅行了56天,参观了北京、上海、西安等8大城市,观察了城区街道上及郊外公路上车辆交通情况。当看到城市

交通阻塞和交通事故严重时,根据20多年交通工程从业经验,他觉得有责任改变中国交通的落后面貌。在有关方面的支持下,他与同济大学、西安交通大学、上海市城建局及原交通部公路局的教授与技术人员座谈。1975年8月20日,根据所见所闻,他整理出了一份《中国都市交通概况》的报告,在美国西雅图市所举行的第四十五届世界交通工程师年会演讲,并发表在该年会技术论文特刊。张秋先生的《中国都市交通概况》这篇文章刊登在杂志《七十年代》(1975年12月号)上,《参考消息》(1976年2月刊)也对其进行了转载。1978年2月6日,张秋先生再次回乡探亲、观光,先后在上海、北京、哈尔滨、南京、西安等城市讲学,系统介绍了西方发达国家交通规划、交通管理、交通控制及交通安全等方面的建设与管理经验。

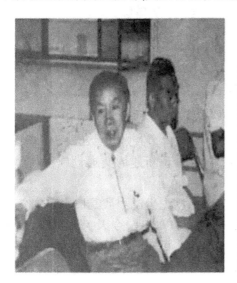 

图3-2-1　张秋先生及其主讲的《交通工程学》讲义(徐慰慈和严宝杰整理)

1979年,张秋先生作为国务院邀请首批来华讲学的四位美籍华人之一,是教育部、外交部、交通部、中科院联合向国务院聘请的首批来华讲学的五位外籍人士之一和首位科技专家,在同济大学和长安大学(原西安公路学院)进行讲学,讲了一些令人耳目一新的交通工程学的新概念,分析了未来中国的交通发展,呼吁高校要尽早设立交通工程专业。同时张秋先生在同济大学举办了第一个交通工程讲习班(图3-2-2),随即杨佩昆教授于1979年在同济大学成立了我国第一个交通工程研究室。

张秋先生1979年的讲学在我国交通界引起了强烈的反响,邀请他去讲学的单位纷至沓来。面对国内同胞的热情,张秋决定将每年的休假和高级官员休假集中起来,甚至通过停薪留职自费来国内讲学。1982年,中国公路学会交通工程学会邀请张秋先生到北京做学术报告。1985年5月10日,张秋先生应长沙交通学院(现长沙理工大学)和湖南交通工程学会邀请到长沙作"交通工程"专题演讲。

讲学的同时,张秋先生还竭尽全力为中美交通工程学工作者架起了一座友谊之桥,他利用休息时间帮助国内相关部门搜集各种各样的交通信息、资料、书刊、音像、幻灯片等。在张秋先生的努力和积极筹划下,上海市和安徽省交通工程学会先后派出代表团,出席参加了第54、第55届美国交通工程师学会年会,进一步加强了中美两国在交通领域的交流与合作。

图 3-2-2 1979 年,张秋先生同济大学讲学留念照片(杨佩昆教授提供照片)

张秋先生利用讲学的间隙,经常深入现场指导,他曾审查过长沙五一路和芙蓉路的立交方案,咨询过深圳市交通规划,每年到北京,都要参观新建的交通设施,留下宝贵意见建议。

在谈及为何多次不厌其烦回国宣传交通工程,张秋先生说:"我是旧中国贫穷人家的孩子,通过公费读完了四年的大学,是人民的恩情使我得以发展,今天,我有力量为国家做点事,就回来了。我不求钱,不求名利,凭我的良心报效人民对我的养育,替国家做点事,把祖国建设好。"

十多年来,张秋先生不仅向国内赠送了许多价值昂贵的书籍、资料,还拿出 2 万美元先后在北京工业大学、中国人民公安大学(原中国人民警官大学)、东南大学、西安公路学院和西南交通大学五所高校设立了张秋奖学金,鼓励资助交通工程专业的学生努力学习。1991年,他以联合国开发署咨询专家的身份参加第二届北京多国城市交通学术会议,把联合国给他的零花钱积攒起来支持北京一位年轻教师参加国际学术会议。根据赛文交通网收集的公开消息,东南大学和中国人民公安大学仍然还继续对品学兼优的学生给予"张秋奖学金"奖励。

张秋先生在国内大学讲学时认识的不少学生来找他表示想到美国读书,他都自掏腰包积极资助学生,尽管每个学生几千美元在现在看着不多,但在当时却是一个不菲的数字。张秋先生用这个方法帮助了不少学生在没有亲属关系的条件下到美国大学深造,改变了他们的人生,成为美国交通行业的栋梁之材和中美交通工程交流的使者,现在美国、加拿大市政交通行业也有不少人曾受到过张秋先生务实的帮助。

张秋先生还利用业余时间收集各国交通发展信息和资料,在《公路》杂志社上开设《交通工程通讯》专栏发布,为国内了解交通工程前沿发展信息提供了便利渠道。

1994 年 11 月 22 日,张秋先生在美国加州海华市逝世,享年 69 岁。上海交通工程学会于同年 11 月 26 日特发表刊文表示哀悼。由此可见,张秋先生对中国交通工程的贡献之大及交通工作者对他的敬佩之深。

二、我国大陆交通工程专业的形成与发展

1979年张秋先生应邀到我国上海、北京、成都、长春、西安等城市讲学后,特别是在同济大学举办了第一个交通工程讲习班后,杨佩昆教授在同济大学成立了我国第一个交通工程研究室;北京工业大学任福田教授及团队设置了我国第一个交通工程专业,成立交通工程教研室。后来,李正宜教授在重庆交通大学也建立了交通工程研究室。1979年12月21日上海市率先成立了交通工程学会、1980年8月8日,北京交通工程学会成立。1981年12月中国交通工程学会在广东佛山成立。随后很多省市都成立了交通工程学会,东南大学、同济大学、西南交通大学、长安大学、哈尔滨建筑大学(现哈尔滨工业大学)相继设立了交通工程学科。1980年北京工业大学首家开办交通工程本科专业方向,1984同济大学开始招收交通工程本科专业学生,1987东南大学开始招收交通工程本科专业学生,1990年重庆交通学院(现重庆交通大学)开始招收交通工程本科专业方向学生。

1998年我国教育部颁布的"普通高等学校本科专业目录新旧专业对照表(1998年)"中,将原1993年颁布的交通工程、总图设计与运输工程(部分)、道路交通事故防治工程三个专业合并成"交通工程专业"(1998版);2012年我国教育部颁布的"普通高等学校本科专业目录新旧专业对照表(2012年)"中,又将1998年颁布的交通工程、交通建设与装备(部分)两个专业并成现在的"交通工程专业"(2012版)。

根据2020年高校招生初步统计,全国2020年有约134所院校开设了交通工程专业,其中普通院校116所,独立学院18所。全国内地31省区市,除海南省和西藏自治区未开设有交通工程专业的院校外,其余29省区市都开设有交通工程专业的院校,详见表3-2-1。按照每个学校最低招收两个班60人计,估算每年全国交通工程专业招收本科学生不低于8000人,全国在校生规模超过32000人。这标志着交通工程学科和交通工程专业人才培养在我国都得到了快速的发展。

我国大陆开设交通工程本科专业的大学院校统计(2020年)　　　表3-2-1

序号	地区	院 校 名 称	数量(个)
1	黑龙江	哈尔滨工业大学、东北林业大学、黑龙江工程学院	3
2	吉林	吉林大学、长春建筑学院、吉林建筑大学、吉林建筑科技学院、长春师范学院	5
3	辽宁	大连理工大学、大连海事大学、辽宁工程技术大学、大连交通大学、辽宁工业大学、沈阳建筑大学、大连科技学院	7
4	北京	北京交通大学、北京航空航天大学、北京工业大学、北京理工大学、中国人民公安大学、中国民用航空大学、北京联合大学、北京城市学院、北京建筑大学、清华大学	10
5	天津	天津城建大学	1
6	河北	河北工业大学、河北联合大学、河北工程大学、石家庄铁道大学、河北科技学院、华北理工大学	6
7	山西	太原科技大学、山西工程技术学院、山西应用科技学院	3
8	内蒙古	内蒙古农业大学、内蒙古科技大学、内蒙古工业大学	3
9	上海	同济大学、上海海事大学、上海理工大学、上海应用技术大学	4

续上表

序号	地区	院校名称	数量(个)
10	江苏	东南大学、河海大学、南京林业大学、南京工业大学、江苏大学、苏州科技大学、南通大学、盐城工学院、扬州大学、淮阴工学院	10
11	浙江	浙江大学、宁波工程学院	2
12	安徽	合肥工业大学、安徽建筑大学、安徽理工大学、安徽三联学院、宿州学院、皖江工学院、合肥学院	7
13	江西	华东交通大学、南昌航空大学	2
14	福建	福州大学、厦门理工学院、福建农林大学、闽江学院、福建工程学院	5
15	山东	山东科技大学、山东理工大学、山东建筑大学、青岛理工大学、山东交通学院、山东协和学院、哈尔滨工业大学(威海)	7
16	湖北	武汉理工大学、华中科技大学、湖北工业大学、武汉科技大学、武汉工业学院	5
17	湖南	长沙理工大学、湖南城市学院、湖南交通工程学院	3
18	河南	郑州大学、河南工业大学、河南理工大学、河南城建学院、华北水利水电大学、许昌学院、郑州工商学院、新乡学院、黄河交通学院、郑州科技学院	10
19	广东	中山大学、华南理工大学、深圳大学、广州大学、佛山科学技术学院、五邑大学	6
20	广西	桂林电子科技大学	1
21	陕西	长安大学、西北工业大学、西安建筑科技大学、西安交通工程学院	4
22	甘肃	兰州交通大学	1
23	新疆	新疆大学、新疆农业大学	2
24	宁夏	宁夏大学	1
25	青海	青海民族大学	1
26	四川	西南交通大学、西华大学、西南科技大学、中国民用航空飞行学院	4
27	重庆	重庆交通大学	1
28	云南	昆明理工大学	1
29	贵州	贵州理工学院	1
小计			116
独立学院		吉林建筑大学城建学院、河北工业大学城市学院、河北工程大学科信学院、石家庄铁道大学四方学院、长安大学兴华学院、西安建筑科技大学华清学院、南京工业大学浦江学院、华东交通大学理工学院、青岛理工大学琴岛学院、福建农林大学金山学院、同济大学浙江学院、河南理工大学万方科技学院、北京理工大学珠海学院等、华南理工大学广州学院、兰州交通大学博文学院、南京理工大学紫金学院、华北理工大学轻工学院、江西理工大学应用科学学院	18
合计			134

三、创立我国大陆交通工程专业的部分前辈简介

2019年,在我国交通工程专业创办40周年之际,中国公路学会交通工程与信息化分会和北京工业大学城市交通学院联合主办了"中国交通工程专业创办40周年研讨会",会上,北京工业大学教授任福田、长安大学教授严宝杰、东南大学教授徐吉谦、同济大学教授杨佩昆、哈尔滨工业大学教授陈洪仁、湖南大学教授冯桂炎6位学者获中国交通工程专业终身成就奖。赛文交通网组织联合北京交通工程学会、千方科技拍摄了《交通工程十校十师》纪录片,对我国开设交通工程本科专业的十所大学十名早期创始人:杨佩昆、张国伍、任福田、史其信、严宝杰、高世廉、李正宜、杨兆生、徐吉谦、贺国光等教授进行采访,根据赛文交通网采访顺序和赛文交通网公开资料,此处就我国交通工程专业创立部分前辈——"十校十师"进行简介。

(1)杨佩昆教授——同济大学,我国第一个交通工程研究室首创人,我国交通工程学科创始人之一,同济大学交通工程专业创始人和第一代学科带头人。

杨佩昆,男,生于1932年,上海市人,同济大学教授,同济大学交通工程学科创始人,我国交通工程学科主要的奠基人和开拓者之一,"中国交通工程专业终身成就奖"获得者。他于1956年邀请莫斯科城市建设学院杜拉也夫教授到校讲学,提出在同济设置城市建设系及专业,开展城市交通研究,随后编写了《城市道路》;1961年编写完成全国第一本《城市道路与交通》统编教材,带领学生开展交通工程研究,开启了我国"城市道路与交通"教学和交通工程学科发展的大门;1979年在同济大学成立了我国内陆第一个交通工程研究室;1983年成为同济大学首批交通工程学科硕士点硕士生导师;1986年招收第一批"市政工程博士点"交通工程方向博士生;1995年被授予招收国内第一批"交通工程学博士点"博士生的资格。他是"交通冲突理论"创立人、我国"新式交叉口"和"自行车车流规律"的开拓研究与推广应用专家;承担了"七五"国家重点科技攻关项目"城市交通信号控制系统"(项目编号75—2443),自主研发了国内第一个"城市交通信号自适应实时控制系统"核心软件。获得国际电气电子工程师学会(IEEE)颁发了"中国智能交通研究突出贡献奖"。主持编写多项国家与地方标准、多本交通工程相关教材与专著,引领着中国交通工程学科的发展,在中国交通工程学科领域建设发展历程中留下了深深的足迹。他筹集资金,于2012年设置"同济佩昆交通人才基金"、2016年设置"同济大学杨佩昆奖学金"奖励交通工程等专业的优秀学生。

(2)张国伍教授——北京交通大学,我国交通运输系统工程学科创始人。

张国伍,男,生于1929年,河北省雄县人,北京交通大学教授,我国交通运输领域和智能交通领域的著名专家,具有很高的学术声望。学术主要贡献可概括为"四创":创立了一门学科——交通运输系统工程学、创建了一本期刊——《交通运输系统与信息》、创新了一个论坛——交通"7+1"论坛、创建了一个学会——中国交通运输系统工程学会。

(3)任福田教授——北京工业大学,我国交通工程专业创始人之一。

任福田,男,生于1934年,河北省东光县人,北京工业大学教授、北京市有突出贡献专家、"全球华人交通运输学科终身成就奖"获得者。1979年,他在国内率先创办交通工程专业,提出"工管兼容"的办学方向。1996年,他在国内第一批建立交通工程博士学位授权点,

是我国交通工程专业创始人之一。他创建了交通工程学科体系,提出了道路路线设计新理论,在交通枢纽规划选址、交通综合评价等方面有独到见解,1987出版的《交通工程学导论》奠定了专业开拓者的地位,多次获得省部级奖励,两次获得国家科技进步二等奖。2014年,他捐资100万元设立了北京工业大学"任福田"交通奖学金,专项用于奖励该校城市交通学院品学兼优的本、硕、博学生,全面支持学院人才培养、学生创新和教育发展。

(4)史其信教授——清华大学交通研究所创始人。

史其信,男,生于1946年,北京市人,清华大学土木系教授,主要研究智能交通系统(ITS)、轨道交通规划与客流预测、区域与城市交通规划、交通控制与管理、高速公路工程可行性研究等领域。有《智能交通系统(ITS)评价方法研究》《支持ITS影响评价的交通仿真模型研究》等论著。获得过国家科技进步二等奖,多项省部级科技奖。

(5)严宝杰教授——长安大学(原西安公路学院),交通工程学科创始人之一。

严宝杰,男,生于1939年,上海南汇人,长安大学教授,"中国交通工程专业终身成就奖"获得者,早期从事交通工程、交通规划与管理的教学和研究,对路网规划、交通流理论、通行能力、交通安全、城市交通和交通仿真等领域均有深入系统的研究。承担有省、部、市多项科研课题,发表有数十篇论文。曾获得陕西省科技进步二等奖,陕西省交通厅科技进步一等奖,陕西省教委教学优秀成果二等奖,陕西省教育厅教学优秀成果二等奖和西安市科学技术进步奖等。

(6)高世廉教授——西南交通大学交通工程专业创始人。

高世廉,男,生于1934年,西南交通大学教授,是我国研究集铁路运输、城市交通、综合运输等领域于一身的知名学者,西南交通大学交通工程专业创始人。1982年接受组织任务筹建"交通工程"专业,1983年以高世廉为组长的三人筹备组初步成立,1984年"交通工程"专业形成,1985年西南交通大学同时招收本科、专科、硕士。

(7)李正宜教授——重庆交通大学交通工程学科创始人之一。

李正宜,女,生于1935年,四川成都市人,重庆交通大学教授。她于1983年在重庆交通大学(原重庆交通学院)开设"交通工程"选修课,1984年建立交通工程教研室,1986年开始招收交通工程研究方向的硕士研究生,1990年在道路工程系试行开设本科专业。李正宜教授是一位外柔内刚的学者,在重庆率先开展山地城市交通运输通道、山地城市畸形交叉口和山区安全研究。

(8)杨兆升教授——吉林大学交通工程学科创始人。

杨兆升,男,生于1941年,我国最早从事交通工程领域研究的著名专家,吉林大学(原吉林工业大学)交通工程学科创始人。他在城市交通流诱导系统、先进的交通管理系统、城市交通信号控制系统、智能公共交通系统、交通运输系统规划设计等方面取得一系列创新成果。曾以排名第一获国家科技进步二等奖2项、三等奖1项,部省级科技进步二等奖4项、三等奖1项,美国运输工程师学会科研成果奖1项。

(9)徐吉谦教授——中国交通工程专业和学科开创者与奠基者之一,东南大学(原南京工学院)交通工程专业创始人和第一代学科带头人。

徐吉谦,男,生于1928年,安徽省安庆市人,东南大学教授,"中国交通工程专业终身成就奖"获得者,在1976年主持完成了全国第一条一级汽车专用公路——宁六公路的设计,这条路被原交通部制定为全国一级公路建设标准公路,并被《当代中国的公路交通》列入全国有特色的八条干线公路之一。他于 1980 年在东南大学道路工程专业开设"交通工程学基础"课程,并根据张秋先生的讲学内容、多年的交通工程科研成果与教学经验,先后编、著、译写了《交通工程学基础讲义》《交通工程学基础》《交通工程总论》等十多本书,其中《交通工程总论》被评为国家级优秀教材。他是我国培养交通工程专业硕士和博士的首批导师。曾主持包括国家"七五"重点科技攻关等众多国家和地方重大项目,先后获国家和省部级科技奖励十多项,发表论文近百篇。

(10)贺国光教授——天津大学交通系统工程创始人。

贺国光,男,生于 1942 年,湖南湘潭人,天津大学教授,天津大学交通系统工程创始人。他 1983 年起从事交通系统工程的研究工作,主要从系统科学、系统工程、管理科学、自动控制理论、复杂性理论等角度研究交通运输系统的规律来解决交通问题,涉及交通控制与诱导、交通规划、交通管理、现代交通流理论、物流管理等;曾获 1988 年天津市科技进步奖一等奖 1 项,获 1999 年国家科技进步奖二等奖 1 项,获 1991 年国家教委科技进步三等奖 1 项。

部分老一辈交通工程人对青年人的寄语

杨兆升:我 19 岁就入党了,我是党培养起来的知识分子,我非常热爱祖国,也热爱我这个专业,我希望智能交通行业能够不断地发展。

高世廉:希望大家能为交通事业奋斗终生。

任福田:交通还有很多问题需要去解决。

严宝杰:大家要热爱交通工程专业,打好扎实基础。

徐吉谦:要重视调查研究,只有实践是真实的,是可靠的,也是最考验人的。

李正宜:这是一个动态的系统工程,不能够单因素静止看待一些问题。

史其信:中国今后的希望仍然是在年轻人身上。

张国伍:我自己还没退休,我忙着呢,我自己还有很多新东西要学。

贺国光:堂堂正正做人,踏踏实实做事。一代更比一代强,你们会比我们这一代贡献更大。

第三节 国外交通工程专业简介

国外一般没有明确的交通工程专业,交通工程专业或学科总体上作为广义的土木工程学科重要组成部分;但国外一般有交通工程专业方向,这个交通工程专业方向创立于 20 世纪 30 年代,一致认为 1930 年美国交通工程师协会(Institute of Transportation Engineers,简称ITE)的成立,标志着国外交通工程专业方向的诞生。

美国交通工程师协会(ITE),是一个国际化的交通行业领域方面的教育、科学协会,也是目前美国最大的交通行业协会。第一次世界大战结束后,汽车运输业发展迅猛,从而带来很多交通事故和交通拥堵,公众与政府发现用工程学的技术手段去解决很多高速公路运输问题具有很高的应用价值,当时的工程师通过多次国家性和区域性的会议讨论交通事故与拥堵的技术。1930 年 10 月 2 日在美国宾夕法尼亚州匹兹堡(Pittsburgh),与会代表们起草了关于形成一个交通专业协会的章程和法律附则,提供一个中央机构去关联和传播事实数据以及组织内专业人员的技术,提高交通工程专业的标准,鼓励市级政府和州级政府部门建立交通工程部门。1931年1月20日,在纽约,ITE的章程和附则正式获得采纳,这标志着ITE正式成立。

20世纪30年代到60年代,国外交通工程专业人才培养主要是适应第二次世界大战后汽车拥有量快速增长所需求的交通基础设施规划、设计与建设需要。20世纪60年代到90年代,国外交通工程专业人才培养重点关注解决交通拥挤、交通事故和交通环境污染等交通问题,强化开展交通出行调查,通过出行生成、交通分布、方式划分、交通分配的"四阶段"程式交通预测方法进行一个地区或一个城市作交通规划,利用先进的计算机手段进行交通系统管理(Transportation System Management,简称TSM)和点、线、面等交通管控能力。20世纪80年代,国外交通工程与交通运输工程趋于融合发展,1978年美国交通工程研究会(Institute of Traffic Engineering)改为交通运输工程研究会(Institute of Transportation Engineering)。20世纪90年代至今,国外交通工程专业人才培养是基于人、车、路和环境之间矛盾不断尖锐的情况下,重点关注"智能车路系统"(Intelligent Vehicle Highway System,简称IVHS),或智能交通系统(ITS)、物联网技术、车路协同技术、自动驾驶技术的发展需求。

一、美国的交通工程专业

美国交通工程(Transpiration engineering)专业方向是木土工程的一个分支,专业课程设置一般包括有各种数学、工程制图、工程力学、工程测量等课,本科后两年学习专业课程,包括交通工程概预算、交通信息通信与网络技术、城市轨道交通运营管理、交通管理与控制等。交通工程专业的毕业生可到政府机构,诸如各州的交通部(State Department of Transportation,简称State DOT)或者各地的城市规划局(Metropolitan Planning Organization,简称MPO)等,及交通咨询机构等工作。

根据美国大学交通研究中心委员会(Council of University Transportation Centers, cutc. tamu. edu,简称CUTC)的统计,全美开设交通项目的大学有60余所,包括:加州大学伯克利分校(University of California, Berkeley,简称UC-Berkeley)、麻省理工学院(Massachusetts Institute of Technology,简称MIT)、奥斯汀大学(University of Texas at Austin,简称UT-Austin)、马里兰大学(University of Maryland,简称UMD)、弗吉尼亚大学(University of Virginia,简称UVa)、威斯康星大学麦迪逊分校(University of Wisconsin-Madison,简称UW-Madison)、得克萨斯A&M大学或德州农工大学(Texas A&M University,简称TAMU)、加州大学戴维斯分校(University of California, Davis,简称UC-Davis)、弗吉尼亚理工学院暨州立大学(Virginia Polytechnic Institute and State University,简称Virginia Tech)、普渡大学(Purdue University,简称PU)、明尼苏达大学(University of Minnesota, Twin Cities,简称UMN)、佐治亚理工学院(Georgia Institute of Technology,简称Gatech)、艾奥瓦州立科学技术大学(Iowa State University, or Iowa State University of Science and Technology,简称ISU)、North Carolina State University(北卡罗来纳州立大学,简称NCSU或NC State)、内布拉斯加大学林肯分校(University of Nebraska Lincoln,简称UNL)、密苏里哥伦比亚大学(University of Missouri-Columbia,简称Mizzou)、田纳西大学(The University of Tennessee,简称UT)、奥本大学

(Auburn University,简称 AU 或 Auburn)、麻省大学阿默特分校(University of Massachusetts Amherst,简称 UMass Amherst)、纽约城市大学城市学院(The City College of New York,简称 CCNY)、怀俄明大学(University of Wyoming,简称 UW)、北达科他州立大学(North Dakota State University,简称 NDSU)、佛罗里达国际大学(Florida International University,简称 FIU)、密西西比州立大学(Mississippi State University,简称 MSU)、堪萨斯大学(University of Kansas,简称 KU)等。这些大学交通项目的主要研究方向是:

(1)Traffic engineering(交通工程);研究内容包括交通系统特性及交通流特性,道路上一切运动的物体,路旁的设施,以及交叉口设计、红绿灯、交通港站和停车场设计。

(2)Highway design/maintenance(公路设计/维护):作为世界上高速公路最发达的国家,公路设计(highway design)在美国有着巨大的市场。尤其是目前很大一部分高速公路都面临着快速老化的问题,因此公路维修(maintenance and rehabilitation)也是主要的研究方向。

(3)Pavement design/pavement materials(路面设计/路面材料):主要研究内容包括水泥路面、沥青路面、改良土、路基、地基检测和筑路材料。

(4)Intelligent transportation system/simulation/ traffic flow models(智能交通系统/模拟/交通流模型):基于交通流理论模型与模拟,将先进的科学技术(信息技术、计算机技术、数据通信技术、传感器技术、电子控制技术、自动控制理论、运筹学、人工智能等)有效地综合运用于交通运输、服务控制和车辆制造,加强车辆、道路、使用者三者之间的联系,从而形成一种保障安全、提高效率、改善环境、节约能源的综合运输系统。

(5)Transportation safety(交通运输安全):交通运输安全是交通工程方向的一个研究热点,因为只要是涉及人和交通工具的运动,就免不了有潜在的危险。无论是设计一条道路、桥梁或是轻轨、地铁,安全始终是首要的问题。大型项目一般至少要有5%的经费用于交通运输安全,而且在项目可行性研究阶段,交通运输安全也是主要的研究方向。

(6)Transportation analysis and planning/transportation planning and policy(交通分析与规划/交通规划与政策):交通源的产生与流动、交通影响分析评价、交通供给与交通设施规划、交通政策法规等。

(7)Transportation economics(运输经济):研究社会生产和生活中旅客和货物借助各种运输工具进行位置转移的经济问题。

(8)Logistics/transportation freight(物流/货物运输):研究对系统(企业、地区、国家、国际)的材料流(material flow)及有关的信息流(information flow)进行规划与管理的科学理论;研究生产、流通和消费领域中的物流活动规律,寻求创造最大时间和空间效益的科学;研究生产、流通和消费领域中的物流活动过程及其规律。

在课程设置方面,例如加州大学伯克利分校核心课程有:交通运输政策和发展规划(transportation policy, planning and development),交通设施运营(operation of transportation facilities),交通运输系统分析(systems analysis in transportation),交通运输设施设计和管理(design and construction of transportation facilities),交通运输系统工程(transportation systems engineering),智能交通运输系统(intelligent transportation systems),公共交通运输系统(public transportation systems),航空交通运输(air transportation)等。各个细分方向的课程,

如交通运输系统分析(transportation systems analysis)的课程有(transportation economics)运输经济、(logistics)物流、(transportation infrastructure management)交通运输基础设施管理、(analysis of transportation data)交通运输数据分析、(behavioral modeling for engineering)工程行为建模、(planning and policy analysis)规划与政策分析、(advanced topics in transportation theory)交通运输理论前沿。

二、英国的交通工程专业

英国对交通规划、建设与管理都十分重视。英国的交通十分发达,铁路纵横交错,公路四通八达,空中航线通往世界各重要城市,海运航线可达五大洲主要港口。英国大学交通工程专业也是20世纪30年代开设的,主要分两个方向,一个是规划(planning)类的方向,一个是工程(engineering)类的方向。规划类方向的主要学习运筹学、数据分析、建模、政策等课程。工程类方向主要学习运输工具和交通设施设计、轨道交通、土建等课程。英国大学的交通工程专业主要培养适应于交通规划、城市道路及公路的勘测设计、交通控制系统设计和管理的高级人才,培养学生具有从事复杂交通系统分析与规划、道路网络规划及道路工程设计和道路工程施工管理的能力,注重培养学生分析问题、解决问题的能力,使学生能运用先进的理论方法和先进的交通规划软件,建立实用的数学模型,分析解决交通和道路工程领域的实际问题。

英国开设交通工程专业的主要大学院校有:帝国理工学院(Imperial College London)、伦敦大学学院(University College London)、南安普顿大学(Southampton University)、纽卡斯尔大学(Newcastle University)、卡迪夫大学(Cardiff University)、拉夫堡大学(Loughborough University)、伯明翰大学(Birmingham University)、萨利大学(Surrey University)、诺丁汉大学(Nottingham University)、牛津布鲁克斯大学(Oxford Brookes University)、邓迪大学(Dundee University)、龙比亚大学(Edinburgh Napier University)。

帝国理工学院的交通工程专业与伦敦大学学院合作,专业方向包括交通运输、运输与商业管理、运输与可持续发展等。南安普顿大学开设交通运输规划与工程(transportation planning and engineering)专业,设交通规划/设计、交通工程、城镇规划与园林等方向;核心专业课程包括运输规划(transportation planning)、工程(engineering)、经济(economics)、系统(systems)、环境(environment)、土地利用(land use)、公路工程(highway engineering)、运营研究与新交通技术(operational research and new transport techniques)等。

三、德国的交通工程专业

在德国,交通工程相关专业实力比较强的大学有斯图加特大学、达姆施塔特工业大学、布伦瑞克工业大学、柏林工大等。

四、澳大利亚的交通工程专业

澳大利亚交通工程专业是近些年才逐步兴起的一门工程类专业,开设该专业的院校包括莫纳什大学(Monash University)、南澳大学(University of South Australia)、皇家墨尔本理工大学(Royal melbourne Institute of Technology,简称 RMIT University)。

皇家墨尔本理工大学2016新开设的工程硕士(交通运输系统工程)旨在为学生提供关于运输和物流系统和社会经济及技术工程师职位所需的综合知识。同时还为学生提供关于运输和物流基本原理,帮助学生解决社会经济、运输基础设施和设备操作发展的规划、设计、管理等具体问题。

五、日本的交通工程专业

日本没有交通工程大学本科专业这个门类,很多大学都把交通工程专业的相关课程内容归在土木工程类专业里面,部分大学在道路交通、智能交通方面享有盛誉。日本开设交通工程专业方向的大学主要有京都大学、日本大学、东京大学、东北大学、九州大学、北海道大学、大阪大学、名古屋大学等。多数大学开设有专门研究交通的研究室,如:日本大学理工学部交通土木工学科道路交通研究室,东京大学智能交通系统研究中心,东京大学工学系研究科都市交通研究室,筑波大学都市交通研究室,广岛大学国际协力研究科交通工学研究室,长冈技术科学大学都市交通研究室,名古屋大学环境学研究科附属交通都市国际研究中心,金沢大学都市交通经济学研究室等。

六、新加坡的交通工程专业

新加坡的大学也没有设置交通工程大学本科专业,开设有交通工程专业方向的大学有新加坡国立大学、南洋理工大学等。

新加坡国立大学(National University of Singapore,NUS),简称国大,是新加坡首屈一指的大学,其工程学院开设有运输系统与管理专业。该专业是一个交叉学科类专业,旨在培养运输和物流行业相关的专业人士,教研人员包括工程、艺术、社会科学和商学领域的教授学者,学生也具有不同的学习背景,如工程、自然科学、社会科学和商业管理等。其典型的授课科目包括:交通流与控制(traffic flow and control)、交通运输规划(transportation planning)、路网管理系统(pavement network management systems)、路面设计与修复(pavement design and rehabilitation)、工程经济与项目评估(engineering economics and project evaluation)、交通运输与建设安全管理(transportation and construction safety management)、智能交通交通系统(intelligent transportation systems)、交通运输管理与政策(transportation management and policy)、交通和货运码头管理(transport and freight terminal management)、多式联运组织(intermodal transportation operations)、实用预测方法(applied forecasting methods)、决策分析(decision analysis)、工业物流(industrial logistics)等。

南洋理工大学的土木与环境工程系(school of civil and environmental engineering)中,开设了两个与交通工程相关的大学本科专业:基础设施工程与管理、土木工程。基础设施工程与管理专业是跟印度理工学院联合开办的学位培育专业,主要培养方向包括基础设施的规划、设计、管理和运营组织,主要课程包括:基础设施系统规划(infrastructure systems planning)、项目规划与控制技术(techniques of project planning and control)、基础设施项目环境评估(environmental assessment of infrastructure projects)、基础设施项目融资(infrastructure project financing)、桥梁与隧道(bridges and tunnels)、机场设施规划与设计(planning and design of airport facilities)、公共交通运输系统(public transportation system)、水运(water transportation)、交通影响与安全分析(traffic impact and safety studies)等。土木工程专业有以下学习方向:交通运输工程(transportation engineering)、施工工艺(construction technology)、建设工程项目管理(construction project management)、环境工程(enviroment engineering)、岩土工程(geotechnical engineering)、结构工程(structural engineering)、结构力学(structural mechanics)、水资源工程(water resources engineering)等。

第四章 我国交通工程专业大学特色与人才培养

目前,我国开设的交通工程本科专业的116所院校基本是以公路与城市道路、铁路、水路、航空等交通运输方式或交通运输工具为基础开设的,其他18所独立学院也与几种交通运输方式或交通运输工具有关。因此,我国开设交通工程本科专业的院校分为六类。第一类是以公路或城市道路(统称道路)为基础开设交通工程专业的院校,如北京工业大学、同济大学、东南大学、长安大学、重庆交通大学、长沙理工大学等。第二类大学是以铁路(统称轨道)为基础开设交通工程专业的院校,如北京交通大学、西南交通大学、兰州交通大学、华东交通大学、石家庄铁道大学等。第三类是以水路为基础开设交通工程专业的院校,如大连海事大学、武汉理工大学、上海海事大学等。第四类是以民航为基础开设交通工程专业的院校,如中国民航大学、中国民用航空飞行学院等。第五类是以运载工具为基础开设交通工程专业,如吉林大学、江苏大学等。第六类是以管理为基础开设交通工程专业,如中国人民公安大学等。本章将介绍部分大学各类交通工程专业的人才培养特色。

第一节 基于道路交通的交通工程专业特色

我国交通工程本科专业最早是从设置公路或城市道路专业的大学开始的。1980年北京工业大学首家开办交通工程本科专业方向,同济大学(1986年)、东南大学(1987年)也相继开设交通工程本科专业,重庆交通大学1990年开设交通工程本科专业方向。这些学校的交通工程专业开办专业开始主要围绕公路或城市道路交通行业的交通问题进行科学研究和人才培养,目前主要围绕城市交通、区域交通、综合交通等不同特色的研究领域进行科学研究和人才培养。以公路或城市道路为基础的各所高校交通工程专业的共性特色如下：

1. 专业教师的研究背景和研究方向多集中在公路和城市交通领域

在专业开办早期，交通工程专业的教师都来源于更早开办的公路工程或城市道路工程等相近专业，受公路或城市道路交通行业背景的影响，形成了以公路或城市道路交通规划、交通安全为主要范畴的道路交通领域，但对铁路运输、航空运输、水路运输、管道运输的教学和研究相对薄弱。在这些学校的交通工程专业开办后期，随着交通需求的日益增加及城市、区域内交通拥堵、交通安全、交通秩序、交通环境等各种交通问题的逐步出现，这些以公路或城市道路交通为研究基础的院校的交通工程专业教师的研究领域得到拓展，研究方向更加细化，他们的知识结构、学缘结构、学历结构、规模均发生了较大的改变，有相当一部分具有轨道、水运、载运工具、自动控制、电子信息、计算机科学与技术、系统工程等学科背景的教师从事交通工程专业的教学和研究工作，研究方向主要集中在公路或城市交通规划、城市交通管理与控制、城市公共交通、交通安全、交通环保与节能、综合交通运输等方面。

2. 学生的就业渠道与道路行业的相关性明显高于其他非道路行业背景专业

因这些高校的交通工程专业以公路或城市道路为基础，特别是长安大学、重庆交通大学、长沙理工大学等高校，在2000年以前属于交通运输部直属高校，与公路交通行业的贴合度极高。因此，这些高校的早期毕业生，不少专业直接进入了交通部公路部门及相关设计院、各地的交通厅、交通局、公路局、设计院等单位工作。一方面，随着我国公路的大规模建设，各大中铁建设集团、中交航道局等也进入公路建设市场，不少毕业生进入这些单位工作。另一方面，随着智能交通的发展和城市交通需求的不断增加，部分毕业生进入智能交通相关公司以及城市轨道交通集团、城市公共交通公司等单位就业。

3. 学习主干课程偏向于交通规划设计和道桥土木领域

以东南大学交通工程专业为例，其相近专业为交通运输、道路桥梁与渡河工程、土木工程，大类学科基础课包括：交通运输导论、画法几何与AutoCAD、土木工程测量、理论力学、弹性力学、交通工程基础、工程地质、土力学、运输经济学、结构力学、土木工程材料。专业主干课包括：交通分析、交通规划、交通设计、交通控制与管理、道路交通安全、道路勘测设计、路基路面工程。本科生高年级可结合自身学习兴趣，在"交通系统类""交通土建类"和"交通信控类"三个方向中选择某个方向课程群进行系统性学习。其中：①"交通系统类"方向选修课程群侧重交通运输系统分析与优化知识；②"交通土建类"方向选修课程群侧重道路交通设施建造与管养知识；③"交通信控类"方向选修课程群侧重于交通信息工程与控制知识。以重庆交通大学为例，交通工程专业的主干学科为交通运输工程、土木工程和系统工程，核心课程包括：交通工程导论、运筹学、交通系统分析、结构设计原理、道路勘测设计、路基路面工程、工程地质、土力学与地基基础、桥梁工程、交通规划原理、交通设计、交通管理与控制、道路交通安全工程、交通工程概预算及施工组织、建筑材料等。本科生高年级可结合自身兴趣学习，在"交通规划与管理类"和"交通信信息工程与控制控类"两个方向中选择某个方向课程群进行系统性学习。

第二节 基于轨道交通的交通工程专业特色

国内以铁路行业为背景的一些大学,为了拓展专业内涵、开辟新的研究方向、优化办学格局,纷纷开设了交通工程专业。主要有北京交通大学(交通工程专业始建于1985年)、西南交通大学(1985年开设交通工程专业)、兰州交通大学、石家庄铁道大学、华东交通大学、大连交通大学等(原上海铁道学院并入同济大学,因此,该校的交通工程专业也有部分铁路行业的背景,但严格意义上,该校交通工程专业办学背景综合,很难归为哪一类。中南大学没有交通工程专业,但相近专业开设了一些交通工程专业的核心课程)。以铁路为基础开办交通工程专业各所大学的共性特色如下:

(1)以铁路为基础的大学,一般都开设了以铁路为主的交通运输专业,其交通运输专业历史都很悠久,但交通运输专业与交通工程专业具有明显不同的专业内涵。铁路是交通运输的通道与骨架,铁路运输是国民经济的大动脉、交通运输的主战场。在原铁路行业背景的高校,其交通运输专业内涵一般指铁路运输,后扩展为轨道交通运输,主要围绕轨道交通运输规划与管理的各工种和业务开始相关专业课程,如铁路行车组织、列车运行图编制等。很长时间内,这些学校的交通运输专业被称为铁路运输专业。而这些学校的交通工程专业一般办学时间明显晚于交通运输专业,其专业内涵与国际上交通工程专业的内涵基本是一致的,主要针对城市交通、公路交通规划与管理领域的工种和业务开设专业课程,如,交通工程学、交通规划、交通管理与控制等。

(2)专业教师的研究背景和研究方向多集中在陆地综合交通领域。在专业开办早期,交通工程专业的教师多来源于更早开办的交通运输等相近专业,受铁路行业背景的影响,基本形成了以公铁陆地交通为范畴的研究领域,在陆地交通研究方面均具有较多的成果,但对航空运输、水路运输、管道运输的教学和研究相对薄弱。在这些学校的专业开办后期,由于交通运输发展较快,各自的发展方向不同,专业教师的知识结构、学缘结构、学历结构、规模均发生了较大的改变,特别是北京交通大学和西南交通大学两所综合型大学,但各校陆地综合交通的传统优势仍得以保留,尤其是这些学校在开展城市轨道交通领域的教学和科研方面具有先天的资源优势。

(3)学生的就业渠道与铁路行业的相关性明显高于其他非铁路行业背景专业。由于交通工程专业在我国最早开设都是20世纪80年代,因此,这些院校之前在外界基本都是以铁路运输专业著称的,所以,早期交通工程专业的很多毕业生直接进入了铁路工程局、设计院等单位工作。随着交通工程专业的不断发展,交通工程毕业生在铁路行业就业的比例不断缩小,但其关联性仍明显高于其他非此类背景的学校。外界不少人以为这些学校的交通工程专业的就业仅局限于铁路行业,这是一个明显的误解,实际上这些院校交通工程专业的就业面非常广,特别是北京交通大学和西南交通大学,作为全国第一批开办交通工程专业的院校,为我国交通工程事业各岗位输送了大批专业人才。

(4)学习主干课程偏向于交通规划设计和运营管理,弱化了道桥土木知识。以西南交通大学交通工程专业为例,专业基础课包括:城市规划原理、交通运输系统分析、交通运输经济、交通工程学、道路工程、交通地理信息系统、自动控制原理。专业课程包括:交通运输规划原理、交通管理与控制、交通设计、交通系统仿真、交通工程专业外语、智能交通系统、课程设计、实习及毕业设计等实践教学环节。在道桥土木方向,主要保留了道路工程一门核心课程,没有土力学、道路勘测设计、路基路面工程、桥梁工程等。又以北京交通大学交通工程专业为例,专业主干课程包括:交通运输设备、交通规划、交通安全工程、城市公共交通、道路工程、交通流理论、交通设计、交通管理与控制。此外,这类高校结合自身特点,开设了交通运输经济学、运输组织学、轨道交通、物流学、交通枢纽与站场、综合交通、项目管理等方面的课程,在陆地综合交通系统方面也具有鲜明的特色。

第三节 基于水运交通的交通工程专业特色

目前我国以水运或海运为基础开办交通工程专业的大学较少,以上海海事大学和大连海事大学为代表(武汉理工大学是由武汉工业大学、武汉交通科技大学、武汉汽车工业大学合并而成。其中原武汉交通科技大学是以水陆并举,河海兼顾为特色,因此武汉理工大学的交通工程专业也具有一定的水运特色)。以水运为基础的大学的交通工程专业的主要特色如下:

(1)以港口、航运、物流管理和技术为主线,以综合运输中工程与管理、协调与优化问题为主要教学内容和研究背景,以海事领域航运与物流为特色,以交通运输战略与规划、港航与物流管理、交通运输信息与决策领域中的重大理论、技术和管理问题为主攻方向,着力培养满足包括航运、港口在内的综合交通战略、规划、管理和技术需求。

(2)培养目标方面,要求学生具有工学基础理论,掌握区域运输系统、城市交通系统、港口集疏运系统等方面的专业知识,特别是港口运输方面具有鲜明的特色,例如,上海海事大学交通工程专业开设了航道与港口工程学、水陆运输规划与管理、运输代理实务、交通港站与枢纽、交通港站与枢纽课程设计等课程。

(3)就业方面,上海海事大学交通工程专业毕业生主要在国家与地方的规划、城建、交通和市政等行政管理部门、规划设计部门、工程建设与监理部门、港口与物流企业以及交通咨询机构,从事交通运输系统规划、设计、施工组织、行政管理、交通影响分析、交通控制与管理、运输组织与管理等方面的工作。

第四节 基于航空交通的交通工程专业特色

目前,我国以航空为基础的全日制普通高等院校开设交通工程专业的有北京航空航天大学、南昌航空大学(2011年学院招生)、中国民用航空大学、中国民用航空飞行学院。以航空为基础的交通工程专业的主要特色如下:

1.培养目标与学生就业方面

培养具有民用机场和城市交通规划与管理能力,系统掌握机场规划设计、机场运行与管理和城市交通规划、管理和设施建设的理论与方法,主要从事机场规划、机场设计、净空保护、飞行区维护等工作,能主持或参与机场设计、场道道面风险评估与维护、制定不停航施工计划、发布航行通告、规划与设计机场目视助航工程、检测与维修机场助航灯光与滑行引导标记牌等的复合型高级专门人才。

2. 课程设置方面

主要包括机场规划与设计、机场道面、机场管理、机场运行指挥、综合交通、交通分析、交通规划、交通管理与控制、运筹学、材料力学、结构力学、建筑材料、机场勤务、道路勘测设计等。

第五节 基于运载工具的交通工程专业特色

现在以运载工具为基础开设的交通工程专业的大学,代表有吉林大学、江苏大学、西华大学。这些以汽车为基础开设的交通工程专业,其车辆工程专业很强,往往是省级或国家级特色专业,很多专业教师的汽车背景很深,熟悉汽车构造、发动机原理、汽车工程学、汽车行驶理论等,并从事道路交通安全与管理、车辆安全工程、道路安全工程、智能交通与智能车辆。

吉林大学的交通工程专业设置在交通学院,基本是从汽车运用工程专业和运输管理工程专业的基础上发展起来的。其主要特色如下:

(1)专业定位:研究交通信息处理的基本理论,以及 IT 和控制技术在交通运输工程中的应用。

(2)培养目标:培养具有坚实的自然科学、外语和计算机应用的基础,能够系统掌握交通工程基础的理论与专业技能,能够运用信息及控制技术,在交通运输领域从事交通信息的采集处理与传输技术组合优化、交通规划、交通设计及交通管理与控制的专门人才。

(3)主干课程:交通工程、道路设计基础、电子技术基础、交通分析、软件工程概论、交通系统规划、交通控制与管理、交通工程设施设计、智能运输系统概论等。

(4)就业方向:本专业毕业的学生,可以在国家与省市的交通运输管理部门、交通规划与设计部门、公安交通管理部门、城市规划与建设部门、科研院所和高等院校从事交通工程领域的设计、开发、管理、科研和教学工作。

江苏大学的交通工程专业设在车辆与交通工程学院,基本是从汽车拖拉机专业和内燃机专业的基础上发展起来的。其主要特色如下:

(1)培养目标:培养具备交通工程规划、设计、管理与控制等方面的能力,能在国家及省、市的交通规划与设计部门、交通管理等部门以及工程施工单位从事交通运输规划、交通工程设计与施工、交通控制系统开发等方面工作的高级工程专业技术人才。

(2)培养特色:通过学习掌握系统工程学、运筹学、交通工程学、交通规划与设计等方面的基础理论和专业知识,让学生获得工程制图、工程测量和工程概算等方面的基本训练,具有进行交通规划、交通工程基础设施设计与工程项目评价、交通控制系统开发的基本技能,了解交通工程特别是智能交通发展动态。通过工程训练进行综合素质培养,鼓励学生参与教师科研活动进行创新能力培养,通过学习,使学生具备在交通工程领域从事设计、规划、管理、科研和教学的实际工作能力。

(3)主要课程:计算机系列课程、工程图学、理论力学、材料力学、结构力学、测量学、土质学与土力学、交通调查与分析、道路建筑材料、路基路面工程、公路勘测设计、交通信息工程、桥梁工程、交通工程学、交通工程设计、交通规划、交通控制与管理、工程概预算、智能交通、交通CAD等。

(4)深造机会:该专业所在的学科具有道路与铁道工程、交通信息工程及控制、交通运输规划与管理、载运工具运用工程和交通运输工程专业工程硕士等硕士学位授予权,载运工具运用工程具有博士学位授予权。

(5)就业状况:该专业毕业生就业情况良好,毕业生就业率达90%以上,20%以上的毕业生能考取外校和本校的研究生。毕业生可到国家与省、市的发展规划部门、交通规划与设计部门、交通管理部门、交通工程公司等单位从事交通运输规划、交通工程设计、交通控制系统开发等方面的工作,也可在高等院校、科研院所从事教学和科学研究工作。

西华大学汽车与交通学院现有车辆工程、能源与动力工程(汽车发动机)、汽车服务工程、交通运输和交通工程5个本科专业,其交通工程为四川省特色专业,学制四年。该专业的主要特点有:

(1)培养目标及就业方向:培养掌握交通工程设计与控制、交通规划等方面专业基础理论及方法,具备交通规划与设计、智能交通、道路建设等专业能力的高级工程技术人才。毕业生可在交通规划与设计、高速公路管理部门、部队、公安交通管理部门、交通土建等部门,从事交通规划、交通工程施工与设计、交通管理与控制等方面的交通规划设计和管理等工作。

(2)专业方向:包括道路工程、交通规划与控制。

(3)主要课程:交通工程学、交通路基路面工程、道路勘测设计、道路建筑材料、交通施工组织与概预算、建设技术经济学、道路工程制图、工程力学等。其中交通工程学为西华大学校级精品课程,道路建筑材料、建设技术经济学为西华大学校级重点课程。

第六节 基于管理开设的交通工程专业特色

当前以管理为基础开设交通工程专业的大学代表是中国人民公安大学(目前很多省市的警察学院都开设了交通管理工程专业)。实际上中国人民公安大学开设的是交通管理工程专业,该专业设在交通管理工程系,下设交通安全工程与智能交通管理工程两个专业方向。中国人民公安大学交通管理工程专业是国家级特色专业,其主要特色如下:

(1)发展历程:交通管理工程专业是从警卫安全、城市交通管理、交通安全、交通管理与控制等逐渐发展起来的专业。师资均为警官,教师大多从事交通安全、交通管理与控制、智能交通等方面的研究。

(2)培养目标:培养忠诚可靠、业务扎实、敢于创新、精于实战、一专多能、作风优良、身心健康,具有较高的警察素质、文化与科学素质,系统掌握交通管理工程专业的基本理论、基本知识、基本技能,掌握相关法律法规政策及相关的知识、方法,具备法学、交通工程学、交通事故分析、鉴定、再现等方面的知识和能力和交通违法、交通事故等交通事件的预防、控制与处置等方面的专业知识及能力,能够在公安机关交通管理部门从事道路交通安全管理的技术与管理等工作,具有引领行业发展潜质的应用型高级工程技术和管理人才。

（3）主要课程：交通心理学、道路与交通管理设施、汽车构造、交通系统工程、道路交通安全法规、交通工程、道路交通管理学、道路交通控制、道路交通安全工程、交通管理信息系统、交通事故现场勘查、交通秩序管理、道路交通事故处理与预防、智能交通系统、交通事故鉴定技术、交通事故再现等。

第五章 交通工程专业知识体系和核心课程简介

根据交通运输类专业教学质量国家标准,交通工程专业的知识体系包括专业知识体系和主要实践教学环节。专业核心课程体系包括交通工程导论、交通分析理论、交通规划、交通设计、交通管理与控制、交通安全等课程。本章将重点介绍交通工程专业的知识体系,以及专业核心课程体系课程、交通工程师的工具课程及其他部分专业课程的基本内容。

第一节 交通工程专业的知识体系

交通工程专业是交通运输类的专业之一。根据交通运输类专业教学质量国家标准,并结合交通工程专业特点,交通工程专业分教指委组织各位委员及部分高校研究提出交通工程专业人才培养业务基本要求和专业类知识体系。

一、人才培养业务基本要求

(1) 具有人文社会科学素养、社会责任感和从事交通运输领域工作必需的工程职业道德。

(2) 具有从事本专业工作所需的相关数学、自然科学、计算机以及经济和管理知识。

(3) 掌握交通工程导论(或交通工程学)、交通规划与管理、交通信息与控制的基本原理和应用,对智能交通系统有深入的了解,具备基本的社会经济学和决策科学的知识,了解交通工程学科和智能交通系统的理论和实践的最新发展。

(4) 掌握交通规划与设计的基本理论与方法,初步具备交通运输规划、交通工程设计和交通控制系统开发的能力,掌握国家关于交通运输规划、建设及管理的方针、政策,了解国内外交通工程研究领域的发展动态。

(5)掌握基本的创新方法,具有追求创新的态度和意识。具有综合运用多学科知识、技术和现代工程工具,设计方案,分析解决交通运输领域工程实际应用问题的能力。其中,在设计方案中能够综合考虑经济、环境、法律、安全、健康、伦理等制约因素。

(6)具有国际视野和跨文化的交流、竞争与合作能力。掌握一门外语的读、写、听、说、译等基本技能,将外语作为一般的交流沟通工具。

(7)掌握文献检索、资料查询及运用现代信息技术获取相关信息的基本方法,具有不断获取知识,紧密追踪学科与技术发展动态的能力。

(8)了解与本专业相关的职业和行业的生产、设计、研究与开发、环境保护和可持续发展等方面的方针、政策和法律、法规,能正确认识工程对客观世界和社会的影响。

(9)具有一定的组织管理能力、表达能力和人际交往能力以及在团队中发挥作用的能力。

(10)对终身学习有正确认识,具有不断学习和适应发展的能力。

二、专业知识体系

1. 知识体系

(1)通识类知识

通识教育内容包括思想政治教育、人文社会科学、外语、计算机信息技术、国防建设及体育、创新实践训练等。

(2)学科基础知识

公共基础课程:可根据各自学校的专业背景,设置包括数学、力学、工程图学及道路、铁道、水运、航空等工程基础与信息控制基础类课程等内容。

专业基础课程:包括交通工程导论、城市规划原理、交通系统分析、工程经济学等,通过这些课程,使学生掌握交通工程专业的基础理论和工程应用方法。

(3)专业知识

可以分为交通系统规划与设计(包括轨道交通和道路交通等线网、枢纽场站及信息系统)、交通组织及交通运营管理等方面的相关课程。其中包括:交通调查与分析、交通规划、交通设计、交通管理与控制、交通安全、公共交通、交通工程案例分析等课程。

2. 主要实践性教学环节

(1)实习:包括专业认识实习、生产实习、毕业设计实习等环节。专业认识实习目的是使学生对交通工程专业有感性的认识,了解交通工程基础知识,认识交通基础设施和管理设施等,为后续专业课程学习打基础。生产实习的目的是学生深入规划设计咨询单位、施工建设企业等,直接参与到生产实践过程中,得到应用基础理论开展规划、设计、施工、运营管理等能力的锻炼。毕业实习的目的是结合毕业设计题目和要求,了解交通工程领域的实际问题,收集资料、准备数据和开展毕业设计内容的研究等。

各实习环节要求具备完整的实习大纲、实习指导书,学生按规范填写实习日志和实习报告。

(2)实验:包括基础实验、专业基础实验、专业技能实验等。实验主要类型包括认知验证型、综合型、设计型、创新型。

要求具备完整的实验大纲、实验指导书,学生按规范填写实验报告。有条件的学校可以设置相对独立的实验课程体系。

(3)课程设计:课程设计主要包括交通分析课程设计、交通规划课程设计、交通管理与控制课程设计等课程设计。课程设计应密切结合实践,培养学生的实际动手能力和创新能力。要求具备完整的课程设计大纲,学生按要求完成课程设计报告。

(4)毕业设计(论文):毕业设计(论文)是对学生本科阶段专业知识学习和能力培养的综合训练与检验,应严格过程管理,保证质量。要求不少于10周(不含毕业设计实习时间)。毕业设计(论文)包括选题、内容、指导、管理等环节。

选题:毕业设计(论文)选题应全面反映教学基本要求,具有综合性,结合实际,有一定的先进性。题目应能体现对专业能力的综合训练,多数来自交通科研与生产实际。课件制作、调研报告不能作为毕业设计(论文)选题。

内容:毕业设计(论文)包括选题论证、文献阅读与综述、毕业设计实习或实验、绘图或写作、毕业答辩等。培养和提高学生的动手能力、解决实际问题能力、科研能力、组织能力、表达能力和创新能力等,使学生得到全面、系统的专业能力训练。

指导:指导教师应熟悉本专业的培养目标和教学基本要求,从事过本专业的教学工作,并有一定的科研或工程实践的经验。每一位指导教师指导的学生数量适当,应保证达到规定的指导次数和指导时间。毕业设计(论文)的相关材料齐全,包括设计(论文)任务书、指导教师评语、评阅教师评语、答辩记录、外文翻译等。

管理:具备科学、合理、严格的毕业设计(论文)管理制度,包括学生进入毕业设计(论文)环节的资格认定,选题要求与程序确定,指导教师的安排与职责,对学生的基本要求,过程监控,答辩程序,评分标准等。

(5)科技创新活动:鼓励专业利用各种教学和科研资源,支持学生科研活动及全国大学生交通科技大赛、数学建模和计算机编程等竞赛活动,取得科技创新成果。

(6)社会实践:社会实践包括公益劳动、志愿者活动、社团活动、社会调查、交通调查、科技竞赛以及各种形式的学生第二课堂,培养学生的团队精神和组织与管理能力。

➡第二节 "交通工程导论"课程简介

交通工程专业属于工学,是随着交通工程学的建立和发展而形成的。交通工程学是以应用型为主的科学,交通工程专业的基础是交通工程学,交通工程学为交通工程专业奠定基础理论与基本方法,交通工程导论就是对交通工程学的定义、内容、特点、创建与发展、主要任务进行引导性介绍。

一、交通工程学的定义

交通工程学是研究由交通参与者、交通工具、交通基础设施及交通环境构成的交通动态系统中各种交通现象的基本规律及应用的一门正在发展的新兴交叉科学。各国学者从不同的角度,用不同的观点和方法进行探索、研究、认识并给出交通工程学的定义,因此这一学科有多种理解和定义。

早在20世纪30年代,美国交通工程师协会给交通工程学的定义是:交通工程学研究道路规划、几何设计、交通管理和道路网、终点站、毗连用地与各种交通方式的关系,以便使客货运输安全、有效和便利。

澳大利亚著名交通工程学教授布伦敦的定义是:交通工程学是关于交通和旅行的量测科学,是研究交通流和交通发生基本规律的科学。为了使人和物安全而有效的移动,把这些科学知识应用于交通系统的规划、设计和运营。

英国学者的定义是:道路工程学中研究交通用途与控制、交通规划、线形设计的那一部分叫交通工程学。

苏联学者把交通工程学定义为:研究交通运行的规律和对交通、道路结构、人工构造物影响的科学。

《交通工程手册》给出交通工程学的定义,即:"交通工程学是研究道路交通中人、车、路、环境之间的关系,探讨道路交通的规律,建立交通规划、设计、控制和管理的理论方法,以及有关设施、装备、法律和法规等,使道路交通更加安全、高效、快捷、舒适的一门技术科学"。

交通工程学的定义随着空间地域发生变化,即使在同一时期,各个国家之间由于交通状况和发展程度不同,发展侧重点不同,对交通工程学也有着不同的定义。并且对同一国家不同的学者,由于自身的认识和理解差异,对交通工程学的表述也千差万别。另外,交通工程学最显著的特点之一是与土木工程、汽车工程、交通运输工程、人因工程、电子工程、通信工程、安全工程、环境工程之间的交织越来越紧密,界限越来越难以理清,因此从对象、内容和方法上对交通工程学进行准确定义是比较困难的,但交通工程学的核心本质却从未改变,即实现交通运输系统更加安全、便捷、畅通、舒适、环保、经济等。

交通工程学的定义随着时代的前进也在发生变迁。一方面是因为道路条件的改善、新道路形式的出现、车辆性能的提升、驾驶人行为的改变、道路用户需求的变化等,今后自动驾驶汽车的应用又必将促使交通工程学科出现巨变。另一方面,社会本身的演进也在促使交通工程学科的发展,比如产业的兴衰和商业的变革将推动城市规模、城市功能和城市布局发生改变,进而对城市的交通功能提出变革的需求。就中国而言,改革开放以来,城市的规模格局和形态发生了翻天覆地的变化,有的城市可以说是日新月异,同时城市群内部、城市(区域)之间的交通往来也更加频繁和紧密,这些因素无一不在催生着交通工程学的变革。

经过多年实践,编者给出如下定义:交通工程学是研究交通动态系统中人、车、路、环境及交通流的交通特性,使之在时空上达到最佳的配合,即寻求最大的通行能力、最高的通行效率、最大的安全保障、最低的环境污染等措施,使交通安全、通畅、迅速、舒适、低公害、经济、高效的一门工程技术科学。

作为一门科学,法制(Enforcement)、工程(Engineering)、教育(Education)是交通工程学的基本组成要素("三E"科学)。随着交通工程学的发展,环境(Environment)、能源(Energy)、经济(Economics)等丰富了交通工程学的内涵,交通工程学从"三E"科学,发展为"四E"科学、"五E"科学、"六E"科学。

二、交通工程学的相关学科

交通工程学是一门多学科交叉的综合性很强的学科,涉及自然科学和社会科学中的诸多学科。交通工程学的基础理论包括:车辆动力学、交通流理论、交通统计学、交通心理学、交通行为学、交通经济学、交通法学等。学习交通工程学应该具备交通运输工程学、道路工程、概率论与数理统计、车辆动力学、管理学、交通心理学和交通法学等。交通工程学的研究对象、内容、目的及相关学科可概括如图5-2-1所示。

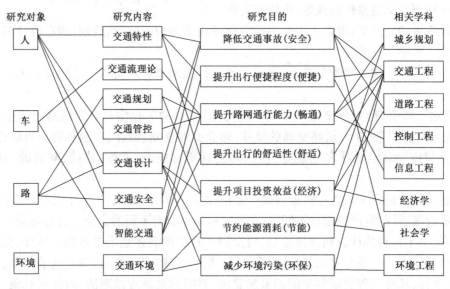

图 5-2-1 交通工程学的研究对象、内容、目的及相关学科

三、交通工程学的主要内容

交通工程学涉及的范围非常广泛,随着交通需求的增加和科学技术的进步,交通工程学得到了迅速发展,学科的研究内容日益丰富。根据国内外交通工程学的发展,其研究的主要内容包括以下几部分:

1. 交通特性

交通特性是交通工程学的一个基本部分,是进行科学合理的交通规划、设计、运营、管理的前提和基础。交通特性分析既要研究交通系统各要素自身的特性,如人的交通特性(驾驶人、行人、乘客、交通管理者等)、车辆交通特性、道路交通特性等,又要研究交通流的特性以及交通要素与环境因素之间的相关特性。

(1)人的交通特性

作为交通参与者,人的交通特性普遍具有交通心理特性和交通生理特性。交通心理特性就是交通动态系统运行过程中人的心理活动规律和个性心理特征。交通生理特性指交通动态系统运行过程中人的人的感觉(视觉、听觉、味觉、嗅觉)与反应特性、人体特性(新陈代谢、耗氧量、皮肤电、心跳、血压等)、疲劳特性等。不同的交通参与者,如驾驶员、乘客、行人,他们的交通心理特性和交通生理特性是不完全一样的。

驾驶人交通特性。在交通动态系统要素中,驾驶人具有特别重要的作用。在交通动态系统运行过程中,驾驶人既要保证将旅客和货物迅速、顺利、准时送到目的地,又要保证旅客安全、舒适及货物的完好。绝大多数交通事故都直接或间接地与驾驶人有关。因此,驾驶人须具有高度的社会责任感,良好的职业道德、身体素质、心理素养,熟练的驾驶技术。驾驶人在驾驶车辆过程中,首先通过自己的感官从外界环境接收信息,产生感觉;然后通过对事物的综合认识和大脑一系列的综合反应产生知觉和"深度知觉",如分辨事物、目测距离、估计车速和时间、辨别危险等;最后,驾驶人凭借这种"深度知觉"形成判断,从而指挥手脚操作车辆部件。

乘客交通特性。乘客交通特性主要体现在乘客的交通需求心理和乘车反应特性。人们总是抱着某种目的(如上班、上学、购物、公务、社交、娱乐等)才去乘车的,为乘车而乘车的旅客几乎是没有的。乘车过程本身意味着时间、体力、金钱的消耗,因此,人们在乘车过程中总是希望省时、省钱、省力,同时希望安全、方便、舒适。道路设计、车辆制造、汽车驾驶、交通管理等都应考虑到乘客的这些交通需求心理。不同的道路等级、线形、路面质量、汽车行驶平稳性、车厢内气氛、载客量、车外景观、地形等对旅客乘车的生理、心理反应都有一定的影响。研究表明,汽车在弯道上行驶,当横向力系数大于0.2时,乘客有不稳定之感,当横向力系数大于0.4时,乘客感到站立不住,有倾倒的危险。汽车如果由直线直接转入圆曲线,并且车速较快,乘客就感到不舒服。因此,在道路线形设计中对于平曲线的最小半径和缓和曲线的长度均有明确规定的标准。道路路面开裂、不平整,引起行车振动强烈,乘客受颠簸影响严重时使人感到头晕、恶心、欲呕吐。在山区道路,或陡边坡,或高填方道路上行车,乘客看不到坡脚,易产生恐惧心理。如果在这种路段的路肩设置护栏或放缓边坡,就可消除乘客的不安全心理。乘客乘车时间过长,容易产生烦躁情绪。为此,路线的布设应考虑到美学要求,尽量将附近的自然景物、名胜古迹引入驾驶人和乘客的视野,使乘客在旅途中能观赏风光、放松精神、减轻疲劳感。

行人交通特性。步行交通是与人类生活密不可分的一项基本活动,是所有交通方式之间有效衔接的基本交通方式。步行能够使个人与环境及他人直接接触,达到生活、工作、学习、交往、娱乐等各种目的。为满足步行者的生理、心理和社会需要,并保证他们不消耗过多的体力、不受其他行人和交通方式的干扰、不发生交通事故,就必须提供必要的步行设施。在当今鼓励发展步行等绿色出行方式情况下,应提供更加人性化的步行设施。这些设施的规划、设计、建设等都需要对行人交通特性有很好的认识和理解。

交通管理者交通特性。交通管理者是执行国家或地方有关交通法律法规,协调、指挥、保障交通动态系统中各要素的合法性、有效性、可靠性和运行安全、有序、畅通、高效的组织者、指挥者、监督者、管理者和执法者。交通管理者的交通性主要反映在交通动态系统中的社会责任、国家利益和公众利益,通过协调交通动态系统中人、车、路、环境和交通流之间的相互关系与矛盾,充分挖掘交通设施的潜力、提高交通设施的使用效率,体现交通运行中的公开、公平、公正。

(2)车辆的交通特性

道路上行驶的车辆包括各种类型的车辆,汽车、公共汽车、货车、自行车等,道路设计时需要满足这些车辆的行驶要求。车辆交通特性包括静力特性、通过特性、运动特性、制动特性、动力特性和行驶稳定性。静力特性是指车辆的构造,包括质量和尺寸等,我国《城市道路工程设计规范》和《公路工程技术标准》都规定了机动车或非机动车设计车辆外廓尺寸限界。通过性是描述汽车通过能力的性能指标,亦称越野性能,指汽车在一定的载重质量下,能以足够高的平均车速通过各种坏路和无路地带,如松的土壤、沙漠、雪地、沼泽等松软地面及坎坷不平地段和各种障碍,如陡坡、侧坡、壕沟、台阶、水障等的能力。常见的通过性指标有接近角、离去角、最大爬坡度、最大侧倾度、最小离地间隙、最大涉水深度等。运动特性是指车辆的行驶特征,包括车辆最高速度、加速时间和爬坡能力等。制动特性包括车辆的刹车距离、制动力或制动减速度。动力特性是指导致车辆运动的各种动力因素,包括发动机牵引力、滚动阻力、坡度阻力、空气阻力、加速阻力等。行驶稳定性是指车辆在道路坡道上行驶的纵向稳定性和弯道上行驶的横向稳定性。

(3) 道路交通特性

道路是供各种车辆和行人通行的人工构造物。按其使用特点分为公路、城市道路、乡村道路、厂矿道路、林业道路、考试道路、竞赛道路、汽车试验道路等。道路交通特性包括道路平面、纵断面和横断面构成特性,平纵横线形特性、道路相交特性和道路网络特性。道路设计需要满足其服务对象(人和车)的交通特性和交通需求。道路服务性能的优劣体现在量、质、形等方面,即道路建设规模是否充分,道路结构能否保证安全行车,道路线形是否满足行车条件要求,路网布局是否合理,附属设施和管理水平是否配套等。

(4) 交通流的特性

连续通过道路断面(人行道或车道)的行人或车辆,形似流体,形成了道路交通流。交通流包括人流和车流。交通流的特性是定性或定量描述交通动态系统中人流、车流在不同环境条件下变化规律及其相互关系的总和。描述道路上交通流特性的参数有流量、流速、密度、车头时距、车头间距、时间占有率、空间占有率等,其中最重要的参数是流量、流速、密度,即交通流基本三参数。交通流三参数的基本关系是交通流特性的基本内容。

2. 交通调查与分析

交通调查与分析是为交通规划、交通项目可行性论证、道路建设、交通管理与控制、智能交通、工程经济分析提供基础数据,主要调查分析对道路交通动态系统中的人、车、路、环境和交通流及各种影响因素的数据,包括:交通系统供给状况及相关数据、交通需求特性及相关数据、交通流特性的有关数据、社会经济和土地利用有关数据、环境影响和资源的相关数据等进行观察和调查,并分析找出交通现象的特征、规律与趋向。交通调查与分析的主要参数是流量、流速、密度、车头时距、车头间距、时间占有率、空间占有率、出行起终点(OD)、延误、通行能力、停车、交通环境、交通事故等。

3. 交通流理论

交通流理论是利用概率与统计论方法、流体力学方法、动力学方法、交通仿真方法等,分析研究交通流运行和特性参数随时空变化的规律,包括交通流运行规律、交通流主要参数之间的关系,宏观、中观与微观的理论表达模型与方法、传统交通流理论、现代交通流理论、网络交通流理论、交通仿真等。交通流的统计分布理论、车辆跟车理论、车辆排队理论、车流波动理论是传统交通流理论的基本内容。

4. 道路通行能力

道路通行能力是指道路设施所能疏导交通流的能力，即在一定的道路、交通、环境、管制及服务水平条件下，道路设施通过交通流实体数的能力。道路通行能力一般分为理论（基本）通行能力、可能（实际）通行能力、实用（设计）通行能力。道路通行能力要分析研究各种道路交通设施通行能力和服务水平的计算模型与方法，包括机动车道、非机动车道、人行道、人行横道，以及路段、交叉口、匝道、匝道连接点、交织路段等。

5. 交通规划

交通规划是指有计划地引导交通一系列行动的展开，即规划者如何提示各种目标，又如何将提示的目标付诸实施的方法。交通规划有狭义和广义之分。

狭义交通规划通常是指根据对历史和现状的交通供需状况与地区的人口、经济和土地利用之间的相互关系的分析研究，对地区未来不同的人口、土地利用和经济发展情形下，交通运输发展需求的分析和预测，确定未来交通运输设施发展建设的规模、结构、布局等方案，并对不同方案进行评价比选，确定推荐方案，同时提出建设实施方案的一个完整过程。即：狭义的交通规划主要是指交通设施体系布局规划和近期建设规划。

广义交通规划包括交通设施体系布局规划、交通运输发展政策规划（也称"交通发展白皮书"）、交通运输组织规划、交通管理规划、交通安全规划、交通近期建设规划等。

交通规划主要研究土地利用和社会经济发展与交通预测、交通与土地利用及环境的关系、交通需求分析与预测、交通规划理论与模型，城市道路网与公路交通网规划、停车设施规划、交通站场与枢纽规划、轨道交通规划、综合交通规划等。

6. 交通设计

交通设计是基于城市规划和交通规划的理念与成果，利用交通工程学的基本理论和原理，以交通安全、通畅、高效、便利及其与环境协调为目的，以交通系统的时空间资源和投资水平为约束条件，对现有和未来建设的交通系统及其设施加以优化设计，寻求改善交通的最佳方案，科学地确定交通系统的时空间要素及通行条件。其目的是保持交通供需相适应、均衡路网饱和度、提高交通安全与便捷性、寻求交通与环境的和谐、充分利用道路空间资源与交通时间资源。其基本作用是通过构思、优化和整合交通系统，紧密衔接交通规划及实施工程；提高交通系统的运行效率；以人为本，促进交通系统的协调运行；因地制宜，因时制宜最佳利用交通系统资源。

交通设计要分析研究的基本内容包括：交通系统分析与构筑、交通设计理论与基础、交通通行空间设计、交通通行时间设计、交通行驶环境设计、交通安全设计、交通系统整合和优化设计、交通设计评价分析。

7. 城市交通系统

城市交通系统是指利用城市地面、地下、高架、水道、索道等各种交通线路，为城市社会经济文化活动要素流动提供的公众出行和客货输送系统。城市交通系统的特征因各城市的规模、性质、结构、地理位置和政治经济文化地位的差异而有所不同，但城市客运交通，特别是早晚上下班高峰客运，是城市交通的重要内容，也是国内外众多城市面临的共同问题。

城市交通系统包括城市慢行交通系统(步行交通系统、自行车交通系统)、城市公共交通系统(地面公共交通系统、轨道交通系统)、城市道路交通系统、城市货运交通系统等。

8. 交通安全

交通安全是指在交通活动过程中,不发生人身伤亡或财产损失的交通事故,或能将人身伤亡或财产损失控制在可接受水平的状态。交通安全意味着人或物遭受损失的可能性是可以接受的,但若这种可能性超过了可接受的水平,即为不安全。

由于交通事故的发展是一种随机事件,因此交通安全的研究主要包括交通安全行为分析,交通事故成因分析,交通事故发生规律与机理,交通事故预测与预防,交通设施安全性分析与评价,交通安全规划与安全管理,主动安全与被动交通安全,交通安全教育,交通安全保障系统等。

9. 交通管理与控制

交通管理与控制是依据国家或地方制定的法律法规,运用各种技术、手段、方法、设施、现代化软硬设备、措施等科学合理地疏导、协调、禁限、约束、组织、指挥、指引、诱导和监控交通,使安全有序、安全、畅通、高效运行。

交通管理与控制的内容主要包括交通要素管理、交通系统管理与交通需求管理、交通标志标线、交通组织管理、交通信号及控制、点线面控制、未饱和与过饱和控制、交通检测与监控、交通诱导等理论、技术与方法。

10. 交通环境与保护

随着我国社会经济的发展和居民生活水平的提高,机动车保有量迅猛增长,汽车产业快速发展,由此带来的交通环境问题也日益严重,主要表现在:机动车尾气排放、交通噪声、交通扬尘及交通能源消耗,严重危害人类的生命健康。

交通环境与保护主要研究交通对环境的影响与监测,交通出行结构与环境污染的关系,交通防污减污的方法措施,绿色交通系统的构建等。

11. 智能交通系统

智能交通系统(Intelligent Transportation System,简称ITS)是集现代信息技术、控制技术、数据通信技术、传感技术、电子技术、计算机技术、网络技术、人工智能、大数据技术、运筹学、系统工程和交通工程等技术于一体,通过集成与创新,有效地综合应用于交通工具、交通服务、交通管理和控制体系,从而建立智能化的、实时的、准确的、广泛的交通运输管理控制系统,改善交通运输系统运行质量,保障交通安全、有序、便捷、高效和低公害。

智能交通系统的主要内容包括先进的出行者信息系统、先进的交通管理系统、先进的公共交通系统、先进的车辆控制系统、先进的商用车辆运输管理系统、自动道路系统、车路系统系统、智能车辆系统等。

四、交通工程学的特点

交通工程学是一门发展中的综合性学科,它从交通及运输的角度,把人、车、路、环境和交通流作为统一的有机整体进行研究和应用,它既从自然科学方面研究交通的发生、发展、时空分布、分配、车辆运行、停驶的客观规律,并作定量的分析、计算、预测、规划、设计与营运等,又从社会科学方面研究交通的有关法规、教育、心理、政策、体制与管理等。因此,交通工程学是一门兼有自然科学与社会科学双重属性的综合性学科。该学科具有如下特点:

1. 系统性

交通与整个社会经济系统密切相关,自身又是一个由诸多相互联系、相互作用、相互制约的要素(人、车、路、环境、交通流、能源、经济等)组成的有机整体,是一个多目标、多约束、开放性的大系统。因此交通工程学最重要的方法论基础就是系统分析和系统工程。以系统分析原理来认识交通问题,以系统工程原理来分析解决交通问题,既是交通工程学科发展的必由之路,也是现代交通工程学的一个显著特点。

2. 综合性

交通工程学研究的内容涉及法制、工程、教育、环境、能源、经济等许多领域,又与地理、历史、文化、政策、体制等诸多因素有关,是一门集自然科学与社会科学、"硬"科学与"软"科学于一身的综合性很强的科学。

3. 交叉性或复合性

交通工程学研究的对象共有多方面的边际性或交叉之处。如汽车行驶理论与降低汽车的废气排放、噪声、振动,道路几何线形、通路通行能力、交通规划、交通设计、交通安全、交通管理与控制等均同其他科学相互交叉或相连接。又如智能交通系统(ITS),它是交通工程学科与电子工程学科、信息工程学科、自动控制学科、计算机技术学科、通信工程、汽车工程学科等在交通运营管理中的相互交叉、相互融合。

4. 社会性

交通系统是社会经济系统中的一个子系统,涉及社会的各个方面,特别是交通规划、交通安全、交通管理、交通法规等,同社会各个方面均有关,如政策、法规、技术、经济、工业、商业、生产、生活等社会各个阶层、各个单位,人员乃至全体市民,并直接影响到他们的工作、生活和学习娱乐。

5. 超前性

交通是为国民经济发展、为人民的生产、生活,以及科技、教育、文化等活动服务的,是区域和城市发展的载体,社会经济活动的基础与支撑体系,社会经济发展,生活水平提高,交通必须先行。同时从交通工程建设与使用的长期性来看,要使交通工程建设能适应今后一段时期的运输要求,就要预测或设想今后一个很长时期(20～30年甚至更长时间)的交通需求情况和工程实施后的深远影响,因此,交通必须超前考虑,提前规划。

6. 动态性

交通流是由大量车辆组成的"流体",车流在运动,交通流在流动,其本身就是一个动态系统,又是一个随机系统,具有典型的随机特性,其在道路网络上的分布,随时间与空间不断变化,常常表现为空间(网络的某一路段)与时间(早、晚高峰)上的集中分布和不均匀分布,甚至可能由于某一偶然因素而改变其正常分布,动态性十分显著,因此交通设施的规划、设计、使用与管理必须能适应这种动态性。

五、国外交通工程学的创建与发展历程

人类经历了从步行时代、马车时代、蒸汽机时代到汽车时代发展过程,可以说人类进步的历史就是各种交通方式发展的历史。古代马车的出现,要求建设马路、管理马车和教育赶马车的人,因此孕育诞生了"交通工程学"。到20世纪30年代,以美国交通运输工程师协会(ITE)的成立为标志,交通工程学应运而生。近代汽车的问世、发展与汽车文化,促进了公路与城市道路、高速公路与城市快速道路等交通基础设施的大量规划和建设,强化了交通管理的法律法规与技术,加大了对交通参与者的教育力度,从而推进了"交通工程学"的快速成型。

交通工程学建立后主要经过三个发展阶段:

第一阶段:20世纪30年代到60年代,交通工程学建立发展的初期。主要研究第二次世界大战后大规模的公路建设及汽车拥有量快速增长所需的道路布局规划理论方法、道路技术标准、线形几何设计、立体交叉设计、工程建设项目可行性研究、道路通行能力、停车问题和相应交通管理问题。也开始研究交通流理论、公路交通与铁路、水运、航道和管理运输的衔接,小汽车、公共汽车、轨道交通等各种交通方式的特点及如何充分发挥各种交通方式的功能以满足交通需求的增长等。

第二阶段:20世纪60年代到90年代,交通工程学发展的中期。进入20世纪60年代,随着汽车数量激增,交通拥挤、交通阻塞、交通事故等交通问题愈加严重,为了有效管理交通、疏导交通,减少交通事故,提高道路通行能力,倡导"交通渠化",用计算机控制交通,改进道路线形设计,保持各线形要素之间协调。在此期间,交通需求"四阶段"预测方法基本成熟,交通规划理论基本形成,开始在一个地区或一个城市作交通规划,并按照规定的格式,进行出行调查,用出行生成、交通分布、交通方式划分、交通分配的"四阶段"程式进行交通预测,从供需平衡的角度布设路网、枢纽、场站等交通设施。

20世纪70年代,由于能源危机,石油价格急剧上涨。同时,大量的汽车尾气、噪声、振动危及人们的健康,这就迫使工业发达国家对交通进行综合治理。1975年9月,美国提出交通系统管理(Traffic System Management 简称 TSM),旨在节约能源、改善交通环境、充分利用现有道路的空间,控制车辆的拥有和车辆的出行,协调各种交通方式,力求达到整体效率最高。在此期间注重研究大众捷运系统,倡导步行,对公共交通实行优惠政策,推行合乘方式,减少不必要的客流、车流,保护环境,挖掘现有交通设施的潜力等。

20世纪80至90年代,工业发达国家及多数城市的发展已经定型,大规模进行交通规划与建设的时代已经过去,交通工程学的研究问题多集中于交通管理方面,研究提出了交通需求管理(Traffic Demand Management 简称 TDM)的概念,旨在通过影响出行者的行为,达到减少或重新分配出行对空间和时间的需求,减少与限制不必要的交通需求。在此期间规定并限制可用交通空间的总量,采取"市场机制"直接对道路或设施的使用者收费,合理调剂交通需求,分配使用有限的交通空间。如分散交通出行时空来均衡交通流、减少不必要出行活动来减少出行总量、改变交通方式和有效地使用机动车来减少车辆交通、采用 P + R(停车 + 换乘公共交通)一体化出行模式提高出行效率、采用"拥挤收费"来调剂城市中心区或桥隧交通量等。交通控制已从点控,发展到线控与面控。

第三阶段:20世纪90年代至今,近期交通工程学的发展。随着人、车、路和环境之间矛

盾的不断尖锐,世界各工业发达国家均集中大量人力、物力、财力,采用各种高新技术、信息技术与人工智能、大数据、物联网与移动信息终端,研究"智能车路系统"(Intelligent Vehicle Highway System,简称 IVHS),发展智能交通系统(ITS)、智慧交通系统。日本和欧洲起步较早,从 20 世纪 80 年代后期开始进行。美国起步较晚,1991 年美国"地面运输方式之间的效率法案(Intermodel Surface Transportation Efficiency Act of 1991,简称 ISTEA)"(简称"冰茶法")通过之后,近代交通工程学才得到联邦政府的支持和重视。该法案的第六章明确规定了 IVHS 的研究工作。目前,许多国家对智能交通系统中的高效、安全、便捷、舒适的无人驾驶进行研究,并且多个国家已进入道路实地测试阶段。

在美国,已将交通工程学研究的范围扩大到道路、铁路、航空、水路和管道运输,这五种方式,即运输工程学的范畴。交通工程学成为运输工程学的一个重要分支,是一门研究综合运输体系中交通问题的重要学科。

六、国内交通工程学的创建与发展历程

1. 我国交通工程基础设施建设与交通运输的发展状况

我国是文明古国,道路交通的发展源远流长,在西方交通工程学作为一门学科传入中国之前,我国人民很早就进行过许多属于交通工程学科范畴的工作,并取得了辉煌的成就。

我国是最早重视道路规划与设计的国家。《周礼·考工记·匠人》中"匠人营国,方九里,旁三门。国中九经九纬。……经涂九轨,环涂七轨,野涂五轨。"讲的是城市道路规划,说明道路规划为棋盘型的网络格局,都城城市道路有九条南北大道、九条东西大道,每条大道可容九辆车并行。……将城市道路分为经纬、环、野三个等级;一轨约合 1.65m,南北大道和东西大道约合 15m 宽,环形干路约合 11.5m 宽,市郊道路约合 8.5m 宽。先秦时代诗歌《诗经·小雅》中"周道如砥,其直如矢",讲的是道路几何设计需平整、顺直。我国秦朝的"车同轨"制度、以咸阳为中心的三条驰道和万里长城都可视为伟大的交通工程实例。西汉时期张骞出使西域(约公元前 138 年—公元前 119 年),我国开启了闻名世界的"丝绸之路",使道路交通在军事和商业中发挥的作用越来越明显。

我国也是最早提出城市道路使用管理规则的国家。先秦时期典籍《礼记·王记》篇有明文规定:"道路,男子由右,妇人由左,车从中央"。在唐代,我国就出现了专门指导交通通行规则的文书《仪制令》,其中明确规定了"凡行路巷街,贱避贵,少避老,轻避重,去避来"。《新唐书》载"城门入由左,出由右",这是我国第一个对交通"来左去右"的规定。

我国 19 世纪末开始公路与城市道路建设。1901 年,进口第一辆汽车,随后开始公路建设,1908 年在云南修建长 30km 的龙洲—镇南关—那堪公路是中国的第一条公路。1956 年,长春第一汽车厂开始生产载货汽车。1988 年中国大陆拥有第一条高速公路,即上海—嘉定高速公路,长约 23km。

1876 年 7 月 3 日,中国土地上出现了第一条铁路,吴淞铁路,长约 14km。1881 年 11 月,我国自建了第一条铁路,唐胥铁路,长约 9.3km。1909 年,我国自主设计并建造了第一条铁路,京张铁路,长约 200km。1952 年 6 月 13 日,新中国自主建成了第一条铁路,成渝铁路通车,长约 505km。2003 年 10 月 12 日,我国第一条铁路快速客运专线,秦沈客运专线开通,全

长404km,运营速度200km/h(设计速度250km/h),这是中国铁路进入高速化的起点。2008年8月1日,京津城际铁路开通,全长约166km,是我国第一条采用先进的无砟轨道技术铺设轨道的高铁,运用世界最先进的长钢轨焊接工艺,无连接缝隙,运营速度350km/h。

1908年的12月,南京开通了第一条城市轨道交通,京市铁路,长约7.3km。天津、上海、大连,分别于1906年、1908年、1909年开通了城市有轨电车。1969年10月1日,北京市建成通车第一条地铁,全长23.6km,设17座车站和一座车辆段(古城车辆段)。

新中国成立后,特别是改革开放以来,我国(大陆地区)综合交通基础设施建设取得了举世瞩目的成就,交通运输系统发生了翻天覆地的变化。以下是截至2019年我国综合交通运输部分统计数据。

(1) 公路

2019年末,公路总里程已达501.25万km,公路密度52.21km/百km^2。其中,四级及以上等级公路里程469.87万km,占公路总里程93.7%;二级及以上等级公路里程67.20万km,占公路总里程13.4%;高速公路里程14.96万km,占公路总里程3.0%。按行政等级分:国道里程36.61万km,省道里程37.48万km、县道里程58.03万km、乡道里程119.82万km,村道里程242.20万km。

全国国道交通量观测里程21.75万km,机动车年平均日交通量为14852辆,年平均日行驶量为322599万车·km。其中,国家高速公路年平均日交通量为27936辆,年平均日行驶量为147826万车·km;普通国道年平均日交通量为10641辆,年平均日行驶量为174788万车·km。

2019年末,全国拥有公路营运汽车1165.49万辆。其中,拥有载客汽车77.67万辆,共计2002.53万客位(含大型客车30.31万辆,共计1334.35万客位);拥有载货汽车1087.82万辆,共计13587万吨位(普通货车489.77万辆,共计4479.25万吨位;专用货车50.53万辆,共计592.77万吨位;牵引车267.89万辆;挂车279.63万辆)。

全年公路完成营业性客运量130.12亿人,完成旅客周转量8857.08亿人·km。完成营业性货运量343.55亿t,完成货物周转量59636.39亿t·km。

(2) 铁路

2019年末,全国铁路营业里程达13.9万km,其中高铁营业里程3.5万km。全国铁路路网密度145.5km/万km^2。

全年铁路完成旅客发送量36.60亿人,完成旅客周转量14706.64亿人·km。全国铁路完成货物总发送量43.89亿t,完成货物总周转量30181.95亿t·km。

(3) 水路

2019年末,全国内河航道通航里程12.73万km,其中:一级航道1828km,二级航道4016km,三级航道7975km,四级航道11010km,五级航道7398km,六级航道17479km,七级航道17044km。等外航道里程6.05万km。

2019年末,全国港口拥有生产用码头泊位22893个。其中,沿海港口生产用码头泊位5562个,内河港口生产用码头泊位17331个。

2019年末,全国港口拥有万吨级及以上泊位2520个。其中,沿海港口万吨级及以上泊位2076个,内河港口万吨级及以上泊位444个。

2019年末，全国拥有水上运输船舶13.16万艘；净载重量25684.97万t；载客量88.58万客位；集装箱箱位223.85万标准箱。

全年水路完成客运量2.73亿人，完成旅客周转量80.22亿人·km。完成货运量74.72亿t，完成货物周转量103963.04亿t·km。其中，内河运输完成货运量39.13亿t、货物周转量16302.01亿t·km；沿海运输完成货运量27.27亿t、货物周转量33603.56亿t·km；远洋运输完成货运量8.32亿t、货物周转量54057.47亿t·km。

全国港口完成旅客吞吐量0.87亿人。其中，沿海港口完成0.82亿人，内河港口完成0.05亿人。全年邮轮旅客运输量221.4万人。

全国港口完成货物吞吐量139.51亿t。其中，沿海港口完成91.88亿t，内河港口完成47.63亿t。

全国港口完成外贸货物吞吐量43.21亿t。其中，沿海港口完成38.55亿t，内河港口完成4.65亿t。

全国港口完成集装箱吞吐量2.61亿标箱（TEU）。其中，沿海港口完成2.31亿TEU，内河港口完成3015万TEU。全国港口完成集装箱铁水联运量516万TEU，占全国港口集装箱吞吐量1.97%。

全国港口完成煤炭及制品吞吐量26.26亿t；完成石油、天然气及制品吞吐量12.14亿t；完成金属矿石吞吐量22.20亿t。

（4）民航

2019年末，共有颁证民用航空机场238个。其中定期航班通航机场237个，定期航班通航城市234个；年旅客吞吐量达到100万人次以上的通航机场有106个，年旅客吞吐量达到1000万人次以上的有39个；年货邮吞吐量达到10000吨以上的有59个。

全年完成旅客运输量6.60亿人，完成旅客周转量11705.12亿人·km。其中，国内航线完成旅客运输量5.75亿人，港澳台航线完成旅客运输量1107.6万人；国际航线完成旅客运输量7425.1万人。

完成货邮运输量753.2万t，完成货邮周转量263.19亿t·km。

民航运输机场完成旅客吞吐量13.52亿人。完成货邮吞吐量1710万t。

（5）城市道路、城市轨道交通与城市客运

2019年全国城市道路里程约43.94万km，人均城市道路面积16.97m^2。全国36个主要城市中，深圳、厦门和成都3座城市道路网密度处于较高水平（道路网密度达到8km/km^2以上），占比为8%；上海、广州、福州等22个城市道路网密度处于中等水平的城市（道路网密度在5.5~8km/km^2之间），占比为61%；城市道路网密度处于较低水平的城市（道路网密度低于5.5km/km^2）共11个，占比为31%。

2019年末，全国拥有公共汽电车运营线路65730条，运营线路总长度133.6万km。其中，拥有公交专用车道14951.7km；BRT线路长度6149.8km。全国40个城市开通轨道交通线路，拥有轨道交通运营线路190条，拥有轨道交通运营里程6172.2km；其中，拥有地铁线路159条、5480.6km，拥有轻轨线路6条、217.6km。拥有城市客运轮渡运营航线88条，拥有运营航线总长度397.9km。

2019年末，全国拥有公共汽电车69.33万辆，其中BRT车辆9502辆。按车辆燃料类型分,柴油车占 17.4%,天然气车占 21.5%,纯电动车占 46.8%,混合动力车占 12.3%。拥有轨道交通车站 4007 个,拥有轨道交通配属车辆 40998 辆。拥有巡游出租汽车 139.16 万辆。拥有城市客运轮渡船舶 224 艘。

全年完成城市客运量 1279.17 亿人。其中,公共汽电车完成客运量 691.76 亿人(含 BRT,即快速公交巴士,完成客运量 17.47 亿人),完成公共汽电车运营里程 354.13 亿 km;轨道交通完成客运量 238.78 亿人,完成运营车公里 41.43 亿车·km;巡游出租汽车完成客运量 347.89 亿人;客运轮渡完成客运量 0.73 亿人。

2. 我国交通工程学的建立与发展

我国对交通工程学的研究始于 20 世纪 70 年代,70 年代末,以美籍华人交通工程专家张秋先生为代表的美、日、英、加等国家交通工程专家,先后在上海、北京、西安、南京、哈尔滨等城市讲学,系统地介绍了西方发达国家交通规划、交通管理、交通控制及交通安全等方面的建设与管理经验。国内也派出多个代表出国参加英、美、日、澳、德等国举办的国际交通工程学生会议,这些活动推动了我国交通工程学科的产生。1979 年 12 月 21 日,上海市交通工程学会成立;1980 年 8 月 8 日,北京市交通工程学会成立;1981 年 12 月 20 日,中国公路学会交通工程专业学会成立;之后,黑龙江、辽宁、吉林、广东、云南、陕西、河南、湖南、安徽、重庆、武汉、天津等省市相继成立了交通工程学会。东南大学、同济大学、长安大学、北京工业大学等高校相继开设了交通工程本科专业,并招收、培养交通工程方向硕士研究生和博士研究生。从此,交通工程学在我国生根发芽,蓬勃发展,交通工程学这门新学科很快得到了我国教育界、学术界和从事道路工程研究学者的高度重视和认可,并逐渐普及。到目前为止,短短的三十多年的时间,我国交通工程学从无到有,已经在交通调查、交通规划、交通设计、交通管理、交通控制、交通安全、现代交通科技等领域得到了很大发展,取得了丰硕成果,形成了一个独立的体系,并结合我国实际情况,在交通管理和工程实践中得到有效运用和不断完善。

交通工程学在我国的发展状况,可概括为以下几个方面:

(1) 国内外学术交流活动

自 20 世纪 70 年代末交通工程引入我国以来,各地方交通工程学会开展了有针对性的、以学术交流为主体的学术会议,促进了多层面的交通工程学术交流、经验交流、信息交流。在交通规划、路网规划、道路交叉口改造与渠化设计、交通安全、城市交通管理与控制、智能交通系统等方面每年均召开研究会,交流有关学术论文等。

20 世纪 80 年代以来,我国积极参加并多次举办有关交通规划、交通安全、道路通行能力、公共交通、交通环境保护、智能交通等方面的国际会议,如 1996 年中国交通工程学会成功地主办了第二届亚洲道路安全会议;1998 年北京交通大学创办了交通运输研究国际学术会议(International Conference on Traffic & Transportation Studies,简称 ICTTS),每年连续在我国各大城市举办;2005 年 10 月在北京联合召开国际公路安全研讨会,2007 年 10 月我国成功举办"第十四届智能交通世界大会";2012 年同济大学发起举办每年一次的交通安全国际会议;2014 年 10 月我国举办第 17 届 IEEE(电气与电子工程师协会,Institute of Electrical and Electronics Engineers,简称 IEEE)智能交通系统国际会议(THE 2017 IEEE Conference on IntelligentTransportation Systems,简称 17th IEEE ITSC);2016 年同济大学承办了第十四届世界交通大会(World Conference on Transport Research,简称 WCTR2016);到 2019 年已经举办了19届海外华人交通协会(Chinese Overseas Transportation Association，简称COTA)交通运输领域国际会议等。我国学者积极参加交通运输理论国际研讨会(International Symposium on Transportation and Traffic Theory，简称ISTTT)、美国交通研究委员会国际会议(Transportation Research Board，简称TRB)。我国经国务院批准，从2017年开始，每年由中国科学技术协会、交通运输部、中国工程院共同主办，中国公路学会承办一次世界交通运输会议(World Transportation Conference，简称WTC)。

目前全国有110多所高校开设了交通工程专业，培养了大批交通工程方向的硕士生、博士生，出版了交通工程方面的多种杂志、期刊、教材、专著和译文，举办了多层次的培训班和专题讲座，培养了一大批掌握理论知识和实践技能的从事交通工程的专门人才，满足了国家建设的急需，推动了我国交通事业的飞速发展。

(2) 交通基础数据调查

20世纪70年代后期开始，各地公路部门对国省道设立长期观测站、间隙观测站和临时观测站几百个，进行了大规模的交通量、车速以及交通经济调查，取得了大量的调查统计资料，在此基础上汇编了《全国交通量手册》。2007年，交通部又对全国国省道观测站进行了重新布点，以适应快速发展的公路交通运输的需要。1982年开始，一些大中城市开始了居民出行(OD)调查、道路交通调查，掌握了大量的城市客运、货运出行资料，这些资料为城市综合交通规划、道路交通规划与设计、建设、管理和领导部门的决策等提供了可靠的数据。近些年，我国在高速公路和城市道路安装的各类检测器，收集了海量的交通占有率、车速、交通量、交通拥堵、交通事件与事故等数据，为全国交通出行信息的提供与智能交通系统的发展奠定了坚实的基础。

(3) 公路网规划与城市综合交通规划

1981年在全国公路交通普查的基础上，交通部规划了放射线与纵横相结合的国家干线公路网，共70条十多万公里，从"八五"开始计划修建"五纵七横"12条国道主干线，总长度2.5万公里，到"十五"末，"五纵七横"国道主干线基本建成；"十一五"期间，交通部又规划了"7918"布局的约8.5万公里的国家高速公路网络；"十二五"期间，交通运输部规划了约40万公里的国家公路网；2016年国家提出了"八纵八横"高铁通道规划[八纵：沿海通道、京沪通道、京港(台)通道、京哈—京港澳通道、呼南通道、京昆通道、包(银)海通道、兰(西)广通道；"八横"通道为：绥满通道、京兰通道、青银通道、陆桥通道、沿江通道、沪昆通道、厦渝通道、广昆通道]，约3.8万公里规模。《国家公路网规划(2013—2030年)》规划国家公路网总规模40.1万km，由普通国道和国家高速公路两个路网层次构成。其中普通国道网由12条首都放射线、47条北南纵线、60条东西横线和81条联络线组成，总规模约26.5万km。高速路网由7条首都放射线、11条北南纵线、18条东西横线，以及地区环线、并行线、联络线等组成，约11.8万km，规划远期展望线约1.8万km。另外，我国许多大中城市先后开展了城市综合交通规划或专项交通规划、交通管理规划和交通安全管理规划，取得了显著的实际效果。交通工程理论方法在全国或区域公路规划、城市综合交通规划中发挥了重要作用。

(4) 建设项目交通影响评价

21世纪以来，随着我国汽车工业的发展和小汽车进入家庭速度的加快，很多大城市的交通问题，特别是城市交通拥挤和堵塞问题日益严重，解决城市交通拥塞问题已经成为许多城市最急迫的事情。因此,许多城市应用交通工程学的基本理论与方法,对各类用地的交通产生与吸引率进行研究,开展了建设项目交通影响评价,为建设项目的立项审批提供依据,为从源头上治理城市交通拥塞创立了较为完善的理论与方法体系,丰富了交通工程学的基本内容。

(5) 交通法规

我国交通、城建与公安部门协调配合,立法机构辛苦工作,运用交通工程学与法学原理,制定了许多交通法规。1951年公安部颁布了《城市陆上交通管理暂行规则》,并于1955年修订为《城市交通规则》,1972年3月交通部会同公安部颁布了《城市与公路交通管理规则》(暂行),1983年5月交通部颁布了《公路标志及路面标线标准》,1986年颁布了国家标准《道路交通标志和标线》(GB 5768—1986)后,1999年重新修订给出《道路交通标志和标线》(GB 5768—1999),2009年再次修订给出《道路交通标志和标线》(GB 5768—2009);1988年国务院颁布了《中华人民共和国道路交通管理条例》,1991年国务院颁布了《道路交通事故处理办法》;2003年,我国人大通过了《中华人民共和国道路交通安全法》,于2004年5月1日开始实施;为配合该法案的实施,2004年4月30日,国务院颁发了《中华人民共和国道路交通安全法实施条例》;随后,2007年和2011年我国人大对《中华人民共和国道路交通安全法》进行了多次修订。

(6) 交通管理与控制

城市交叉口信号控制使用了大量单点定周期自动信号灯和感应式自动控制信号灯,许多城市的部分区域实行了线控系统和面控系统,引进并一定消化吸收了"交通网络研究工具"(TRAffic Network StudY Tool,简称 TYANSYT)、"悉尼自适应交通系统"(Sydney Co-ordinated Adaptive Traffic System,简称 SCATS)、"绿信比—信号周期—绿时差优化技术"(Split-Cycle-Offset Optimization Technique,简称 SCOOTS)等面控系统。南京自主研制开发了我国第一个实时自适应城市交通控制系统。引进、研制了高速公路安全、通讯、监控、收费系统并投入使用。科研部门研制开发了先进的城市交通管理系统并已在全国许多城市的交通警察总队和支队使用,效果显著。

(7) 交通仪器设备与交通安全设施的研制

我国自行研制了车辆检测仪、各种交通检测器、交通量调查仪、雷达测速仪、机动车减速度检测仪、汽车桩考仪、酒精检测仪、心理测试仪、反应测试仪、疲劳测试仪、驾驶员适应性检测装置等;研制了反光标志、标线、路面标线涂料、隔离设施、防撞、防眩及诱导等交通安全设施。这些仪器设备和安全设施的实际应用,对保障道路交通安全、畅通,提高科学交通管理水平具有重要的作用。

(8) 城市"畅通工程"

进入21世纪,我国小汽车开始大量涌入城市家庭,城市交通系统的规划、建设与管理都还没有做好城市交通机动化的准备,若不采取措施,可能会造成全国性的城市交通瘫痪,因此,从2000年开始,建设部和公安部首先在全国36个大中城市实施城市交通"畅通工程",随后全国600多个城市全面参与。通过建立评价指标体系,每年或隔年对城市交通政策与交通规划、公共交通优先发展政策与措施、道路基础设施建设与维护水平、交通管理设施与措施、交通通行状况、交通秩序与交通安全等方面进行全面考核与评价,促进了城市交通的发展,适应了迅速的城市化进程。

(9)"公交都市"建设

"公交都市"是为应对小汽车高速增长和交通拥堵所采取的一项城市交通战略,已成为全球大都市的发展方向。它体现了一种以城市公共交通为机动化出行主体、以城市公共交通引导城市发展为导向的城市布局结构,是一种受资源、环境、安全等条件约束下的最佳城市建设形态,是一种综合效率和社会环境效益最好的城市发展模式。公交都市倡导城市公共交通主动引导城市发展,强调城市公共交通与城市人居、环境、结构功能、空间布局默契协调、共存共促。公交都市是理论上和实践中探索解决城市与交通问题的认识飞跃。公交都市的建设理念是:①紧凑城市,使70%的人口居住和就业集聚在公交走廊两侧;②模式多元,形成"轨道交通为骨架、常规公交为网络、出租车为补充、慢行交通为延伸"的一体化都市公交体系;③统筹衔接,实现地下和地面交通、大容量和中低运量交通、机动化和非机动化交通的有机结合和有效衔接;④空间提升,集成轨道、公交、慢行系统及交通环境等要素,打造安全、畅达、绿色的交通空间,提高市民出行品质;⑤实现交通与城市、经济、生活和谐共生。

随着我国城镇化进程的不断加快,城市数量迅速增长,城市规模不断扩大,城市居民的出行总量和出行距离呈现大幅增长。同时,城市交通结构也发生了显著变化,机动化出行比例迅速上升,非机动车出行比例持续下降,城市中心区的交通拥堵日益严重,环境污染和能源消耗压力不断加剧。在此背景下,交通运输部在《交通运输"十二五"发展规划》中提出在"十二五"期间开展"公交都市"建设示范工程,选择约 30 个城市实施"公交都市"建设示范工程,通过 5 年的努力,在示范城市实现主城区 500m 上车,5min 换乘,公共电汽车运行速度明显提高,公交出行分担率达到 50% 以上。2011 年,交通运输部下发《关于开展公交都市建设示范工程有关事项的通知》(交运发〔2011〕635 号),正式启动了公交都市创建工程。公交都市创建示范工程是落实《国务院关于城市优先发展公共交通的指导意见》(国发〔2011〕64 号)和《实交通运输部关于贯彻落实〈国务院关于城市优先发展公共交通的指导意见〉的实施意见》(交运发〔2011〕368 号)的重要举措。

第一批公交都市示范城市有 15 座:北京、石家庄、太原、大连、哈尔滨、南京、济南、郑州、武汉、长沙、深圳、重庆、昆明、西安、乌鲁木齐;第二批公交都市示范城市有 22 座:天津、保定、呼和浩特、沈阳、长春、上海、苏州、杭州、宁波、合肥、福州、南昌、青岛、新乡、株洲、柳州、海口、贵阳、兰州、西宁、银川。

(10)交通工程学基础理论研究和实用技术开发

交通工程学基础理论研究和实用技术开发得到国家"八五""九五"科技攻关计划及国家自然科学基金项目、国家有关部委及地方政府的大力资助。从"十一五"开始,已将交通工程基础理论研究、大城市交通拥堵瓶颈的基础科学问题研究等列入了国家"863""973"计划,我国交通工程基础理论和应用技术方面取得了大量成果,一些研究成果已经转化为生产力。

①在交通规划理论与方法研究方面,提出了"环境决定需求"预测方法、多角度多模型组合交通预测方法、容量限制、动态多路径交通分配速算法、交通规划综合评价体系方法等一系列研究成果。在城市经济发展与机动化水平关系、土地利用及交通模式、交通设施建设、

交通需求管理等进行了探讨，为探求适合中国城市特征和交通模式的城市中长期交通规划与发展战略提供了依据。

②在交通评价与决策研究方面，建立了道路交通系统评价指标体系，确定了指标筛选原则，提出了指标评定方法。还研究开发了交通评价的专家系统，包括路网总体评价系统、城市客货运枢纽综合评价系统、道路交通设施评价系统等。

③在交通管理与控制方面，系统研究了公路与城市道路交通流特性，提出了交通状态分析理论。研究了城市交通控制理论、交通自动控制系统、交通诱导理论与模型。城市交通控制系统在引进、消化、吸收国际一些先进控制系统的基础上，建立了适合我国城市交通流特性的信号控制、交通诱导等先进技术的城市交通控制与管理系统。

④在道路交通安全理论、交通事故预防与对策研究方面，通过"波型梁护栏实车碰撞实验"和"玻璃钢护栏实验"为交通安全设施的设计建立了可靠参数。对驾驶员的交通适应性、事故倾向性、事故分析与再现技术、事故生成规律、事故预测预报以及道路交通安全决策信息系统等进行了广泛的研究，取得了一系列理论先进、系统可靠、实用性强的成果。

⑤交通工程学基础理论在交通管理实践中得到广泛的应用，除了上述内容外，还在交通流特性及其分析研究、环形交叉口通行能力、城市交通系统分析及综合治理、交叉路口进口引导排队分析及减少阻塞与队长的策略、交通优化理论、路口信号灯配时优化与交通渠化；交通系统管理（TSM）和交通需求管理（TDM）技术的应用、不停车收费（ETC）、高速公路联网收费、实施公路标准化、规范化和环境美化的（GBM）工程等取得很多成果。

⑥交通出行行为理论方面，研究了我国交通参与者的交通行为特性、出行者行为心理与生理特征、出行者选择行为、车辆驾驶员的驾驶行为（跟车行为、换道行为、超车行为、启动与停车）。

（11）交通应用软件及新理论、新技术的开发与应用

在交通工程领域，国外已经推出了多种应用相关软件，这些软件覆盖了交通规划、交通设计、交通仿真等层面，可用于路网需求预测、交叉口信号优化、交通方案评价等。常用的交通类软件有 TransCAD、PTV、EMME/3、Cube、Paramics 等。

除了上述商业软件外，我国自行开发的计算机应用软件有：交运之星—TranStar，交通调查数据处理与分析系统，交通流模拟、交通信号配时优化及渠化设计软件，交通工程辅助设计、交通图形信息处理软件、交通规划软件、交通违章处罚软件和交通事故处理软件、驾驶员及车辆档案管理软件、办公自动化软件、无纸化驾驶员考试系统等。

交通工程学是一门发展中的科学，它需要吸取新思想、新观点，研究新理论、新技术来不断充实、发展。如应用交通熵理论分析和处理混合交通中的问题、交通冲突技术运用于交叉口安全度评价及事故分析、交通量及交通事故的灰色预测、模糊分析技术的应用、现代科技在交通管理中的应用等。

（12）交通智能化系统的研制与开发

近年来，ITS 已引起世界上许多国家的高度重视，它对提高交通运输的效率和效益，保证安全，促进可持续发展有十分显著的作用。为了进一步推动 ITS 在我国的发展，从事这项系统工程的行政部门、各地方、产业界及科研单位协调配合，"十五"期间，完成了"ITS 体系框架"和"ITS 标准框架"的研究及编写工作，并在全国十二个城市进行 ITS 工程示范，取得了

显著成果,"十一五"期间开展 ITS 技术推广。国家成立了 ITS 工程技术研究中心(ITSC),为今后全国 ITS 研究、建设、示范、推广搭建了更高的平台。很多城市已经初步建成了智能交通系统,大大提高了城市交通管理水平与效率。

(13)交通信息技术

了解并掌握交道信息是交通管理部门进行科学、合理交通管理的重要手段,对用路者的出行也是非常重要的。实时获取、处理、传送和发布交通信息,是实现现代化、高效交通管理的重要保证。最有代表的是全球定位系统(GPS)、北斗卫星导航系统、地理信息系统(GIS)和计算机网络在交通管理中的应用。百度电子地图、高德电子地图等为出行者的出行提供了极大的便利。

(14)停车场规划与管理技术

近些年来,城市停车问题越来越突出,引起了城市规划、城市建设和交管等部门的高度重视,出现了专门从事停车场规划、设计和施工的部门。他们用交通工程 CAD 规划制图,有专业队伍进行地下停车库和停车楼的内部停车设施的规划与施工,开发了诸如阻车器、减速垄、色带反手(自)动栅机、停车诱导等新产品。为了减少车辆进出停车场的时间,减少停车次数,提高管理效率,引进了国外先进的停车场不停车自动管理系统。静态交通管理在城市发展过程中占有十分重要的地位,停车场规划与管理技术的运用在许多城市已取得了显著的成效,在 21 世纪会有更大的发展。目前,先进的立体停车库系统已经在我国部分城市得到建设发展与使用。

概括起来,我国在 20 世纪 80 年代重点是交通流理论包括交通综合治理,同时我国也进行了交通规划的研究。20 世纪 90 年代至 21 世纪初重点是城市交通规划包含交通的综合治理。21 世纪初至今,我国主要研究交通管理现代化、信息化、交通控制系统、智能交通系统、交通大数据与人工智能开发应用等。

七、我国交通运输发展的主要问题

尽管我国在交通运输领域已经发展为一个大国,高速公路里程、高铁里程、港口深水泊位数量、城市轨道交通里程、汽车年产销量、旅客运输周转量、全社会货运量等发展指标都成为世界第一,但仍存在许多问题:

1. 发展不平衡

我国幅员辽阔,地形地貌复杂,人口分布不均,经济发展水平不平衡,交通运输在区域之间(东中西)、城乡之间和交通方式之间发展也不平衡。

2. 交通基础设施规模,特别是人均水平严重不足

尽管我国交通基础设施达到一定规模,但与发达国家相比,规模仍有很大差距。我国是十四亿的人口大国,交通基础设施人均水平很低,中西部地区、贫困地区和东部农村地区交通基础设施仍很薄弱。

3. 各种交通方式融合一体化发展衔接度较低

目前我国五种基本交通方式还是处于相对独立发展阶段,不同交通运输方式合理分工不够明确,每种交通运输方式的优势发挥和相互衔接的一体化发展水平较低,运输结构需要

进一步优化,各种交通方式有效地衔接配套设施不完善。

4. 交通运输装备水平有待提高

我国运输装备的国产化率有待提高,特别自主研发的汽车和飞机。零担车、集装箱拖挂车、冷藏运输车及厢式汽车等专用汽车占比重偏小,运输网络化和多式联运标准化程度需要的提高。

5. 城市交通拥堵问题严重

随着我国城市化进程的加快,私人小汽车快速进入城市家庭,城市交通拥堵问题非常严重,特别是特大城市的道路交通密度增加、运行车速下降、交叉口多次排队导致延误增加,居民通勤出行时间加长,以公交出行为主的"公交都市"或"公交城市"建设任务非常艰巨。

6. 交通安全问题

根据我国官方统计,近些年来我国道路交通事故死亡人数和万车死亡人数虽然有所下降,但每年死亡的总人数仍有 5 万人左右,世界卫生组织(World Health Organization,简称 WHO)的统计死亡人数更高,道路交通伤害仍是我国的一大公共卫生问题,也是死亡和伤害的一个主要原因。

7. 交通环境问题

随着我国交通基础设施建设力度的加大,资源和环境压力持续增大、生态敏感区和脆弱区不断退化,交通环境问题突显,一些大城市机动车排放的污染物对大气指标的贡献率超过 50%,严重危害人体健康。全国 80% 大城市的交通干线噪声超标,严重影响居民休息、教育和文化活动。

8. 交通运输服务质量较差

作为第三产业的交通运输业,不仅是基础产业,更是未来我国经济社会发展的"引致需求"和新经济增长点,交通运输的"引致需求"决定了交通运输服务的目标是要不断满足经济、社会发展需求,为人员和商品流动提供保障,并进一步在运输的快速、准时、舒适、方便等方面都提出更高要求。但"运输"或"出行"即"服务"的理念还没有被广泛接受,要加快解决运输与出行的智能信息化、一体化、立体化、无缝衔接、最后一公里、出行体验等问题,不断提高交通运输服务质量。

9. 交通运输系统韧性不足

交通运输系统面临地震、洪水、泥石流和火灾等各种灾害的威胁。由于我国山区面积广泛、地形地貌复杂,平原地区或城市内涝危险大,因此我国交通运输系统整体韧性不足,包括抗灾能力弱、遇到灾难冲击后交通运输系统迅速恢复能力较差、交通运输网络在极端条件下的可达性与可靠性不强等。

八、我国交通工程学近期的主要任务

交通工程学的主要任务应在立足我国交通出行特征与交通运输实际,结合我国交通工程特点和交通管理实践,阐述交通流的基本特性、基本理论与一般原则,深入认识人、车、路与环境的特点及相互关系、交通调查与分析的基本方法与手段、交通流理论、交通规划原理和方法、道路通行能力计算的理论与方法、交通管理与控制的基本概念、交通安全、停车设施、交通影响分析与交通拥堵治理、ITS等。通过对交通工程学的学习,学生能够系统掌握交通工程学的基本概念和基本理论,掌握交通流特性分析与方法、通行能力概念与基本计算等重要内容;熟悉交通工程学基本原理在交通规划、交通组织、交通管理与控制、交通安全、交通设计等方面的应用;深刻领会道路交通系统管理和综合治理的方法,训练学生收集、调查有关交通数据与处理的基本技能及解决交通工程实际问题的能力;培养学生综合运用本课程所学的基本知识,结合其他课程的专业知识,解决交通问题的能力。

交通工程学在我国还是一门新兴科学,许多问题有待进一步研究,我们必须在学习国外的先进经验与基本理论的同时,从我国的交通工程实际和特点出发,建立符合我国国情的交通工程理论、方法与技术。为建立有中国特色的交通工程学,应重点研究以下问题。

1. 交通基础科学理论方面研究的主要课题

(1) 交通系统供需平衡理论研究;
(2) 综合交通运输协同理论研究;
(3) 多模式交通系统供需平衡与动态协同研究;
(4) 交通人因工程理论研究;
(5) 车路协同环境下的驾驶行为机理研究;
(6) 交通运输系统风险防控柔性理论研究。

2. 交通流基础理论方面研究的主要课题

(1) 交通行为理论研究;
(2) 交通流三参数关系模型与车辆运行特性的深入研究;
(3) 各类交叉口规划、设计与评价的理论及方法的研究;
(4) 特大桥梁与长大隧道交通流特性与模型研究;
(5) 长下坡路段的交通流特性与模型研究;
(6) 复杂交通条件下交通流模拟仿真系统的研究;
(7) 不同交通组成、不同道路车头时距的分布特性与可接受间隙的研究;
(8) 道路网络总体通行能力的理论与计算方法的研究;
(9) 混合交通条件下的交通流理论,运行与管理的研究;
(10) 可持续发展的城市交通系统规划理论与方法研究;
(11) 宏观交通流理论,如交通流网络理论等。

3. 城市交通规划理论与方法研究的主要课题

(1) 城市交通规划中交通调查的内容、方法及数据库技术的研究;
(2) 城市交通需求分析预测理论与方法的研究;
(3) 城市交通网络计算机模拟技术的研究;
(4) 城市交通网络规划理论与方法研究;
(5) 城市交通规划方案评价技术的研究;
(6) 城市公共交通系统布局、优化理论与技术的研究;

(7)城市交通规划快速反应系统的理论与方法的研究;
(8)现代先进科学方法在城市交通规划中应用的研究;
(9)基于3S技术(GIS、GPS、RS)的规划理论与方法研究。

4. 区域综合交通运输规划理论与方法研究的主要课题

(1)区域综合交通运输系统的数据收集、处理和建模技术的研究;
(2)区域综合交通运输系统客、货需求预测理论与方法的研究;
(3)区域综合交通运输网络规划及优化理论与方法的研究;
(4)区域综合交通运输系统评价理论与方法的研究;
(5)区域综合交通运输系统决策理论与方法的研究;
(6)区域综合交通运输枢纽和通道布局理论与方法的研究;
(7)公路主枢纽规划布局与评价模式研究;
(8)城市综合运输枢纽规划设计理论、方法与评价系统研究;
(9)城市综合运输一体化与无缝衔接技术研究;
(10)区域综合物流系统的规划理论与方法研究。

5. 交通运行协调与监控技术研究的课题

(1)车路协同联网联控技术研究;
(2)城市综合交通系统智能化协同管控技术研究;
(3)区域交通系统运输一体化协调技术研究;
(4)综合交通枢纽协同运行与服务技术研究;
(5)高效货物运输与智能物流技术研究;
(6)综合运输安全风险防控与应急救援体系研究。

6. 适应我国交通特点的交通控制理论与方法、智慧交通研究的课题

(1)复杂交叉口或负责干道交通自适应控制技术;
(2)区域交通控制软件系统开发与实施的研究;
(3)区域交通控制系统设备与配套技术的研究;
(4)高等级公路情报采集与信息传输、信息发布、监控技术的研究;
(5)高等级公路与城市道路的交通管理体制、理论方法与设施的研究;
(6)高等级道路立交规划设计与评价理论与方法的研究;
(7)基于ITS的城市交通监控与管理系统的研究;
(8)智慧城市与智慧交通的理论与技术方法研究;
(9)互联网+便捷交通的智慧交通研究。

7. 交通综合治理方面的理论、方法与措施方面的课题

(1)适应现代交通要求的城市形态、结构模型与布局的研究;
(2)减少客、货出行与运输距离的职住关系,土地利用的合理布局研究;
(3)交通与土地利用、交通影响分析与评价研究;
(4)城市交通网络形态与性能的优化与评价的研究;
(5)城市客运交通方式的合理结构与相互衔接研究;

(6)城市交通治理的理论模式、规范化方法及程序的研究;
(7)城市交通管理体制理论模式与方法的研究;
(8)自行车交通特性、适用条件及其路网的规划设计原则与评价方法的研究;
(9)行人交通特性、步行交通设施规划设计原则与评价方法的研究;
(10)停车场需求(机动车与自行车)预测、规划设计理论与方法的研究;
(11)常规公交、BRT布局规划理论方法研究;
(12)优先发展城市公共交通保障体系研究;
(13)缓解市中心区交通拥挤技术研究。

8. 城市轨道交通系统方面的主要研究课题

(1)轨道交通系统性能适用条件、经济性与可行性研究;
(2)轻轨、地铁、通勤铁路、快速系统的规划布局理论与适用条件研究;
(3)客运转换、货运转载系统的规划设计理论与方法的研究;
(4)新交通系统的技术标准体系的研究;
(5)停车系统规划、设计与管理等的研究;
(6)降低轨道交通建设成本的研究;
(7)轨道交通系统营运与管理研究;
(8)P+R、B+R等城市公共交通绿色化与一体化出行研究。

9. 交通安全方面的主要研究课题

(1)交通安全机理研究;
(2)交通安全影响要素研究;
(3)道路安全审计与交通安全评价研究;
(4)交通安全主动防控与被动保障措施研究;
(5)驾驶员驾驶适应性、驾驶员安全感研究;
(6)交通安全理论与道路设计规范的关系研究。

10. 交通运输系统韧性方面的主要研究课题

(1)交通运输系统韧性评估研究;
(2)交通运输系统韧性影响要素研究;
(3)交通运输系统韧性与空间布局、土地利用、社会经济和生态环境的关系研究;
(4)基于多学科并与先进技术相融合的交通运输系统韧性研究。

11. 交通政策与法规方面的主要研究课题

(1)公共交通扶持政策及相关法规研究;
(2)构建综合交通、平安交通、智慧交通、绿色交通的相关政策与法规研究;
(3)交通运输碳交易相关政策与法规研究;
(4)交通需求管理相关政策与法规研究;
(5)"客运一票制"与"货运一单制"相关政策与法规研究;
(6)不同地区与规模城市交通法规基本政策研究;
(7)提升交通运输系统韧性措施与政策研究。

第三节　交通工程师的工具课程内容简介

"工程制图"是工程领域工程师的语言,"交通工程CAD"是当今土木工程、交通工程、交通设计和交通控制领域中使用最多、最普遍、最广泛的计算计算机辅助设计与绘图软件AutoCAD,这两门课程是交通工程师必备的基本技能课程。"工程制图"是"交通工程CAD"的先导课,是工程设计与工程绘图的理论基础。"交通工程CAD"是"工程制图"课程的延伸与先进化,是在工程绘图学习的基础上,借助先进的计算机软件实现计算机辅助设计与设计质量、精度、规范化水平的提升。

一、"工程制图"课程的基本内容

"工程制图"课程为工科各相关专业重要的技术基础课,其理论与实践结合性较强,该课程主要培养工程技术领域的形象思维和图形表达能力。要求掌握正投影的基本原理与方法,达到培养空间思维与想象能力,空间分析与创新能力,并要求熟练掌握工程图样的绘制与阅读的基本技能,从而提高专业技术水平及增强解决工程实际问题的综合能力。

"工程制图"课程的主要内容:

(1)制图基本知识与技能:国家标准的有关规定、绘图工具及其使用方法、常用几何作图方法、平面图画法步骤与尺寸标注等。

(2)投影基础:投影法及其分类,点、线、面的投影。

(3)基本几何体的投影:物体的三视图的形成及投影规律、基本几何体的投影、正等轴测图绘制。

(4)截交线与相贯线:截交线、相贯线。

(5)组合体的视图:组合体的形体分析、组合体三视图的形成及投影规律与画法、组合体的尺寸标注、交通工程三视图案例。

(6)机件的常用表达方法:视图、剖视图、断面图、第三角投影画法。

(7)标准件和常用件:螺纹及螺纹连接件、齿轮、轴承等。

(8)机械制图:识与绘制零件图和装配图。

(9)建筑工程制图:建筑工程平面图、立面图、剖面图等。

二、"交通工程CAD"课程的基本内容

科学技术的飞速发展,带动了整个社会的变革,计算机技术的普及和应用,更推动了工程设计与工程绘图手段和方法的革命。计算机辅助绘图在工程中应用范围越来越广泛,其应用能力的好坏已成为衡量和评价工程设计、工程管理单位资格高低的标准之一。因而,在交通运输类专业开设《计算机绘图AutoCAD》课程,对学生进行系统全面的计算机辅助绘图能力的培养十分必要。

"交通工程CAD"课程的主要内容:

(1)AutoCAD2010基础知识:AutoCAD2010启动与工作空间、图形文件管理、绘图环境设置、AutoCAD命令调用方式与基本操作、视窗显示操作、精确绘图辅助功能设置、坐标系的

使用等。

（2）二维交通图形的绘制：直线、曲线与多段线等线条绘制，圆、圆弧、椭圆、椭圆弧、矩形、正多边形、圆环等平面图形的绘制，道路交通标线与二维交通工程图的绘制。

（3）二维交通图形的编辑与图案填充：选择对象、使用夹点编辑图形、各种编辑方法、图案填充与面域、交通工程图形编辑应用。

（4）交通工程图的文字与尺寸标注：文字标注与编辑、尺寸标注与编辑、公差标注与编辑。

（5）图层的创建与使用：创建图层、设置图层特性、控制图层显示状态、编辑图层、保存与调用图层状态、图形特性控制、交通工程绘图中图层应用。

（6）图块与外部参照：创建图块、保存图块、插入图块、设置与使用图块属性、编辑图块、使用外部参照、交通工程图块与外部参照应用。

（7）设计中心与参数化工具：AutoCAD 设计中心、信息查询、几何约束、标注约束、参数化绘图的一般步骤。

（8）图形的打印与输出：模型空间与图纸空间、打印输出设置、在模型空间中打印输出图纸、在图纸空间中通过布局排版打印输出图纸、图形文件发布与输出、数据交换与格式转换。

（9）交通工程绘图综合应用：道路交叉口及断面图绘制、道路交通标志结构图绘制、道路交通安全设施绘制、道路收费与服务设施绘制、机电设施设备图绘制等。

第四节　交通分析理论基础简介

交通与运输是一个复杂系统，"运筹学"与"系统工程"两门课程是交通复杂系统分析的基本理论方法。

一、"运筹学"课程基本内容

运筹学是交通运输类专业，特别是交通工程专业和交通运输专业的基础课，主要研究如何将交通规划、交通管理、交通运输过程中出现的运筹问题加以提炼，利用数学方法，通数学分析、运算、优化，提出综合性的合理安排，以达到最好的效果。

运筹学作为一门用来解决实际问题的学科，在处理千差万别的各种问题时，一般有六个步骤：

①提出需要解决的问题与目标：提出需要解决的问题，确定目标，并分析问题所处的环境和约束条件。抓住主要矛盾，舍弃次要因素。②建立模型：选用合适的数学模型来描述问题，确定决策变量，建立目标函数、约束条件等，并据此建立相应的运筹学模型。③求解模型：确定与数学模型有关的各种参数，选择求解方法，求出解。解可以是最优解、次优解、满意解。④解的检验：首先检查求解步骤和程序有无错误，然后检查解是否反映现实问题。⑤解的控制：通过灵敏度分析等方法，对所求的解进行分析和评价，并据此对问题的提出和建模阶段进行修正。⑥解的实施：提供决策所需的依据、信息和方案，帮助决策者决定处理问题的方针和行动。

运筹学的主要内容包括：规划论（包括线性规划、非线性规划、整数规划和动态规划）、图论、决策论、对策论、排队论、存储论、可靠性理论等。对于交通运输类专业,特别是交通工程专业和交通运输专业,运筹学是最重要的交通分析理论基础课程之一。

1. 规划论

规划论主要解决两方面的问题,一方面是给定的人力、物力和财力,如何取得最大的效益。另一方面是给定的任务,怎么用最少的人力、物力和财力去完成它。

2. 图与网络分析

网络分析主要是研究解决生产组织、计划管理中诸如最短路径问题、最小连接问题、最小费用流问题和最优分派问题等。特别在设计和安排大型复杂工程是,网络技术是重要的工具。

3. 决策论

决策问题是普遍存在的,凡属"举棋不定"的事情都必须做出决策。之所以举棋不定,是因为人们在着手实现某个预期目标时,面前出现了多种情况,又有多种行动方案可供选择。决策者如何从中选择一个最优方案,达到他的预期目标,这是决策论的研究任务。

4. 对策论

对策论是研究具有利害冲突的各方,如何制定出对自己有利从而战胜对手的斗争策略。例如,战国时代田忌赛马的故事便是对策论的一个绝妙的例子。

5. 排队论

排队现象在日常生活中屡见不鲜,如机器等待修理,船舶等待装卸,顾客等待服务等。它们有一个共同的问题,就是等待时间长了,会影响生产任务的完成,甚至影响经济效益;如果增加修理工、装卸码头和服务台,固然能解决等待时间过长的问题,但又会蒙受修理工、码头和服务台空闲的损失。这类问题的妥善解决是排队论的任务。

6. 存储论

人们在生产和消费过程中,都必须储备一定数量的原材料、半成品或商品。存储少了会因停工待料、失去销售机会而遭受损失,存储多了又会造成资金积压、原材料及商品的损耗。因此,如何确定合理的存储量、购货批量和购货周期至关重要,这便是存储论要解决的问题。

7. 可靠性理论

一个复杂的系统和设备,往往是由成千上万个工作单元或零件组成的,这些单元或零件的质量将直接影响到系统或设备的工作性能是否稳定可靠。研究如何保证系统或设备的工作可靠性,便是可靠性理论的任务。

8. 模型论

人们在生产实践和社会实践中遇到的事物往往是很复杂的,要想了解这些事物的变化规律,首先必须对这些事情的变化过程进行适当的描述,即所谓建立模型,然后通过对模型的研究来了解事物的变化规律。模型论就是从理论上和方法上研究建立模型的基本技能。

二、"系统工程"课程的基本内容

系统工程是为了最好地实现系统的目的,从系统观念出发,对系统的组成要素、组织结构、信息流、控制机构等,以最优化方法求得系统整体的最优的综合化的组织、管理、技术和方法。

系统工程方法的主要特点是:①把研究对象作为一个整体来分析,分析总体中各个部分之间的相互联系和相互制约关系,使总体中的各个部分相互协调配合,服从整体优化要求。在分析局部问题时,从整体协调的需要出发,选择优化方案,综合评价系统的效果;②综合运用各种科学管理的技术和方法,定性分析和定量分析相结合;③对系统的外部环境和变化规律进行分析,分析它们对系统的影响,使系统适应外部环境的变化。

系统工程是在现代化的"大企业""大工程""大科学"出现后,产品构造复杂、换代周期短、生产社会化、管理系统化、科学技术高度分化又高度综合等历史背景下产生的。在21世纪40年代末,最早由美国贝尔电话公司在研制电话自动交换中提出"系统工程"这一名词。1957年,美国密执安大学高德和迈克两教授写了第一本《系统工程—大系统导论》。1965年,美国学者编写了《系统工程手册》,至此初步形成了较完整的理论体系。

系统工程的主要内容是阐明系统工程的基本理念、方法论与方法,包括:系统的概念,系统工程的含义、任务和内容,系统思想,系统工程方法论,系统工程从需求分析、设计、实施到运行的全过程的工作内容和步骤,系统的建模、分析优化,评价与决策,以及复杂系统的概念等。

交通运输系统工程的主要内容含义及内容、交通运输系统分析、交通运输系统模型、交通运输系统预测、交通运输系统网络计划技术、交通运输系统模拟、交通运输系统评价、交通运输系统决策、交通运输决策支持系统,以及信息技术在公路交通运输系统中的应用。

在使用系统工程方法解决问题时,可按下述七个步骤进行:
①提出问题;
②选择目标;
③系统综合;
④系统分析;
⑤选择解决问题的最佳方案;
⑥决策;
⑦实施计划。

交通系统分析是介绍交通运输系统工程的分析方法,包括交通参数的统计分布特性、交通系统供求分析理论、交通系统状态分析理论、交通系统优化和评价理论、交通系统模拟方法等内容。

第五节 核心专业课基本内容简介

交通工程专业的核心专业课包括"交通规划""交通设计""交通管理与控制""交通安全"等。

一、"交通规划"课程基本内容

交通规划是交通运输类专业人才培养的主要技能之一,做好交通规划是引领国家综合交通运输健康持续发展的基础。经过长期的理论研究和工程实践,我国在交通规划的理论与方法上得到了很大的发展。同时,随着我国社会经济和科学技术的不断进步,面对不断出现的新问题,交通规划的理念、方法、技术也在不断地更新。

"交通规划"课程的主要内容包括:

1. 交通规划理论与技术基础

(1)概述:交通规划定义、分类与层次划分,交通规划的主要内容,交通规划理论的发展,交通规划的基本程序,我国城市交通规划发展总结与展望等。

(2)交通调查与数据分析:交通规划所需的各项基础资料的调查分析方法,起讫点(OD)调查的基本概念、内容与方法、资料数据的整理和分析方法,社会经济调查与土地利用调查,交通小区划分与交通出行特征分析等。

(3)交通与土地利用:从交通规划的角度,不同的土地利用形态决定交通发生量、交通吸引量、交通分布形态,在一定程度上决定了交通结构。土地利用形态不合理或者土地开发强度过高,将会导致交通容量无法满足交通需求。从土地利用的角度,发达的交通将改变城市结构和土地利用形态,使城市中心区过密人口向城市周围疏散,城市商业中心更加集中,规模加大,土地利用的功能划分更加明确。同时,交通的规划和建设对土地利用和城市发展具有导向作用,交通设施沿线的土地开发利用异常活跃,各种社会基础设施大都集中在地铁和干道周围。所以,各项经济指标、人口和土地利用是交通需求预测的始点。鉴于交通与土地利用的上述关系,交通规划领域的专家们越来越重视在交通规划过程中导入交通与土地利用的相互反馈作用,注意协调交通与土地利用的关系,注重土地利用规划和交通规划的综合化。

(4)交通需求预测与分析方法:交通需求预测的基本内容、步骤和方法及其发展概况,掌握经典"四阶段"交通需求预测方法及主要的交通生成预测模型、交通分布预测模型和交通方式划分预测模型。交通方式划分的集计模型与非集计模型。

(5)交通网络分析方法:交通网络的计算机表示方法,路阻函数分析方法及常用的网络交通分配方法,均衡理论,交通分配的求解方法等。

(6)交通规划的综合评价方法:综合评价工作流程和交通规划评价目标体系,交通规划方案评价的主要指标及常用方法。

2. 各专项规划的基本理论与方法

(1)城市综合交通规划:城市综合交通规划的任务、内容、特点、层次、范围及编制工作程序与技术流程。

(2)城市道路网规划:道路网布局规划方法、各级道路规划及城市道路交叉口与道路横断面规划、道路网络方案技术评价。

(3)城市公共交通规划:城市公共交通规划目标任务、城市轨道交通线网规划原则与方法、城市常规公共交通规划基本方法、城市公交系统一体化规划基本方法。

(4)停车设施规划:停车设施分类、停车设施规划的目标与流程、停车发展策略、停车需求预测方法、停车场选址布局方法、停车诱导系统规划方法、停车场规划方案评价。

(5)城市交通管理规划:城市交通管理规划的目的、内容、基本指导思想和工作流程,城市道路交通系统管理规划方案的设计与评价方法。

(6)公路网规划:公路网规划的内容、程序和方法,公路网布局规划方案的设计与评价方法。

二、"交通设计"课程基本内容

交通设计的概念起于20世纪80年代初,是整合交通工程基本概念、基本知识与基本技能于一体的专业课程,是道路交通基础设施建设的灵魂,是有效衔接道路交通规划、建设、管理的纽带,可以促进城市规划与交通规划结合,在进行设施建设之前对交通规划工作进行反馈,以避免资源浪费,并在设施建设前充分考虑交通管理措施实施的可行性,为交通管理设施预留所需的资源。该课程主要面向交通系统的特征与问题,基于城市与交通规划的理念和成果,以道路工程、交通管理与控制、交通工程设施等内容的相关设计规范为主要依据,在分析与解读相关设计规范的基础上,提出了交通设计中需要遵循的基本原理,对现有和未来建设的交通系统及其设施加以优化设计,寻求改善交通的最佳方案,寻找交通系统时间和空间利用及建设与管理的最关键影响要素。

"交通设计"课程重主要内容:

(1)交通设计概述:交通设计的基本概念、交通设计的作用、交通设计在国内外的发展情况。

(2)交通设计基础:交通问题的调查与影响因素分析,交通规划、设施设计及交通管理层面的交通设计问题与需求,交通设计条件及基础资料收集内容与方法,交通设计的依据,交通设计主要标准和规范解读,交通设计的基本原理。

(3)平面交叉口交通设计:平面交叉口时空特征,平面交叉口交通设计目标与技术流程,信号控制交叉口交通设计原则、内容和流程,交叉口机动车道交通设计,平面交叉口非机动车交通设计,交叉口非机动车道交通设计,平面交叉口行人交通设计,平面交叉口渠化设计,无信号控制交叉口交通设计,环形交叉口交通设计,特殊形式交叉口设计,平面交叉口交通标志设计。

(4)立体交叉口交通设计:立体交叉口形式及适用条件,规划阶段立体交叉口交通设计,立体交叉口交通标志设计,治理阶段立体交叉口交通设计。

(5)公共交通优先通行交通设计:公交优先内涵与公交专用道分类,公交专用道设置条件及设计要点,交叉口公交专用道设计,公交停靠站分类与交叉口停靠站设计,路段公交停靠站设计,基于公交优先的单点交叉口信号配时方法,公交干线协调控制。

(6)路段交通设计:道路横断面交通设计、路段机动车道交通设计、非机动车道交通设计、路段出入口交通设计。

(7)停车设施交通设计:路内停车带交通设计、路外停车场(库)交通设计。

(8)慢行交通设计:行人过街设计、人行道设计、步行街区设计、慢行交通无障碍设计。

(9)交通安全设计:平面交叉口交通安全设计、立体交叉口交通安全设计、路段交通安全设计、交通宁静化设计。

(10)城市道路交通系统设计:道路网络衔接设计、交通流优化组织设计、连续流和间断流衔接设计、交叉口群协调设计等。

三、"交通管理与控制"课程基本内容

交通管理与控制是实现交通运输的基本条件,可提高交通参与者的交通意识与素质、加快交通基础设施建设和提高交通管理与控制水平,解决我国交通问题的根本途径,单纯的道路建设不仅不能从根本上解决交通问题,反而会刺激吸引交通流,加剧交通流的盲目增长,使交通问题与矛盾更加尖锐。开设"交通管理与控制"课程的目的是让人们认识并遵守道路交通流固有的客观规律,运用现代化的技术手段和科学的原则、方法、措施,不断地提高交通管理与控制的效率和质量,以求得道路交通系统安全性更高、延误更少、运行时间更短、通行能力更大、秩序更好和运行费用更低。通过科学合理的交通管理与控制,能挖掘现有道路设施的潜力,提高道路使用效率,充分发挥其通行能力;能协调解决路少、车多、人多、交通拥塞、公害严重的矛盾;能引导合理的交通需求,指导交通基础设施的建设与发展。

"交通管理与控制"课程主要内容:

(1)概述:交通管理与控制的基本概念、研究重点、演变与发展、主要原则。

(2)交通需求管理和系统管理:交通需求管理策略、规划与计划、公众参与、实施保障与评价、交通系统管理。

(3)交通管理法规及标志标线:交通法规及其内容、交通标志和标线、其他交通管理设施。

(4)机动车交通运行管理:机动车道类型划分、道路主要功能和接入管理、机动车速管理、机动车道管理、常规公共交通优先通行管理。

(5)慢行交通管理:步行交通行为特征、步行交通设施管理与设计原则、交叉口步行交通设施管理与设计、道路中段行人过街设施管理与设计,自行车交通行为特征、自行车交通设施管理与设计原则、交叉口自行车交通设施管理与设计、路段自行车交通设施管理与设计。

(6)停车交通管理:停车设施类型划分及特征指标、停车设施供需平衡管理方法、路内停车设施管理、路外停车设施管理、机动车停车设施的信息化管理。

(7)平面交叉口管理:平面交叉口的类型划分及交通管理原则、平面交叉口功能区界定、平面交叉口渠化方法。

(8)单点交叉口信号控制基础:单点交叉口信号控制基本要求、单点交叉口的基本信号控制设计、单点交叉口早启迟断式信号控制、单点交叉口感应式信号控制、其他类型信号交叉口。

(9)单点交叉口信号控制分析方法:信号交叉口饱和流率分析、通行能力分析、延误分析与服务水平、主要信号控制设计参数的测量方法。

(10)干线交叉口信号协调控制:信号协调控制概念、协调控制的理想时差、单向行驶道路的协调控制、双向行驶道路和道路网络协调控制、带宽的概念及最大带宽、协调控制的主要方式、双向协调控制系统时差的确定方法。

(11)区域交叉口信号协调控制:区域信号控制基本原理、典型定时式脱机控制系统——TRANSYT系统、典型方案选择式区域协调控制系统——SCATS系统、典型方案形成式区域协调控制系统——SCOOT系统等。

(12)高速公路或城市快速路交通控制:高速公路或城市快速路交通的主要特点、主要交通问题、交通管理与控制的主要内容与方法,高速公路或城市快速路出入口匝道控制、主线控制、通道控制,公共汽车和合用车的优先控制。

四、"交通安全"课程基本内容

交通安全是从安全的角度,对交通运输系统进行科学分析,查明交通事故发生的原因与过程,揭示交通事故发生的机理与本质规律,寻求消灭或减少交通事故的损失、保障交通安全畅通的措施和方法。通过该课程的学习,应掌握交通安全基本理论,学会运用交通安全分析和评价方法以及交通安全技术、交通安全管理的理论和方法解决实际问题,具备综合分析和处理各类交通安全问题的基本能力。

"交通安全"课程的主要内容:

(1)绪论:安全科学的形成、发展及其研究对象和主要研究内容,交通安全工程学科的概念;安全、危险、风险、事故、隐患、危险源等安全科学基本概念及其相互关系,以及交通安全问题的基本特性;道路交通事故和其他交通事故的概念。

(2)交通事故调查:交通事故调查目的和意义、调查对象、调查准备工作,调查的基本步骤与方法等。

(3)交通安全基本理论:交通系统可靠性理论,交通事故频发倾向论、交通事故因果连锁论、能量意外释放论、心理动力理论、系统理论等交通事故致因理论,交通事故预测理论,交通事故预防理论。

(4)交通安全分析和评价方法:交通系统中人、车、路、环境与交通安全,交通安全的统计分析、因果分析、表格分析、事件树分析、冲突分析、交通事故再现分析等交通安全分析方法;绝对与相对交通安全指标评价、安全检查表评价、作业条件危险性评价、概率安全评价、安全综合评价等交通评价方法。

(5)交通安全技术:预防交通事故的交通安全设计技术、避免和减少交通事故损失的安全设计技术、交通安全保障技术、基于预防和事故避免的交通安全监控与检测技术、交通设施设备运行状态的监控与检测技术、基于维护和维修的交通安全检测与诊断技术、交通事故救援技术等。

(6)交通安全管理:我国现行安全生产管理体制以及企业安全管理制度;安全法规的本质和特征,安全法规的法律规范、法律关系和法律责任,安全法规的作用,安全法规的立法和安全监察;我国主要的交通安全法规;交通安全与心理现象的关系以及交通安全心理的保障条件;交通安全教育的意义、内容、形式和方法以及提高安全教育效率的途径。

第六节 其他部分专业课程基本内容简介

"道路工程""交通工程设施设计""智能交通系统"等课程属于交通工程专业课程体系重要的组成部分。

一、"道路工程"课程的基本内容

"道路工程"课程是交通运输类专业,特别是交通工程专业、交通设备与控制专业、交通运输专业等的一门专业基础课。本课程涉及人、车、路、环境,关联驾驶者的心理、汽车的运行轨迹、汽车动力性能以及交通流量和交通特性与道路几何线形、结构工程间关系的一体化工程,主要讲述汽车行驶与道路各个设计元素间的关系,基于车路协同,以保证在设计速度、设计或适应交通量以及地形地貌和其他自然条件下,行驶安全、经济、舒适和路容美观。"道路工程"课程是综合概述性讲解土木工程专业道路工程方向的"道路勘察设计""路基路面工程""城市道路工程"等课程内容。

"道路工程"课程的主要内容:

(1)绪论:道路运输的作用、特点及国内外发展情况;道路的定义、分类与组成;道路分级与技术标准。

(2)道路平面设计:道路平面线形、直线、圆曲线、缓和曲线、视距。

(3)道路纵断面设计:纵坡、竖曲线、爬坡车道、变速车道和避险车道,道路平纵线形组合设计。

(4)道路横断面设计:道路横断面组成,行车道宽度与加宽,非机动车道,人行道,路拱及超高,中间带、路缘带、侧分带、绿化带等。

(5)选线及定线:方案选择、选线要点和路线布局、定线。

(6)道路交叉设计:交叉口的交通组织设计,平面交叉口的形式、选择与设计,环形交叉口设计,交叉口竖向设计,立体交叉的分类、形式选择与设计。

(7)道路公用设施设计:公共交通路线布置与站台设计,停车场设计,道路照明设计,道路绿化,人行天桥和人行地道。

(8)道路路基路面工程总论:路基和路面结构、道路的自然区划。

(9)道路路基:路基破坏现象及原因、路基干湿类型和临界高度、路基的强度和抗变形能力、路基填土与压实、路基边坡稳定性、路基防护和支挡结构。

(10)道路基层:基层的基本类型及其特点、道路基层材料及其技术要求。

(11)道路沥青路面:沥青路面及其组成材料、沥青路面常见的损坏现象与设计内容、沥青路面结构组合设计。

(12)道路水泥混凝土路面:水泥混凝土路面结构组合设计、水泥混凝土路面板厚设计、水泥混凝土路面接缝构造设计。

(13)道路排水设计:路基排水设计、路面排水设计。

二、"交通工程设施设计"课程的基本内容

《交通工程设施设计》课程是交通运输类专业,特别是交通工程专业、交通设备与控制工程专业的必修课程。培养学生掌握道路交通安全设施的设计一般方法及布置原则;掌握交通工程机电设施设计,主要涵盖收费系统、监控系统和通信系统的设计;掌握交通工程服务设施设计,主要涵盖照明系统设计、服务区设计和紧急救援系统设计。为以后学生从事道路交通设施施工、维护等有关工作奠定理论与实践基础。

《交通工程设施设计》课程主要内容:

(1)交通安全设施概述:交通安全设施系统组成,交通安全设施设计原则与内容,交通安全设施系统发展综述。

(2)道路交通标志设计:交通标志类型、标志设计基本要求、标志板面设计原则与方法、标志的结构力学设计、道路上交通标志总体布设原则。

(3)道路交通标线设计:交通标线分类、标线的设计思想和原则、标线设计要点、路面标线材料选取。

(4)护栏和分隔栏杆设计:护栏类型、功能及应用范围,护栏设计的理论基础,波形梁护栏、缆索护栏、混凝土护栏、活动护栏设计原理与方法,分隔栏杆设计方法。

(5)视线诱导设施设计:视线诱导设施类型及功能,轮廓标、分合流诱导标、线形诱导标、突起路标、示警墩(桩)、抗侧滑护轮带等设计原理与方法,新型视线诱导标使用及视线诱导设施的材料选用。

(6)防眩设施设计:防眩设施类型及功能,防眩设施设计设计原理与方法。

(7)收费系统设计:收费系统的基础知识,收费土建设施建设,收费管理与控制系统组成,联网收费系统收费原理。

(8)监控系统设计:道路监控系统组成,各子系统功能;信息采集系统与工作原理,信息决策系统设计方法,隧道监控系统设计方法。

(9)通信系统设计:高速公路通信系统组成,高速公路数据通信系统设计,通信系统网络设计。

(10)照明系统设计:照明系统类型,布置类型及特点;路段照明系统,隧道照明系统设计;桥梁照明系统,照明节能措施。

(11)供配电系统设计:负荷计算,输电与配电线路设计,变电所(站)设计等。

(12)服务区设计:服务区设计原则,总体布局类型,服务区布局设计,停车场容量计算,旅客服务设施功能设计。

三、"智能交通系统"课程的基本内容

智能交通系统(ITS)是以传统的交通工具理论与实践为基础,以提高交通系统的可靠性、安全性、经济性、舒适性及运行效率为目的,将先进的信息技术、通信技术、传感技术、大数据技术、控制技术、人工智能等运用于整个交通运输管理体系,从而建立起的一种实时、准确、高效的综合运输管理系统。

"智能交通系统"课程的主要内容:

(1)绪论:智能交通系统的概念,发展历史与趋势等,智能交通系统的研究内容。

(2)智能交通系统框架体系:ITS体系框架的构建原理、我国地方ITS体系框架、我国国家ITS体系框架;其他国家的智能交通系统框架体系。

(3)智能交通系统的理论基础:智能交通系统的理论基础,动态交通分配理论,智能协同理论,交通网络实时动态交通信息预测理论,智能控制理论,最优路径选择模型及其诱导算法等。

(4)智能运输系统的信息采集、处理技术与应用:交通基础信息采集技术,宏观交通流参数的采集方法,行程时间采集技术,交通通信技术,交通地理信息及其定位技术,交通信息融合技术基本理论与方法。

(5)先进出行者信息系统:出行者信息系统的作用、特点与效果,出行者信息系统的服务

内容与技术进步,出行者信息系统的服务内容,出行者信息系统的技术进步;城市交通诱导系统的概念,城市交通流诱导系统结构框架。

(6)先进的交通管理系统:交通管理系统的组成及其工作原理、典型的城市交通管理系统体系结构及其应用。

(7)先进的公共交通系统:先进的公共交通系统体系结构,先进的公共交通系统应用的典型技术,公交智能化调度系统。

(8)高速公路交通事件管理系统:高速公路交通事件管理的内容、基本流程等。事件管理是高速公路监控系统的重要组成部分,通过对交通事件进行管理,可以减少交通事件对就高速公路运行的影响。

(9)电子收费系统:电子收费系统总体框图,电子收费系统概述,电子收费系统的基本构成,电子收费系统的应用技术,电子收费系统在交通需求中的应用。

(10)自动驾驶系统:智能车辆的产生与发展,智能车辆的研究方向,智能车辆的研究范围,智能车辆体系结构,智能车辆技术的应用,智能车辆系统结构与微机测控系统,基于视觉导航的智能车辆模糊逻辑控制,智能车辆的自主驾驶与辅助导航。

第六章 交通工程专业培养方案与就业去向

人才培养指对人才进行教育、培训的过程。经过高考选拔进入大学的大学生一般都要按照特定专业培养方案,经过培养训练考核,才能成为各种职业和岗位要求的高级专门人才。专业人才培养方案是学校落实党和国家关于人才培养总体要求,组织开展教学活动、安排教学任务的规范性文件,是实施人才培养和开展质量评价的基本依据。

尽管我国开设交通工程专业各个院校的交通工程专业培养方案各有特色,课程设置各有侧重,实践环节各有安排,但都是基于"交通运输类专业教学质量国家标准"制定的。以下为某高校的近十年"交通工程专业培养方案"修订情况,并以最新版"交通工程专业培养方案"为例介绍其培养方案的基本结构与内容。

第一节 交通工程专业 2011 版培养方案简介

交通工程 2011 版培养方案的专业定位如下:立足道路与城市综合交通,以山地城市的交通规划、设计、施工、智能交通系统工程为研究特色,以满足国家尤其是西部交通行业人才动态需求为目标,着力构建适应综合交通可持续发展的宽口径工程教育体系,力争在国内同类专业中处于先进水平。

该版培养方案设置两个专业方向:交通规划设计及施工方向(简称"交规")、智能交通系统及工程方向(简称"智交"),毕业最低学分180个学分,主要课程包括:高等数学、大学英语、大学物理、运筹学、交通工程导论、道路勘测设计、路基路面工程、城市规划原理、交通系统工程、交通规划原理、交通管理与控制、交通信息检测及处理技术、智能交通系统、交通机电系统、交通工程概预算及施工组织、道路交通安全工程、交通工程设施设计与施工、交通设计。在专业课、集中实践教学环节要求与安排方面,交通规划设计及施工方向、智能交通系统及工程方向各有侧重,课程体系与学分要求等详见表 6-1-1~表 6-1-5。

交通工程专业课程体系、学分、学时和毕业最低学分要求表　　　　表 6-1-1

课程类型		学时/周数	学分		学分比例（%）
			理论	实践	
公共基础	必修	1184 学时	60.25	5.75	36.7
	选修	120 学时	7.5	0	4.2
专业基础	必修(交规)	280 学时	22	1.5	13.1
	选修(交规)	368 学时	28.5	2	16.9
	必修(智交)	312 学时	25.5	3.5	16.1
	选修(智交)	336 学时	19.5	1.5	11.7
专业	必修(交规)	248 学时	12.5	0.5	7.2
	选修(交规)	200 学时	6.5	0	3.6
	必修(智交)	280 学时	14	0.5	8.1
	选修(智交)	192 学时	13	0	7.2
实践环节	必修	33 周		33	18.3
总的实践学分及比例(包括集中实践和课内实践)				42.75	23.8
最低毕业学分			180		

交通工程专业交通规划设计及施工方向专业课　　　　表 6-1-2

课程代码	课程名称	修读要求	总学分	总学时	课内学时			开课学期	考核方式
					理论	实验	上机		
交通规划设计及施工方向									
0524095	交通机电系统 Traffic electro-mechanical system	选修	2.5	48	40	8		6	考试
0524009	城市道路规划设计及施工★ Design and construction of urban roads	必修	3	48	48			5	考试
0524040	高速公路收费系统理论与方法 Freeway charging system principle and technology	选修	2	32	32			5	考查
0524170	物流系统规划原理与应用 Principle and application of logistics system planning	选修	2.5	48	32		16	5	考查
0524161	停车场规划与设计 Planning and design of parking facility	选修	2	32	32			6	考查
0524026	道路立交设计及施工 Design and construction of road interchange	选修	2	32	32			6	考查

续上表

课程代码	课程名称	修读要求	总学分	总学时	课内学时 理论	课内学时 实验	课内学时 上机	开课学期	考核方式
交通规划设计及施工方向									
0524080	交通安全系统分析 Traffic safety analysis	选修	2	32	32			6	考查
0524012	城市轨道交通线路与站场设计 Urban railway line and hinge design	选修	2	32	32			6	考查
0524024	道路交通法规与安全事故 Road traffic regulation and safety	选修	2	32	32			6	考查
0524082	交通港站枢纽规划与设计 Planning and design of transportation hub	选修	2	32	32			7	考查
0524056	轨道交通规划及设计 Planning and design of urban rail transport system	选修	2.5	40	40			7	考查
0524050	公路网规划 Road network planning	选修	2	32	32				
0524049	公路工程质量监测与管理 Highway engineering quality inspection and management	选修	2	32	32				
0524085	交通工程建设监理 Traffic engineering construction supervision	选修	2	32	32				

交通工程专业智能交通系统及工程方向专业课　　表6-1-3

课程代码	课程名称	修读要求	总学分	总学时	课内学时 理论	课内学时 实验	课内学时 上机	开课学期	考核方式
智能交通系统及工程方向									
0524096	交通监控系统 Traffic monitoring and controlling system	必修	2	32	32			5	考试
0524102	交通收费系统 Traffic toll system	必修	2	32	32			6	考查
0524110	交通信息检测及处理技术 Traffic data detection and processing	必修	2.5	48	40	8		7	考查
0524090	交通供配电系统★ Traffic power supply-distribution system	选修	2	32	32			6	考查
0524129	列车运行控制系统 Train operation controlling system	选修	2	40	32		8	6	考查

续上表

课程代码	课程名称	修读要求	总学分	总学时	课内学时 理论	课内学时 实验	课内学时 上机	开课学期	考核方式
智能交通系统及工程方向									
0524159	隧道监控系统 Tunnel system	选修	2	32	32			7	考查
0524008	车辆定位与导航技术 Vehicle position and navigation system	选修	2	36	28	8		7	考查
0524185	智能交通控制 ITS controlling	选修	3	52	44		8	7	考查
0524188	智能交通系统集成技术 Integrated technologies of ITS	选修	2	32	32			7	考查

交通工程专业交通规划设计及施工方向集中实践教学环节要求与安排 表6-1-4

课程名称	主要内容及要求	周数	开课时间
军事训练 Military training	通过军训,要求学生了解一定的军事基本知识,达到国家规定的军事训练合格标准	3	第一学期
工程测量实习 Practice of engineering measuring and survey	使用经纬仪、水准仪、全站仪等仪器测量高程方位等关键坐标参数;掌握测量仪器的操作要求;测绘简单地形图	1	第三学期
道路勘测实习 Practice of road survey and design	道路中线的实地定线、道路放样、熟悉路线敷设的流程	2	第四学期
交通规划课程设计 Traffic planning course design	进行交通规划有关的课程设计	2	第五学期
交通仿真软件综合实验 Comprehensive experiment of traffic simulation software	微观交通调查与数据分析,交通仿真软件应用	2	第五学期
城市道路课程设计 Urban road course design	城市道路设计与交叉口渠化	1	第五学期
交通工程设施课程设计 Traffic engineering facility course design	相关数据的调查、交通附属设施设计;了解一些最基本的交通安全设施	2	第六学期
交通控制综合实验 Comprehensive experiment of traffic control	信号灯配时实验,交通控制软件的应用,交通模拟软件的应用;熟悉交通控制信号控制机认识及配时实验	2	第六学期
交通设计综合实验 Comprehensive design of traffic system	区域交通组织设计、交通渠化与诱导设计	2	第七学期

续上表

课程名称	主要内容及要求	周数	开课时间
毕业实习 Graduation practice	根据各毕业实习单位或指导教师要求,掌握交通工程及交通信息系统等方面基本知识	4	第八学期
毕业设计(论文) Graduation project	根据各选题收集相关资料,了解交通工程、交通信息控制相关行业现状;根据交通工程、交通信息系统的实际需要,结合科研、工程、管理等问题,完成指定毕业设计或论文	12	第八学期
总计		33	

交通工程专业智能交通系统及工程方向集中实践教学环节要求与安排　　表6-1-5

课程名称	主要内容及要求	周数	开课时间
军事训练 Military training	通过军训,要求学生了解一定的军事基本知识,达到国家规定的军事训练合格标准	3	第一学期
工程测量实习 Practice of engineering measuring and survey	使用经纬仪、水准仪、全站仪等仪器测量高程方位等关键坐标参数;掌握测量仪器的操作要求;测绘简单地形图	1	第三学期
交通调查与分析综合试验 Comprehensive experiment of traffic survey	道路交叉口流量统计、车速调查、密度调查、车延误调查、掌握交通参数调查方法;了解相关常用仪器设备的功能、结构性能及使用,熟悉本专业的常用软件	1	第四学期
道路勘测实习 Practice of road survey and design	道路中线的实地定线、道路放样、熟悉路线敷设的流程	2	第四学期
交通仿真软件综合实验 Comprehensive experiment of traffic simulation software	微观交通调查与数据分析,交通仿真软件应用	2	第五学期
交通控制设备综合实验 Comprehensive experiment of traffic controlling equipment	对路口交通信号控制机内部包含的主要部件,包括主板、检测板、I/O板、检测器接口,电源板,及其他接口进行设计	2	第五学期
交通工程设施课程设计 Traffic engineering facility course design	相关数据的调查、交通附属设施设计;了解一些最基本的交通安全设施	2	第六学期
交通控制综合实验 Comprehensive experiment of traffic control	信号灯配时实验,交通控制软件的应用,交通模拟软件的应用;熟悉交通控制信号控制机认识及配时实验	2	第六学期
ArcGIS综合实验 Comprehensive experiment of arcGIS	熟悉和掌握ArcGIS软件,了解设计与开发交通GIS应用系统流程;能初步设计简单的交通GIS应用系统	2	第七学期

续上表

课程名称	主要内容及要求	周数	开课时间
毕业实习 Graduation practice	根据各毕业实习单位或指导教师要求,掌握交通工程及交通信息系统等方面基本知识	4	第八学期
毕业设计(论文) Graduation project	根据各选题收集相关资料,了解交通工程、交通信息控制相关行业现状;根据交通工程、交通信息系统的实际需要,结合科研、工程、管理等问题,完成指定毕业设计或论文	12	第八学期
总计		33	

第二节 交通工程专业2014版培养方案简介

交通工程2014版培养方案取消了2011版本的两个专业方向设置,重点培育能在交通管理部门、交通规划与设计单位、交通建设单位等从事交通规划和交通工程设计、施工、安全、管理与智能交通系统运营等相关工作的高级工程技术人才。专业定位为:立足西南、面向全国,以满足国家尤其是西部交通行业人才动态需求为目标,着力构建适应综合交通可持续发展的宽口径工程教育体系,在山区公路与山地城市综合交通规划、设计、施工、安全、管理与智能交通系统工程等方面具有鲜明特色,处于国内同类专业一流水平。

该版本培养方案最低毕业学分175个学分(比2011版减少5个学分),主干学科为交通运输工程、土木工程、系统工程,充分体现了专业交叉融合特点,核心课程包括城市规划管理、运筹学、交通系统工程、结构设计原理、道路勘测设计、建筑材料、路基路面工程、交通规划原理、交通设计、交通管理与控制、道路交通安全工程。课程体系与学分要求等见表6-2-1和表6-2-2。

交通工程专业各类课程学分学时分配及毕业学分要求表　　表6-2-1

课程类型		学时/周数	学分		学分比例(%)
			理论	实践	
通识教育课	必修	696学时	23.5	10	19.1
	选修	240学时	14	1	8.6
学科专业类基础课	必修	720学时	41	2	24.5
	选修	320学时	20		11.4
专业课	必修	288学时	17	0.5	10.0
	选修	208学时	13		7.4
集中实践	必修	33周		33	18.8
总的实践学分及比例(包括集中实践和课内实践)				45.5	26.0
最低毕业学分175 (含第二课堂9学分)	必修	127学分			72.6
	选修	48学分			27.4

交通工程专业集中实践教学环节要求与安排　　　　表 6-2-2

课程代码	课程名称	主要内容及要求	学分	周数	开课学期
TA31056	道路勘测实习 Road surveying exercitation	道路选线,勘测,放线,熟悉路线敷设流程	2	2	第5学期
JT31043	道路交通安全工程综合实践 Comprehensive practice of road traffic safety engineering	事故易发路段的考察,改善方案设计与对策研究	2	2	第5学期
JT31015	交通规划课程设计 Transportation planning design	城市交通规划、路网规划、公交规划、停车规划、交通管理规划等专项规划的课程设计	2	2	第6学期
JT31007	交通工程设施设计综合实践 Comprehensive practice in the design of traffic engineering facilities	对已建道路进行现场调查,总体规划安全设施、管理设施,并制作所有设计内容的施工图,编写说明	2	2	第6学期
JT31016	交通规划软件实验 Traffic planning software experimental	TransCAD 软件操作与规划模型建立	1	1	第6学期
JT31009	交通控制综合实验 Traffic control experiment	交叉口信号灯配时设计,交通控制软件应用,熟悉交通信号控制机配时操作,交通视频监控系统设计组装	2	2	第7学期
JT31017	交通设计综合实验 Experiment of traffic design comprehensive	道路交通网络设计与区域交通组织,公共交通系统设计,枢纽交通设计,停车系统设计	2	2	第7学期
JT31003	交通仿真软件实验 Traffic simulation software	VISSIM 仿真软件操作与交叉口仿真和区域交通仿真运行	2	2	第7学期
JT31044	道路交通工程设计软件实验 Experimental of traffic engineering software	纬地道路设计软件使用和交通工程设计软件的使用	2	2	第7学期
JT31024	毕业实习 Graduation practice	根据各毕业实习单位或指导教师要求,掌握交通工程、道路工程及交通规划设计与施工等方面的知识,与社会生产单位进行交流学习	4	4	第8学期
JT31025	毕业设计(论文) Graduation design or paper	根据各选题收集相关资料,了解交通工程、交通信息控制相关行业现状;根据交通工程、交通信息系统的实际需要,结合科研、工程、管理等问题,完成指定毕业设计或论文	12	12	第8学期
	合计		33	33	

该版培养方案增加了第二课堂,由思想政治与道德修养、学术科技与创新创业、社会实践与志愿服务、文化艺术与身心发展四个模块构成。学生毕业应获得第二课堂9学分(必修7学分,选修2学分)。

(1)思想政治与道德修养模块

主要包括"军训与军事理论""思想政治理论课综合实践""形势与政策课外实践"3门必修课程(计7学分)以及学生参加党、团组织及思想道德修养等活动内容。

实施单位:武装部、思政部和学工部。

(2)学术科技与创新创业模块

主要包括创新创业训练计划项目、工程实践训练、技能培训、职业资格、实验室开放项目、发表学术论文、获得国家授权专利、出版学术著作、获得学术成果奖励、参加各级各类学科竞赛等内容。

实施单位:教务处、实验教学与设备管理处、招生与就业工作处和校团委。

(3)社会实践与志愿服务模块

主要包括寒暑期社会实践、志愿者服务活动、担任学生干部和社会工作等内容。

实施单位:学工部和校团委。

(4)文体艺术与身心发展模块

主要包括体育健康素质达标、体育竞赛、体育训练活动、文艺表演、学生社团活动等内容。

实施单位:宣传部、学工部、体育部和校团委。

第三节 交通工程专业2018版培养方案简介

一、专业简介

在本版培养方案中,交通工程专业属于交通运输工程专业大类,按照"1+3"模式实行大类招生,在大学第二年分流培养。本专业立足西南、辐射全国,以适应国家尤其是西部交通行业人才动态需求为目标,面向区域与城市交通规划、设计、施工、检测、安全、管理与智慧交通等专业领域,具有山区公路与城市交通的鲜明特色,培养交通工程高素质应用型人才,处于国内同类专业一流水平。

本专业注重学生宽泛的基础和专业应用能力的培养,形成山地复杂交通系统的规划、管理、安全等方面的人才培养特色。毕业生在交通工程建设、城市交通规划与管理,交通安全和智能交通等方面具有较强能力,主要在交通行业规划、管理、设计、检测和建设的主管部门、企事业单位就业,也可以自主创业。

所属学科门类:工学; 专业代码:081802。

基本学制:4年; 学习年限:3~6年。

毕业学分:170学分。 授予学位:工学学士。

二、培养目标与毕业要求

1. 培养目标

培养适应经济社会发展需要，符合中西部地区的交通发展需求，以山区道路交通为特色，在德、智、体、美、劳等方面全面发展，具有高度的社会责任感、良好的工程技术、文化素养的技术人才。具有工科大学生的基本素质和能力，掌握交通土建工程技术基础，交通工程的基础理论和交通系统规划、设计、施工、管理、交通安全、交通管理与控制、智慧交通与大数据等专业知识。毕业生工作5年后，能在交通管理部门、交通规划与设计研究单位、交通建设单位等机构成为专业高素质技术人才，也可以继续深造从事科学研究或自主创业。

2. 毕业要求

(1) 思想政治与身心素质：热爱祖国，具有坚定的政治立场、良好的思想品德、较强的社会责任感和健康的身心素质，树立科学的世界观和正确的人生观、价值观，践行社会主义核心价值观，具备良好的职业道德和市场、质量、环境、安全和持续发展意识。

(2) 基础理论及应用：具有数学、自然科学和工程科学的基本知识，能分析识别、表达、并通过文献研究复杂的交通工程问题，以获得有效结论或方案。

(3) 工程知识技术：能够设计满足交通需求的系统，提出交通问题的解决方案，掌握相关工程技术，并能够在工程技术中体现创新意识，考虑社会、健康、安全、法律、文化以及环境等因素。

(4) 科学实验与研究：能够基于科学原理并采用科学方法对交通问题进行研究，包括设计实验、分析与解释数据、并通过信息综合得到合理有效的结论。

(5) 技术开发与应用：能够针对交通问题，开发、选择与使用恰当的技术、资源、现代工程工具和信息技术工具，包括预测与模拟等，并能够理解其局限性。

(6) 工程伦理：能够基于工程相关背景知识进行合理分析，评价交通专业工程实践和工程问题解决方案对社会、健康、安全、法律以及文化的影响，并理解应承担的责任。

(7) 可持续发展：能够理解和评价针对交通问题的工程实践对环境、社会可持续发展的影响。

(8) 人文情怀与工程素养：具有人文社会科学素养、社会责任感，能够在工程实践中理解并遵守工程职业道德和规范，履行责任。

(9) 团队协作能力：专业学习和实践活动中，能够在多学科背景下的团队中承担个体、团队成员以及负责人的角色。

(10) 沟通交流能力：能够就交通问题与业界同行及社会公众进行有效沟通和交流，包括撰写报告和设计文稿、陈述发言、清晰表达或回应指令。并具备一定的国际视野，能够在跨文化背景下进行沟通和交流。

(11) 工程经济与管理：理解并掌握交通工程管理原理与经济决策方法，并能在多学科环境中应用。

(12) 终身学习：具有自主学习和终身学习的意识，有不断学习和适应发展的能力。

毕业要求对培养目标的支撑详见表6-3-1。

毕业要求对培养目标的支撑　　　　　　　　　　表6-3-1

毕业要求	培养目标			
	大学生的基本素养	工科大学生的基本素质	交通工程技术基础	交通工程综合应用技能
毕业要求1	●	●		
毕业要求2		●	●	
毕业要求3			●	●
毕业要求4		●	●	●
毕业要求5			●	●
毕业要求6		●		
毕业要求7	●	●	●	
毕业要求8	●	●	●	
毕业要求9	●	●	●	
毕业要求10			●	●
毕业要求11			●	●
毕业要求12	●	●	●	●

注：表中"●"表示毕业要求需要的内容。

三、学科与核心课程

主干学科：交通运输工程。

交叉学科：土木工程、系统工程。

核心课程：运筹学、交通系统工程、城市规划原理、道路勘测设计、工程力学、交通流理论、交通规划原理、交通设计、交通管理与控制、道路交通安全工程。

四、学分学时分配

学分学时分配详见表6-3-2。

学分学时分配表　　　　　　　　　　表6-3-2

课程类别	课程平台	学时(周数)		学 分		合计学分/比例
		必修	选修	必修	选修	
通识教育课程	思想政治	320		16		46.5/27
	军事体育	180	64	5	2	
	外语	128	64	8	4	
	信息技术	32	48	5		
	创新创业	40	16	2.5	1	
	素质拓展	32	48	1	2	

续上表

课程类别	课程平台	学时(周数)		学分		
		必修	选修	必修	选修	合计学分/比例
学科教育课程	学科基础	648	32	40.5	2	44/25.9
	基础实践	24		1.5		
专业教育课程	专业基础	320	104	15.5	11	76.5/45
	专业核心	144		9		
	专业拓展		128		9	
	专业实践	512		32		
第二课堂	基础、实践、发展		48		3	3/1.8
总计		总学分:170 学分,其中必修 136 学分,选修 34 学分				

五、课程设置与修读要求

课程教学见表 6-3-3。

课程教学　　　　表 6-3-3

课程类别	课程平台	课程代码	课程名称	课程性质	学分	学时	学时分配				开课学期	考核方式
							理论	实验	上机	实践		
通识教育	思想政治	18210070	中国近现代史纲要 Conspectus of Chinese modern history	必修	2.5	40	40				2	考试
		18210071	思想道德修养与法律基础 Ethics and principles of law	必修	2.5	40	40				1	考试
		18210336	马克思主义基本原理 Basic principles of marxism	必修	3	48	48				4	考试
		19210029	毛泽东思想和中国特色社会主义理论体系概论 Maoism and the Chinese characteristics socialism theory system overview	必修	4	64	64				3	考试
		19210611	思想政治理论课综合实践 Ideological and political theory course of comprehensive practice	必修	2	32				32	3	考查
		18210072	形势与政策 Situation and policy	必修	2	64	64				1~8	考试

续上表

课程类别	课程平台	课程代码	课程名称	课程性质	学分	学时	学时分配				开课学期	考核方式
							理论	实验	上机	实践		
通识教育	军事体育课程	18210073	军事理论 Military theories	必修	1	16	16				1	考试
		18210074	军训 Military training	必修	2	32				32	1	考查
		18210075	大学体育（基础课）Ⅰ Physical education(general course)Ⅰ	必修	1	32				32	1	考试
		18210427	大学体育（基础课）Ⅱ Physical education(general course)Ⅱ	必修	1	32				32	2	考试
		19210031	大学体育（专项课）Ⅰ Physical education(special course)Ⅰ	选修	1	32				32	3	考试
		19210032	大学体育（专项课）Ⅱ Physical education(special course)Ⅱ	选修	1	32				32	4	考试
	外语课程	18210076	大学英语（Ⅰ） College English（Ⅰ）	必修	4	64					1	考试
		18210428	大学英语（Ⅱ） College English（Ⅱ）	必修	4	64					2	考试
		18210186	大学英语提高课程Ⅰ College English upgraded course Ⅰ	选修	2	32					3	考试
		18210194	大学英语提高课程Ⅱ College English upgraded course Ⅱ	选修	2	32					4	考试
		19210035	大学英语拓展课程Ⅰ College English extended course Ⅰ	选修	2	32					3	考试
		19210036	大学英语拓展课程Ⅱ College English extended course Ⅱ	选修	2	32					4	考试

续上表

课程类别	课程平台	课程代码	课程名称	课程性质	学分	学时	学时分配				开课学期	考核方式
							理论	实验	上机	实践		
通识教育	外语课程	19210229	日语Ⅰ Japanese Ⅰ	选修	2	32					3	考试
		19210038	日语Ⅱ Japanese Ⅱ	选修	2	32					4	考试
		19210240	法语Ⅰ French Ⅰ	选修	2	32					3	考试
		19210238	法语Ⅱ French Ⅱ	选修	2	32					4	考试
	信息技术	18210080	计算机与互联网 Computers and the internet	必修	1	16					1	考试
		18210087	计算机应用实践 Computer application practice	必修	1	1周			32		1	考查
		18210466	程序设计基础(Python语言) Programming basics (Python language)	必修	3	48	32		16		2	考试
	创新创业课程	19211187	职业生涯与就业指导Ⅰ Career and employment guidance Ⅰ	必修	0.5	8	8				2	考试
		19211194	职业生涯与就业指导Ⅱ Career and employment guidance Ⅱ	必修	0.5	8	8				6	考试
		19211196	就业与职业能力综合实践 Comprehensive practice of employment and professional ability	必修	0.5	16				16	6	考查
		19211184	创业基础 Enterprise basic	必修	1	16	16				3	考试
			创新创业类课程	校选	1	16					1~7	考查
	素质拓展	18210245	应用写作与交流 Applied writing and communication	必修	1	16					5	考试
			跨专业通识课 Cross-professional general education course	选修	1	16					1~7	考查
			素质拓展类课程 Potentials development course	选修	2	32					1~7	考查
		19212043	交通工程导论 General traffic engineering	选修	2	32	32				4	考查

修读要求:必修37.5学分,选修9学分,共46.5学分(其中实践教学7学分)。

续上表

课程类别	课程平台	课程代码	课程名称	课程性质	学分	学时	学时分配				开课学期	考核方式
							理论	实验	上机	实践		
学科教育课程	学科基础	18210088	高等数学 A（Ⅰ） Advanced mathematics A（Ⅰ）	必修	5	80	80				1	考试
		18210433	高等数学 A（Ⅱ） Advanced mathematics A（Ⅱ）	必修	5	80	80				2	考试
		19210137	概率论与数理统计 B Probability theory and statistics B	必修	4	64	64				3	考试
		18210091	线性代数 Linear algebra	必修	3	48	48				3	考试
		19210354	运筹学 B★ Operation research B	必修	3	48	48				4	考试
		18210458	大学物理 B（Ⅰ） College physics B（Ⅰ）	必修	3	48	48				2	考试
		19211166	大学物理 B（Ⅱ） College physics B（Ⅱ）	必修	3	48	48				3	考试
		19211591	交通系统工程★ Traffic systems engineering	必修	2	32	32				5	考试
		19212080	工程力学 B★ Engineering mechanics	必修	4	64	60	4			4	考试
		18210100	画法几何及工程制图 C Descriptive geometry and engineering drawings C	必修	3	48	48				1	考试
		19211753	建筑材料 B Construction material B	必修	2.5	40	40				5	考试
		19212083	结构力学 C Structural mechanics C	必修	3	48	48				5	考试
		19211969	公路工程地质 Highway engineering geology	选修	2	32					3	考试
		19211189	电工与电子技术 B Electrician and electronic technique B	选修	2.5	40	32	8			3	考试
	基础实践	19211169	大学物理实验 B College physics experiment B	必修	1	16		16			3	考查
		19211754	建筑材料实验 Building materials experiment	必修	0.5	8		8			5	考查
修读要求：必修42学分，选修2学分。												

续上表

课程类别	课程平台	课程代码	课程名称	课程性质	学分	学时	学时分配 理论	实验	上机	实践	开课学期	考核方式
专业教育课程	专业基础	18210164	交通运输类专业导论 Introduction to transportation professionals	必修	0.5	8	8				1	考查
		18210452	交通运输工程前沿讲座 Lecture of frontier in transportation engineering	必修	1	16	16				2	考查
		19211592	交通调查与数据分析 Traffic investigation and analysis	选修	2	32	28	4			4	考试
		18210470	工程测量C Engineering survey C	必修	2.5	40	32	8			3	考试
		19211593	城市规划原理★ Principle of urban planning	必修	2.5	40	40				4	考试
		19212085	道路勘测设计★ Road survey and design	必修	3	48	48				5	考试
		19211594	交通流理论★ Traffic flow theory	必修	2	32	32				5	考试
		19211595	道路通行能力 Highway capacity	选修	2	32	32				6	考试
		19211596	城市道路规划设计与施工 Design and construction of urban roads	选修	2.5	40	40				6	考试
		19211597	交通工程设施设计与施工 Traffic facilities design and construction	必修	2	32	32				5	考查
		19211598	交通大数据分析 Traffic big data analysis	必修	2	32	28	4			6	考试
		19211599	交通工程专业英语 English in traffic engineering	选修	1	16	16				6	考试
		19211600	交通心理学 Traffic psychology	选修	2	32	32				3	考试
		19211601	交通工程CAD Traffic engineering CAD	选修	2	32			32		5	考试
		19211602	交通工程概预算及施工组织 Traffic engineering budget and construction management	选修	3	48	44			4	7	考试

续上表

课程类别	课程平台	课程代码	课程名称	课程性质	学分	学时	学时分配				开课学期	考核方式
							理论	实验	上机	实践		
专业教育课程	专业核心	19211603	交通规划原理★ Principle of traffic planning	必修	2.5	40	40				6	考试
		19211367	道路交通安全工程★ Road traffic safety engineering	必修	2	32	32				6	考试
		19211604	交通管理与控制★ Traffic Management and control	必修	2.5	40	40				7	考试
		19211605	交通设计★ Traffic design	必修	2	32	32				7	考试
	专业拓展（规划设计模块）	19211606	交通景观设计 Design of traffic landscape	选修	2	32	32				4	考试
		19211607	交通环境工程 Traffic environment engineering	选修	2	32	28	4			5	考试
		19211608	停车规划与管理 Parking planning and management	选修	2	32	32				6	考试
		19211609	城市公共交通规划与管理 Public transportation planning and management	选修	2	32	32				6	考试
		19211610	城市轨道交通规划 Planning of urban rail transport system	选修	2	32	32				7	考试
		19211611	交通建设项目经济与评价 Traffic construction projects economy evaluation	选修	2	32	32				7	考试
	专业拓展（交通工程智能技术）	19211612	数据库应用 Database application	选修	2	32	24		8		5	考试
		19211613	智能交通系统 Introduction to intelligent transportation	选修	2	32	32				6	考试
		19211614	人工智能及应用 AI and application	选修	2	32	32				7	考试
		19210797	交通机电系统 Traffic electromechanical system	选修	2	32	32				4	考试
		19210808	交通地理信息系统 Traffic geography system	选修	2	32	32				6	考试
		19211615	交通数据采集传输与处理 Traffic data acquisition, transmission and processing	选修	2	32	32				5	考试

交通工程专业培养方案与就业去向 第六章

续上表

课程类别	课程平台	课程代码	课程名称	课程性质	学分	学时	学时分配				开课学期	考核方式
							理论	实验	上机	实践		
专业教育课程	专业拓展（施工建设与管理模块）	19212100	土力学与地基基础 B Soil mechanics and foundation B	选修	2	32	32				5	考试
		19212087	混凝土结构设计原理 B Principle of structure design B	选修	4	64	64				6	考试
		19212088	路基路面工程 Highway engineering	选修	3	48	40	8			6	考试
		19212091	桥梁工程 C Bridge engineering C	选修	3	48	48				7	考试
		19211616	交通工程检测与检验 Traffic engineering facility test technology	选修	2	32	24	8			7	考试
	专业拓展（前沿微课）	19211617	交通工程创新思维 Innovative thinking of traffic engineering	选修	0.5	8					6	考查
		19211618	交通工程前沿动态 Frontier news of traffic engineering	选修	0.5	8					5	考查
		19211619	交通科技论文写作 Traffic scientific paper writing	选修	0.5	8					5	考查
		19211620	智慧城市与智慧交通 Smart city and intelligent traffic	选修	0.5	8					7	考查
		19211527	无人驾驶 Driverless operation	选修	0.5	8	8				6	考查
		19210888	交通基础设施监测概论 Introduction to traffic infrastructure monitoring	选修	0.5	8					7	考查

修读要求：必修 24.5 学分，选修 20 学分，专业基础选修不低于 11 学分，专业拓展建议学生以一个专业拓展模块为主（专业拓展课程至少选一个模块，该模块不少于 8 学分）；前沿微课模块选择 2 门课程，该模块 1 学分。

注："★"表示核心课程。

专业实践详见表6-3-4。

专 业 实 践　　　　　　　　表6-3-4

课程代码	课 程 名 称	主要内容及要求	学分	周数	开课学期
19211621	道路交通工程设计软件与课程设计 Practice and application of traffic engineering software	纬地道路设计软件使用和交通工程设计软件的使用,并完成一段道路交通工程的设计	2	2	第5学期
19211622	交通大数据分析与挖掘实训 Traffic big data analysis and mining training	选取城市局部区域,利用Python及数据分析工具,对区域的土地利用特征和交通特征进行分析,综合运用数据库分析技术,得到图文并茂的分析报告	2	2	第6学期
19211623	交通规划软件学习与课程设计 Transportation planning design	学习交通规划软件及其操作流程,应用交通规划软件,选取城市路网规划、公交规划等一项规划内容进行课程设计; 软件学习上机教学1周,课程设计2周	3	3	第6学期
19211624	交通工程设施设计制作实训 Design of traffic engineering facilities	对已建道路进行现场调查,总体规划安全设施、管理设施,并制作所有设计内容的施工图,在实验室进行设施制作实训,编写说明	2	2	第5学期
19211625	道路交通事故隐患排查与整治工程综合实训 Comprehensive practice of road traffic safety engineering	道路交通事故易发路段的案例分析,道路交通安全隐患现场考察与勘测,进行改善方案设计与改善对策研究	2	2	第6学期
19211626	交通控制实训 Traffic control experiment and practice	交叉口信号灯配时设计,交通控制软件应用,熟悉交通信号控制机配时操作,交通视频监控系统设计组装	2	2	第7学期
19211627	交通设计综合实践 Comprehensive practice of traffic design comprehensive	道路交通网络设计与区域交通组织,公共交通系统设计,枢纽交通设计,停车系统设计	2	2	第7学期
19211628	交通仿真软件实验 Traffic simulation software	VISSIM仿真软件操作与交叉口仿真和区域交通仿真运行	1	1	第7学期

续上表

课程代码	课程名称	主要内容及要求	学分	周数	开课学期
19210052	毕业实习 Graduation practice	根据各毕业实习单位或指导教师要求,掌握交通工程、道路工程及交通规划设计与施工等方面的知识,与社会生产单位进行交流学习	4	4	第8学期
19210044	毕业设计(论文) Graduation design or paper	根据各选题收集相关资料,了解交通工程、交通信息控制相关行业现状;根据交通工程、交通信息系统的实际需要,结合科研、工程、管理等问题,完成指定毕业设计或论文	12	12	第8学期
	合计		32	32	

第二课堂设置见表6-3-5。

第二课堂设置　　　　　　　　　　　　　　　　表6-3-5

平台	项目	学分	备注
基础	入学教育	0	专业认知,学籍、安全等教育
	课外阅读与讲座	0	每学年至少读2本课外书并撰写读书报告,听2场讲座
实践	志愿服务与社会实践	0.5	至少参加1次志愿服务、公益活动、社会调查、社会实践、勤工助学、职场体验等
	创新创业实践	2	以学科竞赛、科研训练、创新创业项目、开放创新实验等成果申请学分
发展	心理健康教育	0.5	参加各类心理健康教育活动
	社团活动	0	参加各类社团活动

六、毕业要求实现矩阵

毕业要求实现矩阵见表6-3-6。

毕业要求实现矩阵　　　　　　　　　　　　　　表6-3-6

序号	课程名称	毕业要求											
		1	2	3	4	5	6	7	8	9	10	11	12
1	思想道德修养与法律基础	●							●	●	●		●
2	中国近现代史纲要	●							●				●
3	毛泽东思想和中国特色社会主义理论体系概论	●							●	●			●
4	马克思主义基本原理	●						●	●				
5	思想政治理论课综合实践	●							●				●

续上表

序号	课程名称	毕业要求											
		1	2	3	4	5	6	7	8	9	10	11	12
6	形势与政策	●						●	●				●
7	军训								●	●			●
8	军事理论	●							●		●		
9	大学体育(基础课Ⅰ-Ⅱ)								●	●	●		●
10	大学体育(专项课Ⅰ-Ⅳ)								●	●	●		●
11	大学英语(Ⅰ-Ⅱ)								●		●		●
12	大学英语提高课程(Ⅰ-Ⅱ)								●		●		●
13	大学英语拓展课程(Ⅰ-Ⅱ)								●		●		●
14	日语(Ⅰ-Ⅱ)								●		●		●
15	法语(Ⅰ-Ⅱ)								●		●		●
16	德语(Ⅰ-Ⅱ)								●		●		●
17	俄语(Ⅰ-Ⅱ)								●		●		●
18	计算机与互联网	●	●			●					●		●
19	计算机应用实践	●	●			●					●		
20	程序设计基础(Python语言)	●	●	●	●	●					●		
21	职业生涯与就业指导(Ⅰ-Ⅱ)						●		●	●			●
22	就业与职业能力综合实践						●		●	●			
23	创业基础						●	●		●		●	●
24	创新创业类课程						●	●		●		●	●
25	应用文写作交流										●		
26	跨专业通识课										●	●	●
27	素质拓展类课程								●		●		
28	交通工程导论	●	●	●			●				●		
29	高等数学A(Ⅰ-Ⅱ)	●	●										●
30	概率论与数理统计B	●	●										●
31	线性代数	●	●										●
32	运筹学B★	●	●									●	●
33	大学物理B(Ⅰ-Ⅱ)	●	●										
34	交通系统工程★	●	●	●			●				●		●
35	工程力学B★		●	●	●		●					●	

续上表

序号	课程名称	毕业要求											
		1	2	3	4	5	6	7	8	9	10	11	12
36	画法几何及工程制图 C		●	●	●		●						●
37	建筑材料 B				●		●						●
38	结构力学 C		●	●	●		●						
39	工程地质		●	●	●		●						
40	电工与电子技术 B		●		●		●						
41	大学物理实验 B		●		●		●						
42	建筑材料实验		●		●		●						
43	交通运输类专业导论	●	●					●					
44	交通运输工程前沿讲座	●						●	●	●			●
45	交通调查与数据分析	●	●		●						●		
46	工程测量 C	●	●	●	●		●						
47	城市规划原理★		●		●		●	●					
48	道路勘测设计★		●	●	●					●			
49	交通流理论★		●	●	●		●						
50	道路通行能力	●	●	●		●						●	
51	城市道路规划设计与施工	●		●			●				●		
52	交通工程设施设计与施工		●	●	●								●
53	交通大数据分析	●	●	●	●	●							
54	交通工程专业英语	●	●	●	●								
55	交通心理学	●	●		●		●						
56	交通工程 CAD			●	●	●							●
57	交通工程概预算及施工组织	●		●		●					●		
58	交通规划原理★	●	●	●			●	●					
59	道路交通安全工程★	●	●	●	●								
60	交通管理与控制★		●	●	●		●						
61	交通设计★		●	●	●		●						
62	交通景观设计	●	●	●	●								
63	交通环境工程	●	●	●	●			●			●		
64	停车规划与管理	●	●	●		●		●				●	
65	城市公共交通规划与管理	●	●	●		●							
66	城市轨道交通规划	●	●	●	●								
67	交通建设项目经济与评价	●	●	●	●		●					●	●
68	智能交通系统	●	●	●			●						
69	人工智能及应用	●	●	●	●							●	

续上表

序号	课程名称	毕业要求											
		1	2	3	4	5	6	7	8	9	10	11	12
70	交通机电系统	●	●	●	●								●
71	交通地理信息系统		●	●	●	●							●
72	交通数据采集传输与处理	●	●	●		●							●
73	土力学与地基基础		●	●	●								●
74	混凝土结构设计原理B		●	●	●								●
75	路基路面工程		●	●	●	●	●						●
76	桥梁工程C		●	●	●		●						●
77	交通工程设施检查与检验		●	●	●	●							●
78	交通工程创新思维		●	●	●								●
79	交通工程前沿动态		●	●									●
80	交通科技论文写作					●			●		●		
81	智慧城市与智慧交通	●	●			●							
82	道路交通工程设计软件与课程设计	●	●	●									
83	交通大数据分析与挖掘实训		●		●	●							●
84	交通规划软件学习与课程设计		●	●		●				●	●		
85	交通工程设施设计制作实训		●		●	●	●				●		
86	道路交通事故隐患排查与整治工程综合实训		●	●	●	●			●		●		
87	交通控制实训		●	●		●				●			
88	交通设计实训		●	●		●				●			
89	交通仿真软件实验		●	●	●			●					●
90	毕业实习	●		●				●		●	●	●	
91	毕业设计(论文)	●	●	●		●			●	●	●	●	●
92	第二课堂	●	●	●		●			●	●	●	●	●
93	数据库应用		●	●	●								
94	交通大数据分析与挖掘实践		●	●	●								
95	交通工程概论	●	●	●			●				●		
96	交通工程学	●	●	●			●				●		
97	交通安全热点解析	●		●				●	●				●
98	交通工程检测与检验	●		●	●						●		
99	交通工程专业概论	●	●								●		

注:表中"●"表示毕业要求需要的内容。

七、课程体系流程

课程体系流程如图 6-3-1 所示。

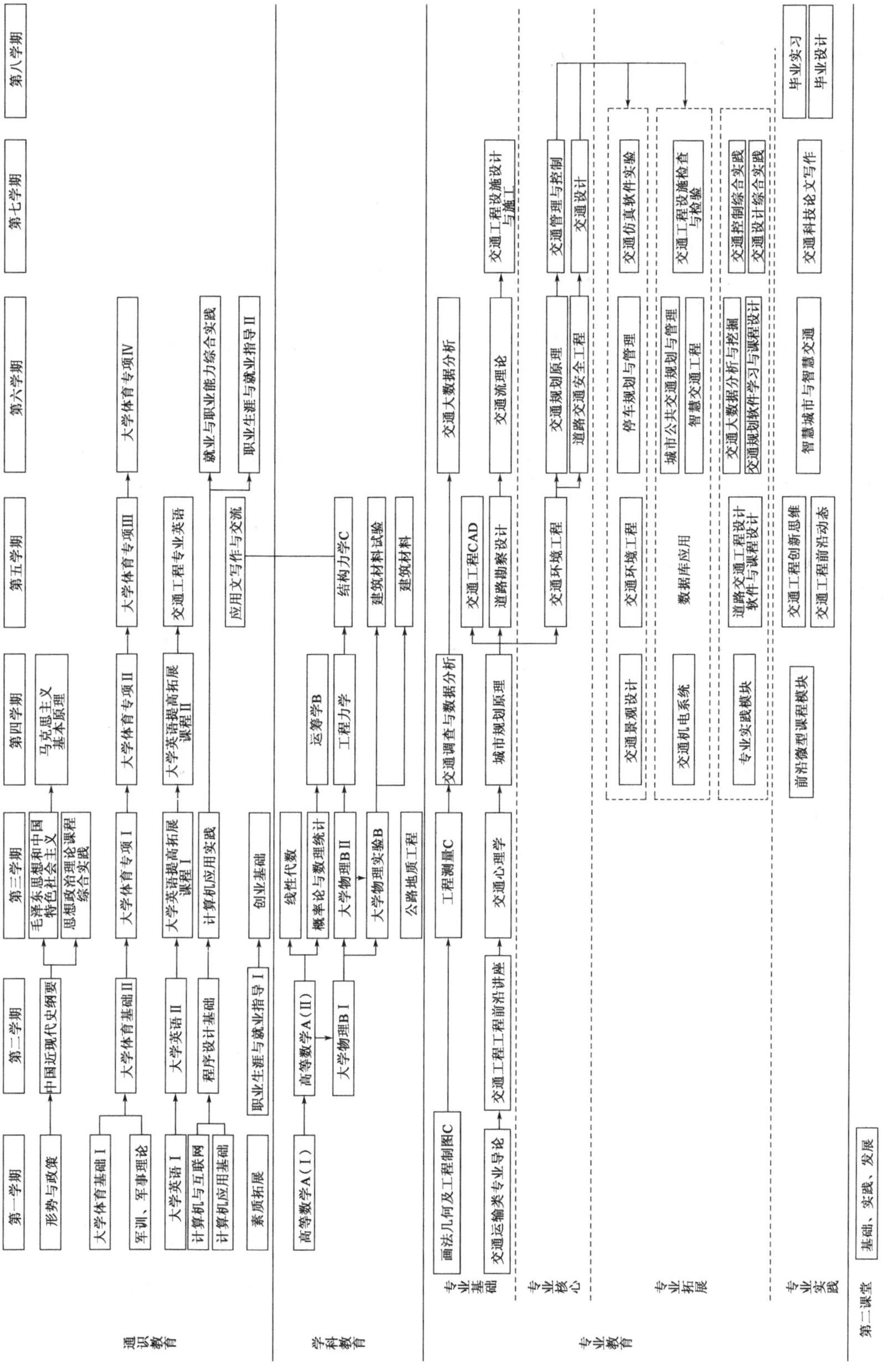

交通工程专业培养方案与就业去向 第六章

图6-3-1 课程体系流程图

学期	第一学期	第二学期	第三学期	第四学期	第五学期	第六学期	第七学期	第八学期
通识教育	形势与政策；大学体育基础I；军训、军事理论；大学英语I；计算机与互联网基础、计算机应用基础；素质拓展	中国近现代史纲要；大学体育基础II；大学英语II；程序设计基础；职业生涯与就业指导I	毛泽东思想和中国特色社会主义思想政治理论课程综合实践；大学体育专项I；大学英语提高拓展课程I；计算机应用实践；创业基础	马克思主义基本原理；大学体育专项II；大学英语提高拓展课程II	大学体育专项III；交通工程专业英语；应用文写作与交流	大学体育专项IV；就业与职业能力综合实践；职业生涯与就业指导II		毕业实习；毕业设计
学科教育	高等数学A(I)	高等数学A(II)；大学物理B I	线性代数；概率论与数理统计；大学物理B II；大学物理实验B；公路地质工程	运筹学B；工程力学	结构力学C；建筑材料试验；建筑材料			
专业教育（专业基础）	画法几何及工程制图C；交通运输类专业导论	交通工程工程前沿讲座	工程测量C；交通心理学	交通景观设计	交通工程CAD；道路勘察设计	交通大数据分析；交通流理论	交通工程设施设计与施工	
专业核心				交通机电系统	交通环境工程	交通规划原理；道路交通安全工程	交通工程设施设计与施工；交通管理与控制；交通设计	
专业拓展				专业实践模块	数据库应用	停车规划与管理；城市公共交通规划与管理；智慧交通工程	交通仿真软件实验；交通工程设施检查与检验	
专业实践					道路交通工程设计软件学习与课程设计	交通大数据分析软件学习与课程设计；交通规划软件学习与课程设计	交通控制综合实践；交通设计综合实践	
前沿微型课程模块					交通工程创新思维；交通工程前沿动态	智慧城市与智慧交通	交通科技论文写作	

第二课堂：基础、实践、发展

第四节 交通工程专业就业去向

一、交通工程专业的基本就业状况

1. 交通工程专业就业基本去向特征

参照《道路交通工程技术人员职业标准》中的要求,交通工程专业毕业生的工作不仅要解决工程技术问题,还需要协调考虑文化、经济、法律、情怀、艺术等因素,协调沟通交通工程周边受影响的个人与单位,化解矛盾。

交通工程专业学生毕业后,可从事交通规划、勘测、设计、建造、监理、管理、智能交通等方面的技术和管理工作,主要面向公路、桥梁、市政、城建、公安、铁道、水运和民航等领域,可在国家与省、市的发改部门、交通规划与设计部门、工程单位、交通管理部门等从事交通运输规划、交通工程建设与施工、交通工程设计、交通控制系统开发等方面工作,适合在公路局、交通局、市政局、建设局、设计院、高速公路建设公司、高速公路养护公司、交通管理部门等单位工作,亦可到科研、教学单位工作,或继续深造。继续深造报考学术型硕士研究生的学科包括"交通运输规划与管理""道路与铁道工程""交通信息工程及控制"等;报考专业型硕士研究生的学科包括"交通运输工程"等,详见表6-4-1。

交通工程专业毕业生就业去向的单位类型统计　　　　　表6-4-1

单位类型	就业去向	从事工作
政府部门	不区分专业、方向	事务性管理、专业管理、交通运输、交通管理
事业单位、科研院所	院校、规划院等	专业教师、事业单位、工程师
村干部、志愿者、社区助理	准公务员	社会管理
入伍、国防定向	军队	军事辅助技术人员
研究生深造(出国)	硕士、硕博连读	科学研究
铁路与轨道交通	规划、设计、工程咨询	铁道、地铁等的线网规划咨询
	施工	铁路路基、路桥、场站、机电等施工
	运营	线路与设备维护、运管
	设备制造	设备制造、供应、维护
城市交通、公路	城乡规划	城市规划、交通规划、交通影响分析
	市政设计	道路设计、优化
	市政施工	项目管理、施工组织设计
	交通管理咨询	交通组织方案、信号控制等
航空	民航规划设计单位	机场规划、总图设计、航站楼流程
	机场施工与监理单位	场道维护技术与管理
	民航机场	飞行区管理、运行指挥
	国家机关	民航各级管理局从事机场安全监管

续上表

单位类型	就业去向	从事工作
水运	航运规划设计	水运规划、设计
	港航施工	码头、港口的施工建设
	运营调度	调度规划、运营管理
客货运输与物流	客货运规划	物流场站、客运枢纽和线网规划
	运输设计	场站、枢纽、设施、设备的设计
	客货运输	调度、运营
其他	运输服务、行政服务	技术、管理

2. 部分大学交通工程专业就业基本状况

多年来,国家高等学校发展规划通过实施"211工程""985工程""优势学科创新平台"和"特色重点学科项目""双一流大学"以及"双一流学科"等重点建设,一批重点高校和重点学科建设取得重大进展,带动了我国高等教育整体水平的提升,为经济社会持续健康发展做出了重要贡献。

根据国务院《统筹推进世界一流大学和一流学科建设总体方案》和教育部等三部委《统筹推进世界一流大学和一流学科建设实施办法(暂行)》,建设世界一流大学和一流学科,是党中央、国务院做出的重大战略决策,对于提升我国教育发展水平、增强国家核心竞争力、奠定长远发展基础,具有十分重要的意义。高校毕业生免试推荐研究生和报考研究生,优先选择高层次的大学或者北上广等经济和教育发达的大城市。全国交通运输学科入围"双一流学科"高校名单详见表6-4-2,入围"双一流"的交通运输学科在第四次学科评估中都达到B+及以上水平,学科毕业生情况详见表6-4-3。

双一流学科建设名单 表6-4-2

序号	学校名称	学科名称
1	北京交通大学	系统科学
2	大连海事大学	交通运输工程(自定)
3	东南大学	交通运输工程
4	西南交通大学	交通运输工程
5	长安大学	交通运输工程(自定)

第四次学科评估部分高校交通运输学科的交通工程专业毕业生情况统计 表6-4-3

序号	学校名称	评估	研究生(出国、博士)			直接就业	出国
			保送研究生	考取研究生	硕博连读、直博		
1	东南大学	A+		≥50%		<50%	
2	西南交通大学	A+	35				
3	北京交通大学	A-					

续上表

序号	学校名称	评估	研究生(出国、博士)			直接就业	出国
			保送研究生	考取研究生	硕博连读、直博		
4	北京航空航天大学	A-					
5	同济大学	A-		50%左右			10%~20%
6	大连海事大学	B+					
7	哈尔滨工业大学	B+					
8	武汉理工大学	B+					
9	中南大学	B+					
10	长安大学	B+	16%	25%			10%
11	重庆交通大学	B		17%		70%	
12	北京工业大学	B-		27%		27%	36%

注：评估结果相同的高校排序不分先后，按学校代码排列。

第四次学科评估，交通运输一级学科全国具有"博士授权"的高校共 27 所，参评 25 所。部分具有"硕士授权"的高校也参加了评估。参评高校共计 52 所。

(1) 东南大学交通工程就业基本状况

东南大学交通工程专业属于我国开设较早并具备很强综合实力的专业，培养的交通工程专业毕业生有很大一部分选择继续深造，攻读硕士至博士学位，也有相当数量的毕业生选择出国深造。除此以外，本科毕业直接就业的不足全年毕业生总人数的 40%，这部分毕业生的就业领域大多在全国各省市交通、城建和公安部门从事规划、设计、科研、施工及管理等工作，从事城市和区域交通系统规划、城市和区域交通系统管理、城市交通控制与智能交通系统、城市交通系统可持续发展理论与方法、道路交通流理论与通行能力、城市交通系统的节能减排、道路交通安全、智能运输系统理论与应用、公路交通运营管理与控制、轨道交通运营与管理、交通基础设施运营监控、管理及维护等相关工作。

(2) 同济大学交通工程就业基本状况

同济大学交通工程专业主要培养交通系统规划设计与管理、道路与机场工程设计与管理、交通信息工程、城市轨道交通工程等方面的专业人才。交通工程专业毕业生的就业情况与东南大学比较类似，每年有 50%左右的学生考研继续深造、10%~20%的学生选择出国留学深造，其余的少部分选择就业，其就业主要分布在全国特别是我国华东、华南等地的规划设计单位、交通基础设施建设和管理部门、公交公司、运输集团、轨道集团等单位。

(3) 长安大学交通工程就业基本状况

长安大学交通工程专业主要培养具备交通控制、组织、管理及经济论证的能力并且能进行一般公路与城市道路规划、设计与施工的高级工程技术人才。交通工程专业毕业生主要在交通部门或公安部门从事公路与城市道路的规划、监理、设计、科研及组织管理等工作，也可从事大专院校的本专业教学工作。就业单位主要在中交、中建、中铁、中铁建、中水电建设集团等行业内大型企业及各省、市公路、市政、交通设计、施工、检测相关企事业单位。

(4) 北京交通大学交通工程就业基本状况

北京交通大学交通工程专业本科毕业生除了选择深造和出国之外，其余多数进入了许多大型企事业单位,如铁道部各铁路局,铁道部勘察设计院等交通运输行业设计院、研究院,北京、上海、广州等大中城市轨道交通运营公司,UPS、中远、中铁物资、中铁快运等大型物流企业等。多年来,交通工程专业毕业生一直供不应求。2015 年,交通工程专业毕业深造率为63%,就业率为95%。2017—2019 年北京交通大学交通运输类本科毕业生(含交通工程专业)就业状况详见表6-4-4。

2017—2019 年北京交通大学交通运输类本科毕业生就业状况　　表 6-4-4

就业率与分类就业情况			年份(年)		
			2017	2018	2019
毕业率			94.68%	93.51%	97.18%
获学位率			94.30%	91.98%	97.18%
一次就业率			96.02%	98.09%	98.91%
分类就业情况		深造	36.65%	41.76%	37.18%
		出国	5.58%	5.36%	11.19%
		铁路	23.11%	20.31%	21.30%
		轨道交通	9.96%	11.88%	7.94%
		物流	1.99%	1.15%	3.61%
		城市交通、公路	2.39%	1.15%	0.00%
		村干部、志愿者、社区助理	1.20%	0.38%	0.72%
		能源、钢铁等大型国企	1.59%	1.92%	0.72%
		事业单位、科研院所	3.59%	3.45%	3.25%
		其他企业	7.57%	6.90%	10.11%
		国防定向	2.39%	3.83%	2.89%

注:交通运输类的数据,含交通工程专业毕业生。

(5)北京工业大学交通工程专业就业基本状况

北京工业大学交通工程专业较高比例的毕业生将获得推荐免试攻读研究生。除在本校或其他院校攻读硕士研究生及出国深造外,毕业学生具有比传统交通工程专业学生更宽的就业面,可就业于政府相关部门,如交通运输部、工业和信息化部、住房和城乡建设部、公安部所属研究院所,北京市交通委、规划委、公路局、路政局,交管局等行政事业单位;也可在国民经济各个领域从事信息化、软硬件系统设计、计算机网络与通信系统的研发、管理工作;以及道路交通领域、交通信息化领域的大型企事业单位,如城市规划设计、公路(道路)规划设计、智能交通系统集成、公共交通运营、轨道交通、公路运营养护及工程监理、工程咨询等单位。

(6)重庆交通大学交通工程就业基本状况

根据对 2012—2014 年毕业生就业情况统计分析,重庆交通大学交通工程专业一次性就业率分别达 92.9%、91.7% 和 96.8%,其中从事与专业相关工作的就业人数达 85% 以上。毕业生就业单位主要在中交、中建、中铁、中铁建、中水电建设集团等行业内大型企业及各省市,特别是西部省市公路、市政、交通设计、施工、检测相关企事业单位。近几年的就业率一直在 90% 以上。

(7) 上海海事大学交通工程学生生源和就业情况分析

通过对连续两届上海海事大学交通工程学生跟踪调查,实际就业率非常高,从就业单位反馈的情况来看,本专业的学生素质普遍较高,工作认真,学习能力较强,表现优秀。

根据对在校学生就业意愿调查分析得出,学生普遍对专业有较深的理解,并有75%的学生愿意从事本专业或相关专业的工作。在调查中发现有14%的同学,希望报考硕士研究生,能够在交通工程领域有进一步的学习和深造,另外还有5%的学生希望出国进修,学习国外的先进技术和科学的管理方法。

对学生就业地点调查得出,有66.7%的学生第一工作地点选择了上海,有16.7%的学生选择了珠江三角地区,有6.7%的学生选择了生源所在地,6.7%的学生选择了长江三角地区。从调查情况可以看出学生普遍愿意留在上海工作。

课程设置也要结合学生就业趋向,满足同学扩大自己的就业选择的需要,给学生提供更好的就业平台。

(8) 中国民航大学、中国民航飞行学院就业基本情况

航空运输作为我国的主要运输行业之一,发展十分迅速,发展后劲十足。根据规划与预测,国际航空运输协会IATA预计,到2025年,中国将超过美国成为全球最大的航空客运市场。根据民航局在编的《全国通用机场布局规划》,预计到2030年,我国民用机场总量约2300座,其中通用机场总量约2058座,运输机场257座。毋庸置疑,民航对机场运行专业人员的需求十分旺盛。中国民航大学、中国民航飞行学院与民航机场相关的专业主要包括交通工程、自动化、土木工程、油料储运工程。

二、交通工程专业的未来就业去向

1. 未来我国交通行业发展趋势

经过新中国成立70多年来,特别是改革开放40多年来的快速发展,我国的交通基础设施及交通运输业取得了长足的进步。高速公路总里程与高速铁路总里程都是世界第一。人们出行的空间距离极大地缩短,出行的便利性与快速性极大地提高。但我国的交通运输业的拥挤堵塞、安全事故、环境污染、物流成本高、出行效率低、服务水平低等问题在较长时期仍将存在。交通系统发展趋势是综合交通、智慧交通、绿色交通、平安交通。

(1) 综合交通

加快发展综合交通,形成一张综合交通网络,以适应国民经济和社会发展、区域产业化、城市发展和城镇化布局,发挥各种运输方式技术经济优势,统筹规划铁路、公路、水路、民航等不同交通方式的运输网络,合理配置和优化整合城市道路、轨道、公交与邮政物流资源,以适应综合交通发展的体制机制,优化交通网络整体效能,提升服务水平、物流效率和整体效益。通过综合交通战略规划、政策法规、标准规范促进各种运输方式深度融合,实现各种运输方式从分散、独立发展转向一体化、立体化、集约化发展,加快构建网络设施配套衔接、技术装备先进适用、运输服务安全高效的综合交通系统。毕业生主要从事城市规划与交通规划理论、综合交通运输体系的构建与评价等。

(2) 智慧交通

移动互联网、物联网、传感器、大数据、人工智能等技术的发展,为交通系统的信息化、智

能化的信息获取、分析及应用提供了快速发展的坚实基础,提升交通服务水平、交通运输生产力。毕业生主要从事无人驾驶、车路协同、大数据分析处理与应用、交通管理、运营调度等方面的控制理论和方法

(3) 绿色交通

交通运输是国家节能减排和应对气候变化的重点领域之一,以生态环境承载力为基础,建设土地、材料、能耗等资源节约型交通系统,实现经济效益、社会效益和环境效益的有机统一,实现交通系统的可持续发展。毕业生主要从事绿色交通发展政策、法规、决策理论、生态与经济、交通环保技术、评价体系和方法等工作。

(4) 平安交通

虽然交通事故具有偶然性、随机性,但交通事故具有可预见性与可预防性。加快发展平安交通是实施以人为本的本质要求、服务民生的最大前提、实现交通运输科学发展的基础条件。平安交通就是要强化交通事故机理、预测、预防,以及安全治理体系和治理能力建设,提高交通工程与交通运输安全发展的预防与保障、管理与控制能力,保障人民生命和财产安全。毕业生主要交通安全政策与法规制订、交通事故调查、排查与科学研究、交通安全评价、交通安全保障与预防、交通安全管理等工作。

2. 交通工程专业的就业前景

(1) "一带一路"、长江经济带、交通强国战略以及城镇化、机动化、全球化等发展趋势需要交通工程专业人才提供技术方案

交通工程专业人才的知识体系能综合考虑基础建设与交通运行的内在联系,根据交通系统形成和发展的科学规律,分析区域综合交通体系的需求与供给,胜任城市和城镇的建设中交通方面的科学、系统地规划建设任务,目前的"一带一路"、长江经济带、交通强国战略,更需要交通工程专业人才的支撑。

(2) 交通行业创新发展,对交通工程专业人才的需求旺盛

交通工程专业从事交通基础设施规划、设计、施工、运行与交通管理的执业范围广,满足日益多样性出行需求,以及个性化出行需要涉及多方面的知识,交通工程专业的思想、思维和方法在交通系统的形成和发展的理论应用中受到行业重视。

交通工程的课程理论体系能适应交通安全、效率、协同等新技术与方法的应用需求,在交通工程的服务的传统大交通(行业)基础上,无人系统与智能交通极大地扩展了交通工程毕业生的从业领域和研究范畴,让毕业生有更好的施展机会。

(3) 交通面临的拥堵、安全、污染等问题,迫切需要交通工程专业人才去研究解决

全球经济放缓,交通建设逐渐转向应用新技术、新方法进行建设与运管的升级、换代、查漏补缺,以及提升交通系统的效率、安全等,需要大量交通工程人才。

(4) 交通工程师执业资格制度要求培养国际化的交通工程专业人才

《道路交通工程技术人员职业标准》发布实施,明确了交通工程专业毕业生所必备的学识、技术和能力的基本要求,厘清了与注册道路工程师、城市规划师的执业范围和活动,有助于交通工程专业就业和执业。

3. 用人单位对交通工程专业人才培养建议

教育部交通工程本科专业教学指导分委员会对典型的用人单位进行毕业生工作情况调

查,部分用人单位对交通工程专业人才提出了一些合理建议如下:

天津市市政工程设计研究院认为该专业学生应熟悉交通调查、交通预测与分析的各种方法,尤其要熟悉简便快捷的交通调查和预测方法,以满足一些没有 OD 基础数据的区域道路的交通分析;熟练掌握交通设计,能够针对不同交通问题灵活运用各种方法进行交通设计,以指导相关道路桥梁设计,使交通设计能够真正成为道路设计的灵魂;毕业生需要掌握道路设计的基本理论知识,确保交通设计能够落地生根,能够满足道路设计的要求;需要了解桥梁设计的一些基本知识,确保交通设计中桥梁的位置、形式能够满足桥梁设计的要求。

同济大学建筑设计研究院(集团)有限公司认为交通工程的业务范围覆盖了公路、城市道路、公共交通、静态交通、交通模型、交通顾问等多方向、多层次的规划设计和咨询工作。近年来随着业务的拓展,每年需要 8~10 名专业人员,强调学习能力、沟通能力与操作能力的集合,能够在工作中不断拓展自己的知识面,能够在工作中与各方的各系和谐共处,并且具有较强的责任心、良好的心理素质、吃苦耐劳的精神,具有团队合作的意识和能力,注重大局和自我奉献精神。

云南省铁路总公司认为企业要发展壮大,人才是关键。特别对于专业性很强的交通行业企业来说,专业人才的重要性更显得尤为突出。该单位为了在人才培养方面倡导人才梯队模式,即老、中、青三个人才梯队,每年招聘、引进的专业技术人才是 30~50 人(主要为应届毕业的大、中专学生),对其进行培养锻炼,作为企业的储备人才。毕业生应掌握扎实的专业基础、良好的素质和心态。交通工程行业属于特殊工种的行业,在吃苦耐劳、团结协作、自我奉献等方面要求较高。所以作为新进企业的一员,要摆正心态,不能眼高手低。其次在技术和专业技能方面要有扎实的理论基础和较强的实际操控能力,也就是在理论的基础上要有一定的动手能力,不希望理论 100 分,实际动手能力 0 分,要具有一定的综合能力。现在是网络信息时代,企业的发展依托网络的重要性也至关重要,因此要求新进的大、中专学生应掌握一定的计算机知识,在行政管理、专业应用、新工艺、新技术、新设备以及科技攻关等方面都需要具备较强的计算机办公、工程应用及管理能力。同时希望具备一定的市场开拓能力,企业要发展壮大,既要开拓知识视野,更要开拓企业市场,使企业走向多元化,多领域,使企业得到可持续性发展。

根据民航机场规划设计研究总院有限公司(简称"民航总院")的招聘信息,民航总院是中国民航机场建设集团有限公司的成员单位,招聘道路交通技术人员的要求:①具有机场项目、市政或交通设计实践经历者优先;②能够理解、传达并且执行项目负责人在项目进程以及设计观念上面的想法,有能力应对日常设计与组织管理工作,能准确理解、把握项目及业主需求;③善于沟通协调,工作认真负责,细心严谨,敬业踏实,具备良好的职业素质和团队合作精神。

中国远洋海运集团有限公司(中远海运)由中国远洋运输(集团)总公司与中国海运(集团)总公司重组而成,总部设在上海,是中央直接管理的特大型国有企业。中国远洋海运集团经营船队综合运力 10875 万载重吨/1362 艘,排名世界第一。在码头、物流、航运金融、修造船等上下游产业链形成了较为完整的产业结构体系和全球化服务网络,全球投资码头 59 个,集装箱码头 51 个,集装箱码头年吞吐能力 12675 万 TEU,居世界第一。中国远洋海运集团着力布局航运、物流、金融、装备制造、航运服务、社会化产业和基于商业模式创新的互联网+相关业务"6+1"产业集群,招聘交通运输、物流、交通工程、计算机等专业毕业生在市场营销、工程物流、物流管理、交通运输规划等领域进行工作。

海信集团青岛海信网络科技股份有限公司是中国智能交通行业的领先品牌,2014年,科技部批准了依托海信网络科技公司组建国家城市道路交通装备智能化工程技术研究中心,在智能交通领域唯一依托企业建立的国家级工程技术中心,承载着培养人才、技术创新、顶层设计与引领产业发展的重要使命。对交通工程专业毕业生的基本要求是本科、英语四级及以上,交通工程需要培养的人才具有的能力主要是:①分析问题能力;②产品综合规划能力;③沟通交流方案汇报能力;④专业实践能力胜任交通设计、交叉口配时方案设计、交通影响分析评价、交通管理与控制的交通组织方案等;⑤工程实施的项目管理等。

根据对交通工程毕业生的调研,他们认为该专业本科毕业生应满足的职业要求和应取得的学问和才能主要是:①交通工程学科的根本理论、根本学问;②系统工程的普通剖析办法和系统控制的根本技术;③具有交通运输规划、交通工程设计和交通控制系统开发的初步才能;④熟习关于交通运输规划、建立与管理的方针、政策和法规;⑤理解交通工程,特别是智能交通的开展动态;⑥掌握文献检索、材料查询的基本方法,具有初步的科学研讨和实践工作才能。

一些从事教育改革研究的学者对交通工程专业本科毕业生应达到的能力与素质也提出了自己的看法。田亮(2010)认为:交通工程专业与土木工程系列的其他专业相比,发展历史比较短,理论体系还不成熟,学生在专业基础课学习阶段所形成的基础知识与能力相对薄弱。社会经济的发展需要厚基础、宽专业、高素质、强能力的交通工程人才,要求交通工程专业的人才具有适应性强、综合素质高、创新意识好的特点,掌握交通工程的基本理论和基本技术、方法,熟悉交通成果的应用。要保证学生培养质量,必须优化学生的知识结构,以社会需求为基础,以教学内容和质量为保障,培养科学与工程并举的复合型人才。

冉茂平(2015)提出,培养具有创新意识、具备创新能力的新型人才是社会发展、经济建设的需要。交通工程专业是一个综合、多学科交叉的专业,培养创新型人才是行业发展的需要。交通工程专业人才应具备"解决实际交通问题"的能力。随着社会的发展,交通问题日新月异,解决这些问题的方法、措施不能一成不变。因此,交通工程专业人才需要具备创新和变革的能力,以适应现代交通行业发展的需要。

第七章 交通运输专业的创建与发展及就业方向

交通运输专业是交通运输类专业的基本专业之一。通过本章的学习,学生能够熟悉我国交通运输专业的起源、发展历程和现状,了解美国、欧洲交通运输相关专业的基本情况、交通运输专业期刊以及交通运输前沿发展科技,熟悉交通运输专业的人才需求特点,能够根据交通运输专业的毕业去向与特点进行大学学习计划与未来职业发展规划。

➡第一节 交通运输专业简介

交通运输专业培养德、智、体、美、劳全面发展人才,具备较坚实的数学、力学、管理学、计算机、外语、必要的人文社科和经济管理基础知识以及机电、土木、系统工程等工程技术基础知识,掌握载运工具运用与保障技术、交通运输系统规划、客货运输组织和调度等的基本理论、知识与技能,能在交通运输领域从事载运工具技术使用与管理、运输规划与设计、运输组织、管理和调度等工作,能在教学、科研单位从事相关教学科研工作的宽口径应用型和复合型工程技术、管理的高级专门人才。

本专业主要学习交通运输工程、机械电子工程、控制科学与工程、管理科学与工程等学科方面的基本理论和基本知识,接受载运工具技术运用与管理、运输线网和枢纽规划与设计、客货运输组织与管理等方面的基本训练,掌握载运工具运用与保障技术、交通运输系统规划、客货运输组织调度等系统知识,并具备能运用所学知识解决工程实际问题的基本能力。

毕业生应获得以下几方面的知识和能力:

(1)具有良好的交通运输工程职业道德、坚定的追求卓越的态度、强烈的爱国敬业精神、社会责任感和丰富的人文科学素养;

（2）具有从事交通运输工程工作所需的工程数学和其他相关的自然科学知识及一定的运输经济管理知识；

（3）具有良好的运输安全质量、运输环境、职业健康和运输服务意识；

（4）掌握扎实的交通运输工程、机械电子工程、控制科学与工程、管理科学与工程等方面的基本理论、基本知识，了解交通运输的发展历史和趋势；

（5）掌握交通运输领域常用的一般技术分析方法或设计方法，具有综合运用所学理论，分析交通运输中存在的问题，并能提出相应的解决方案，能够参与运输生产和运营系统的设计，并具有保障其稳定运行的能力；

（6）具有较强的创新意识和进行运输系统或相关产品的开发或设计、技术改造与创新的初步能力；

（7）掌握文献检索、资料查询的基本方法，具有较强的计算机与信息技术能力，具有职业发展学习能力；

（8）了解国内外关于交通运输领域的技术标准、政策和法规；

（9）具有较好的组织管理能力，较强的交流沟通、环境适应和团队合作能力；

（10）具有应对危机与突发事件的初步能力；

（11）具有不少于一门的外语综合应用能力，具备国际视野和跨文化环境下的交流、竞争与合作的初步能力。

第二节　我国交通运输专业的发展

一、我国交通运输专业起源

交通运输在人类社会生活中占有极为重要的地位，是国民经济活动中必不可少的重要组成部分。交通运输系统是由道路运输、铁路运输、水路运输、航空运输和管道运输五种基本运输方式组成的。

交通运输专业是交通运输类基本专业之一，是一个系统理论和实践并重且多学科交叉的专业，培养具备运筹学、管理学、交通运输组织学等方面知识与技能，能在国家及省、市的交通运输管理部门、交通运输企事业单位等从事交通运输组织、指挥、决策，交通运输企业生产与经营管理的高级技术人才。

我国高校在培养交通运输专业人才的过程中，由于办学历史和自身特色优势，基本上形成了按某一运输方式或专业方向培养交通运输专门人才的格局。下面将介绍以一种运输方式为主，如以道路运输、铁路运输、水路运输、航空运输为主开设交通运输专业的代表性大学的专业起源情况。

1. 道路运输为主的交通运输专业起源

（1）长安大学

长安大学交通运输专业于1965年招收第一届本科生，是当时全国唯一的系统培养道路运输管理人才的本科专业。经过近60年的建设和发展，该校交通运输专业已成为历史悠久、资源丰富、特色明显、优势突出、社会影响显著的国家一流的本科专业。从专业设立以来,已毕业本科生6000多人,分布全国交通系统。

该校交通运输专业为国家一流专业建设点、国家特色专业、陕西省名牌专业、陕西省一流专业。2008年、2014年、2018年连续三次通过全国工程教育专业认证,是我国获批最早、持续最久的交通运输专业。2010年该专业被列入国家首批卓越工程师教育培养计划,于2012年开始实施交通运输专业(卓越工程师)培养计划并招生。交通运输专业2012年被纳入国家优势发展学科。

(2)吉林大学

吉林大学交通运输专业的前身,是原吉林工业大学1955年建校后在苏联专家的帮助下,于1956年建立了汽车运用工程系,该系设置了我国第一个汽车运用与修理专业。汽车运用工程专业于1956年开始招收本科生,1961年开始招收硕士研究生,1986年获得博士学位授予权,1997年原汽车运用工程博士点学科更名为载运工具运用工程博士学科。1998年教育部把原汽车运用工程本科专业,更名为交通运输(汽车运用工程方向)专业,2004年设立汽车服务工程本科专业。该校目前既有交通运输专业,也有汽车服务工程专业。

(3)重庆交通大学

重庆交通大学交通运输专业前身是原交通部于1982年创办的主干本科专业"交通运输管理",是国内最早创办的4个同类专业之一;1982年—1996年,设置"交通运输管理"专业,隶属管理系;1997年根据国家本科专业目录调整,与汽车应用工程合并成为交通运输专业,隶属交通及汽车工程系。在道路运输组织管理、运输系统规划设计、城市轨道交通、内河航运管理等方面的人才培养形成了特色和优势,办学水平一直处于国内一流。

该校交通运输专业于2005年开始担任教育部交通运输与工程学科教学指导委员会委员单位;2008年被评为重庆市特色专业建设点;2010年被批准为国家特色专业建设点,同年5月在市属高校第一个通过全国工程教育专业认证(全国第7个通过的交通运输专业);2011年入选教育部"卓越工程师教育培养计划"试点专业;2012年获批为重庆市"专业综合改革试点"专业;2013年,入选国家级"专业综合改革试点"专业;2014年入选重庆市首批"三特专业";2016年、2019年两次通过全国工程教育专业认证复评;2019年,入选国家一流专业建设点。

(4)长沙理工大学

长沙理工大学交通运输专业创办于1983年,为国家一流专业建设点、湖南省重点专业,2009年、2015年连续两次通过中国工程教育专业认证。该专业依托的"交通运输规划与管理"学科1997年获硕士学位授予权,2005年获博士学位授予权,2011年所在的一级学科"交通运输工程"被确立为湖南省优势特色重点学科。

该校交通运输专业隶属于由长沙理工大学原公路工程学院和交通运输学院于2008年合并组建的交通运输工程学院,该院设有道路工程系、土木工程材料系、测绘工程系、交通运输系、工程管理系5个系、1个实验教学中心、1个重点实验室和13个研究所。

(5)东南大学

东南大学运输与物流工程系于2001年独立建设交通运输本科专业,2008年成为教育部高等学校道路运输与工程教学指导分委员会委员单位,同年被评为江苏省特色专业建设点,2009年被评为"全国运输与物流院校教学示范基地",2011年被授予"江苏省重点物流研究基地",2011年、2014年、2017年通过教育部全国工程教育专业认证。

该专业隶属于东南大学交通学院,学院成立于1995年,其前身可追溯到原中央大学工学院土木工程系的路工组、20世纪50~80年代南京工学院土木工程系的道路教研组、1987年成立的运输工程研究所、1989年成立的交通运输工程系。1995年,东南大学为适应当时国家对交通建设人才急切需求的大好形势及加强交通运输学科建设的需要,在原运输工程研究所和交通运输工程系的基础上组建成立交通学院。2000年4月,东南大学与铁道部所属南京铁道医学院、交通部所属南京交通高等专科学校、国土资源部所属南京地质学校合并,成立新东南大学,其中,南京交通高等专科学校及南京地质学校的部分学科、专业并入交通学院,组建成立新交通学院。

(6)山东交通学院

交通运输专业是山东交通学院最早设立的专业,该专业从2002年开始招收本科生,前身是汽车运用技术专业。该专业于1993年被教育部遴选为首批教学改革试点专业,1999年被山东省确定为教学改革试点专业,2001年被教育部确定为示范性工科专业,2005年通过山东省教育厅教学改革试点评审验收,被认定达到国内同类院校先进水平。

2006年该校交通运输专业被评为山东省高等学校特色专业;2008年被评为国家级特色专业。2013年交通运输专业获批国家级本科院校专业综合改革试点专业、山东省"省级卓越工程师教育培养计划"试点专业、山东省应用型人才培养特色名校重点建设专业;2015年获批山东省普通本科高校应用型人才培养专业发展支持计划专业。2016年交通运输专业群获批高水平应用型立项建设重点专业(群)。2019年,交通运输专业获批山东省一流专业建设点。

该校交通运输专业依托"汽车运用技术实验室"和"汽车工程实验中心"。其中"汽车运用技术实验室"在2008年被评为山东省高校重点实验室;2009年11月,获批交通部"运输车辆检测、诊断与维修技术"交通行业重点实验室;"汽车工程实验中心"在2011年被评为山东省高等学校实验教学示范中心。交通运输专业所依托的载运工具运用工程学科于2011年获批山东省"十二五"省级特色重点学科。

(7)东北林业大学

东北林业大学交通运输专业的建设可追溯至1957年,其所在交通学院是以机电工程学院的汽车运用工程专业和黑龙江省汽车产品质量监督检验站为基础,组建于1999年9月;但其源头"林业机械运用与修理"专业则始于1957年,是中国最早开展汽车运用工程、交通运输工程领域教学和科学研究的几个本科专业之一。

经过60余年的建设,历经林业机械运用与修理、汽车运用工程、载运工具运用工程、交通运输等单一专业设置的演变,交通学院目前已经发展为拥有交通运输工程一级学科博士学位授权点,交通运输工程一级学科硕士学位授权点(设载运工具运用工程、交通运输规划与管理、交通信息工程及控制3个学科工学硕士学位授权点),交通运输工程、物流工程2个专业硕士学位授权点;设有省级实验教学示范中心;交通运输、交通工程、车辆工程和汽车服务工程4个本科专业。交通学院设有交通运输工程博士后科研流动站。

(8)南京林业大学

南京林业大学交通运输专业设立于1999年,其前身为1960年开设的林业机械运用与修理专业,1985年更名为汽车运用工程专业,1994年更名为载运工具运用工程专业,1999年更名为交通运输专业。该专业所在的汽车与交通工程学院具有悠久的办学历史,可追溯到1952年开设森林采运工程专业和1960年开设林业机械汽车与拖拉机运用与修理专业,是我国最早培养从事林区运输系统规划设计、道路网规划设计和林业车辆运用工程的高级专门人才的摇篮。20世纪80年代中期,开始向汽车运用工程、公路和城市道路交通系统规划设计、车辆设计等领域拓展。2008年9月12日,在机械电子工程学院汽车与交通运输系和土木工程学院交通工程系的基础上调整组建成立汽车与交通工程学院。

(9)江苏大学

江苏大学是国内最早设立汽车拖拉机专业和内燃机专业的高校之一,具有近60年的办学历史。江苏大学交通运输专业设立于2002年,隶属于汽车与交通工程学院。该专业所在的交通运输工程学科作为一级博士点学科这十几年来得到了长足的发展,在同行中产生了重要影响。其中,2011年3月经国务院学位委员会批准获得一级学科博士学位授予权;2011年10月被江苏省教育厅遴选为"十二五"省一级重点学科。目前,已被江苏省教育厅确定为"十三五"省重点学科。

2. 铁路运输为主的交通运输专业起源

(1)北京交通大学

1950年,参照苏联铁路高校的教学计划培养铁路运输专业人才,增加工程训练课程,该校铁道运输管理系更名为铁道运输工程系。1951年,建成新中国第一个以教学为主的交通运输实验室——铁道陈列馆,现名运输设备教学馆。1956年,铁道车务系更名为铁道运输系。根据铁道部高校发展规划要求,铁道运输系支援唐山铁道学院(现西南交通大学)、长沙铁道学院(现中南大学铁道校区)、兰州铁道学院(现兰州交通大学)重组或新建铁道运输系。1985年,铁道运输系更名为运输管理工程系。1996年,由运输管理工程系、管理科学研究所(1982年成立)、应用系统分析研究所(1985年成立)、运输系统模拟中心(1987年成立)、自动化系统研究所(1992年成立)等单位组建成立交通运输学院。

1998年,按照教育部新的本科专业目录,调整形成交通运输和交通工程两个本科专业。2003年,交通运输和交通工程两个本科专业实施大类人才培养模式,开设专业平台课程,设置了铁道运输、城市轨道交通、运输物流、道路交通工程四个专业方向。大类人才培养模式改革引领了新世纪交通运输类本科专业的改革方向。2007年,交通运输专业通过工程教育专业认证,并获批为国家级特色专业。2010年,交通运输专业列入教育部"卓越工程师教育培养计划"。交通运输专业增设"智能运输工程"专业方向。

(2)西南交通大学

西南交通大学交通运输专业前身为1956年设立的铁道运输专业。1956年,根据铁道部高校发展规划要求,西南交通大学的前身,即唐山铁道学院,开始筹建铁道运输系,在北京交通大学的前身,即北京铁道学院的支持下,专门培养铁路运输管理人才,首期招收学员共计5个班、140人。1978年,铁道运输专业恢复招收本科生;1983年,开始筹建交通运输专业;1995年,交通运输专业开始按大类招生。

该校交通运输专业为国家级特色专业,国家综合改革试点专业,国家卓越工程师培养试点专业,国家创新人才改革试点专业,培养适应社会主义现代化建设需要,德、智、体、美全面发展,创新精神和实践能力突出,具有综合运输系统思想和国际化视野,"基础厚、能力强、后劲足"的交通运输领域特别是铁路运输方向的管理人员、规划设计人员、工程技术人员和科研人员。

(3) 同济大学

同济大学交通运输专业由同济大学、上海交通大学等校经院系调整后建立,至今已有近60年的办学历史,具有雄厚的办学基础和学科底蕴。20世纪50—80年代,主要以培养铁道运输专业的人才为主;其后,根据人才需求情况,不断调整、优化专业培养方案,在"铁道运输专业"的基础上,增设了"国际贸易运输专业",1998年,随着教育部对高校本科专业目录的调整,"铁道运输专业"更名为"交通运输专业",2000年同济大学与上海铁道大学合并后,形成并加强了陆路交通运输领域内教学与科研的综合优势。2010年12月通过全国工程教育专业认证。交通运输专业卓越工程师教育培养计划于2010年通过专业培养方案论证,并获教育部批准开始招生。

同济大学交通运输专业所在的运输管理工程系是国内最早从事轨道交通领域规划与管理的教学科研单位之一。该系历史最早可追溯到1951年(上海铁路中级技术学校,苏州),1958年在上海铁道学院(1995年更名为上海铁道大学)正式成立运输系。2000年同济大学与上海铁道大学两校合并后后,成为同济大学交通运输工程学院运输管理工程系。

(4) 中南大学

中南大学交通运输专业创办于1956年,原专业名为铁道运输,隶属于1953年院系调整时合并建立的中南土木建筑学院;1960年,以湖南大学的铁道建筑、铁道运输、桥梁隧道三个系为基础,增设数理力学系、电信系,成立长沙铁道学院,直属铁道部领导,铁道运输专业成为铁道运输系的主干专业;1985年,长沙铁道学院进行院系调整,组建了运输管理工程系,铁道运输系归属其中,铁道运输专业也于1994年更名为交通运输专业;1996年,长沙铁道学院再次进行院系调整,组建了经济管理学院,交通运输专业成为主要专业之一;2000年,根据中央决定,中南工业大学、湖南医科大学、长沙铁道学院三校合并组建中南大学,经过两年的适应与调整,2002年,合并后的中南大学进行了大规模院系调整,交通运输专业和交通设备专业成为支撑交通运输工程学院的两大专业。

(5) 兰州交通大学

兰州交通大学交通运输专业的前身是设立于1958年的铁道运输专业。该专业所在交通运输系是兰州交通大学创建时首批建设的五个系之一。当时运输系只有一个专业,即铁路运输专业,下设行车组织教研室、货运组织教研室、站场与枢纽教研室、铁道概论教研室四个教研室和行车实验室、货运实验室、铁道概论模型室三个实验室。1988年更名为管理工程系,在招收铁路运输专业的同时,还招收了1988级、1989级两届运输包装专科班和1989级企业管理专科班。1995年,管理工程系更名为交通运输工程系。1999年9月,教研室重新进行了整合,将行车、货运和站场三个教研室合并为交通运输教研室,成立了包装教研室、交通工程教研室和挂靠在交通运输教研室的物流管理教研室,包装工程本科班开始招生。

2003年交通运输工程系更名为交通运输学院,同时成立了交通运输系、包装工程系、交通工程系、物流管理系和信息管理系。2008年交通运输专业被教育部、财政部列为第三批高等学校国家特色专业建设点。2009年交通运输专业通过了教育部工程教育专业认证。2009年"注重优势,突出特色,适应发展,交通运输专业创新人才培养模式的研究与实践"获国家教学成果二等奖;2012年交通运输专业顺利通过了教育部专业认证有效期延长申请。2013年"发挥传统优势,突出学科特色,注重能力培养,交通运输学科工程优化系列课程群建设与实践"获甘肃省教学成果一等奖。2015年交通运输专业顺利通过了教育部工程教育专业认证的复评,是当时该校唯一一个通过教育部工程教育认证的专业。

(6)中国矿业大学

中国矿业大学交通运输专业的前身是露天开采专业的铁道运输方向,1988年开始本科专业招生,1997年正式成立交通运输专业,专业方向分铁路运输课组、城市轨道交通课组、物流工程课组。融合采矿工程和交通运输优势专业方向和师资力量申报筹建"地下城市工程"新工科专业。

该校交通运输专业所属学院为矿业工程学院,矿业工程学院始于1909年焦作路矿学堂的矿务学门,已有百年办学历史。1933年正式成立采矿冶金系,1952年将清华大学、北洋大学(天津大学)、唐山铁道学院等院校采矿系并入中国矿业学院采矿系。2000年撤系建院,成立能源科学与工程学院,2007年更名为矿业工程学院。

(7)石家庄铁道大学

石家庄铁道大学交通运输专业设立于2000年,隶属于交通运输学院,其前身是1998年成立的交通工程系交通工程教研室,历经交通工程系、交通工程分院等阶段,2010年4月更名为石家庄铁道大学交通运输学院。

2008年,交通运输类专业获评河北省交通运输专业教育创新高地,交通运输实验中心被评为省级实验教学示范中心,"道路交通规划"被评为省级精品课程。2009年,交通工程专业获评国家级特色专业。2010年,"铁路行车组织"被评为省级精品课程。2012年,交通工程专业获批省级"专业综合改革试点"。2013年,交通运输专业获教育部批准设立"卓越工程师培养计划"试点班。

(8)大连交通大学

大连交通大学交通运输专业,前身是1993年开办的铁道运输专业(三年制大专),培养铁路运输工程技术人才;2001年升级为本科专业,基本学制四年,授予工学学士学位。交通运输专业是大连交通大学轨道交通特色办学的重要支撑,依托省级重点学科交通运输工程一级学科,专业建设持续发展:2014年,专业获批为辽宁省工程人才培养模式改革试点专业;2015年,专业首次通过中国工程教育专业认证;2016年,专业获批为辽宁省第二批转型发展试点专业;2017年,专业获批为辽宁省向应用型转变示范专业;2018年,专业通过中国工程教育专业续认证;2019年,专业获批国家级一流本科专业建设点。

该校交通运输专业牢记"立德树人"核心使命,立足辽宁,服务全国,面向东北亚地区,培养主动适应新时代社会主义现代化建设和轨道交通行业发展需求的应用型高级工程技术人才。专业毕业生能够胜任交通运输特别是铁路运输和城市轨道交通领域的运营管理、规划设计等工作,毕业5年能够成为所在岗位或团队技术管理骨干,具备工程师或相应职称所需的能力。

(9) 华东交通大学

华东交通大学交通运输专业开办于2003年,通过"中国工程教育认证"。定位于"面向轨道交通运输工程领域,培养高素质技术、管理人才"。2014年获批江西省"卓越计划";2016年始设"詹天佑班";2017年获江西省交通运输本科专业综合评价第一;2018年通过中国工程教育专业认证;2019年分别入选江西省一流优势专业、国家一流专业建设点。所依托学科拥有硕士、博士学位授予权,拥有一个省级研究平台。

(10) 上海工程技术大学

上海工程技术大学交通运输(城市轨道交通运营管理)专业于2005年9月正式招生,授工学学位。2010年面向全国招生,服务长三角地区乃至全国地铁对轨道交通运营管理领域的人才需求。2011年,该专业获批教育部"卓越工程师培养计划"试点专业,同年获批上海市市属高校校外实习基地重点建设项目和上海高校示范性校外实习基地建设项目。2012年,完全学分制培养方案实施,形成交通运输类学科基础平台。2018年,经学校批准,专业正式更名为"交通运输",聚焦支撑学校的学科和专业发展定位。2019年,通过教育部工程教育认证。

本校该专业为国家级特色专业,教育部"卓越工程师教育培养计划"试点专业,上海市教育高地建设专业,已通过教育部工程教育专业认证。该专业密切结合轨道交通网络化智慧运营发展的需求,按照国际工程教育认证工程师培养标准,建立"3+1"校企联合培养的人才培养模式,致力于培养具有行业高竞争力、创新能力和国际化视野的"多职能复合型"专业人才。专业以现代轨道交通规划、设计和运输管理理论和方法为核心,注重管理学、经济学、统计学、安全工程、人因心理学等多学科融合以及大数据、人工智能、虚拟仿真等先进技术的应用,突出网络化、智慧化的轨道交通运输组织与安全管理的人才培养特色定位,注重培养学生解决轨道交通运输领域复杂工程问题的能力。

(11) 苏州大学

苏州大学交通运输专业隶属于轨道交通学院,该学院是应中国城市轨道交通快速发展而面向行业设立新型工科学院,成立于2008年5月。2012年8月,学院由苏州大学北校区整体迁入苏州大学阳澄湖校区,同时,南京铁道职业技术学院苏州校区城市轨道交通系和建筑环境与设备工程系并入。2017年8月8日,学院名称由"城市轨道交通学院"调整为现名。

学院设有车辆工程、交通运输、工程管理、轨道交通信号与控制、电气工程与智能控制、建筑环境与能源应用工程等6个本科专业,面向轨道交通建设与管理和轨道交通装备,培养高素质轨道交通特色人才。

3. 水运运输为主的交通运输专业起源

(1) 武汉理工大学

武汉理工大学交通运输专业始建于1952年,是教育部直属高校交通运输专业中最早开设以港口、航运管理为特色的专业,目前为省级重点学科,是湖北省品牌专业建设对象,是教育部第二批"卓越工程师教育培养计划"试点专业,是教育部高等学校交通运输与工程学科水路运输与工程教学指导分委员会委员单位。2009年,该专业在该校首个通过教育部工程教育专业认证,2012年、2015年、2018年又先后三次参加并通过该认证;2016年6月,中国正式加入国际上最具影响力的工程教育学位互认协议之一——《华盛顿协议》后,该专业毕业生学位获得各成员国认可。

该专业1985年获"运输管理工程"硕士学位授予权,1997年获"交通运输规划与管理"硕士学位授予权,2003年获"交通运输工程"一级学科博士学位授予权,2004年获"物流管理"硕士、博士学位授予权并建有博士后科研流动站,是湖北省重点一级学科。

(2) 大连海事大学

大连海事大学交通运输装备与海洋工程学院前身为船舶金属材料工艺研究所。2005年,组建机电工程学院。2008年,机电工程学院更名为交通与物流工程学院。2011年,交通与物流工程学院更名为交通运输装备与海洋工程学院。2017年6月,由原交通运输管理学院和交通运输装备与海洋工程学院的部分专业重新组建交通运输工程学院。2018年9月,学院1个实验教学示范中心、1个大学生校外实践教育基地获辽宁省转型与创新创业教育项目。

该校交通运输专业先后被评为"国家级特色专业建设点""教育部卓越工程师教育培养计划专业""辽宁省重点建设专业""辽宁省普通高等学校本科工程人才培养模式改革试点专业"和"大连海事大学精品示范专业"。2012年6月,该专业第一次申请并通过了教育部组织的全国工程教育专业认证,是该校重点建设的具有海运特色的品牌专业之一。该专业在世界航运、港口、海事、外贸以及与之相关的运输服务业和金融业、大专院校和科研院所均具有很高的影响力。

(3) 上海海事大学

上海海事大学交通运输专业是该校1959年恢复办校后开办的第一批专业(原水运管理专业),先后被列为上海市重点专业、交通部重点学科、国家重点(培育)学科、上海市本科教育高地项目、上海市"085工程"重点建设专业、上海市"专业综合改革试点"项目和教育部地方高校第一批本科专业综合改革试点专业。该专业作为上海海事大学的传统优势专业,经过大半个世纪的积淀与传承,现已发展成为从学士到博士、再到博士后科研流动站等完整的人才培养体系,长期以来培养了大批港口、航运、物流等在内的交通运输相关工程技术领域管理和实践等方面的人才,在我国港口和航运领域以及上海国际航运中心和中国(上海)自由贸易试验区建设和发展中发挥着巨大的作用。

(4) 上海交通大学

上海交通大学交通运输专业开设于1995年,其所在的交通运输工程学科源远流长。1909年,晚清邮传部上海高等实业学堂(上海交大前身)开设船政科(航海专科),首开中国近代高等航海教育之先河。1918年创办铁路管理专科,是中国近代教育史上最早的交通运输规划与管理学科。1927年改称交通管理科。1928年成立交通管理学院,同年改名铁道管理学院。

1952年全国院系调整,铁道管理并入北京交通大学。1979年,上海交通大学重建管理学科,创办交通运输研究所。作为服务上海国际航运中心建设战略需求的重要举措。1995年上海交通大学开设交通运输(国际航运)本科专业。1997年成立国际航运系,这是国内最早设立和最具影响力的航运系之一。2000年获得"交通运输规划与管理""载运工具运用工程"硕士学位授予权。2001年开始,学科在"交通运输工程"和"物流工程"两个工程硕士领域招生。近年来,为适应形势的变化,学科积极向综合交通运输方向拓展。2009年"交通运输工程"成为全日制工程硕士培养点,2010年获批设立"交通运输工程"一级学科硕士点。在土木工程(交通运输方向)和船舶与海洋工程(海洋运输方向)招收博士生和进行博士后培养。2013年10月,国际航运系更名为交通运输与航运系。

(5)集美大学

集美大学航海学院源于华侨领袖陈嘉庚先生1920年创办的集美航海教育,是我国最早培养航海人才的学校之一,拥有交通运输工程一级学科硕士学位点和航海技术、交通运输(国际航运管理)、物流管理3个本科专业。

交通运输专业本科生主要学习交通运输工程(海运)方面的基本理论,接受工程经济、国际海商、海事实务的基本训练,初步获得国际船务、航运物流、港口等方面的操作经营、规划设计等方面的基本技能训练,具有较强的实践能力,具备运用交通运输工程的基本理论分析问题,运用相关知识和方法解决实际问题的基本能力。毕业后能够从事国际船舶营运或船舶管理公司、第三方国际物流公司、国际商贸公司、港口码头运营企事业、海事管理等方面的工作。

(6)广东海洋大学

广东海洋大学交通运输专业隶属于海运学院,海运学院的前身是创办于1935年的广东省立高级水产职业学校的渔捞科和轮机科,2001年8月成立航海学院,2019年4月更名为海运学院。海运学院现有航海技术、轮机工程(海上和陆上方向)、交通运输3个本科专业。

该专业主要培养德、智、体全面发展,具有国际航运理论和国际贸易基础知识,熟悉国际航运和国际贸易市场运作规律,掌握国内外海上运输和国际贸易业务技能,能在国际航运、进出口贸易和港口等企业从事船舶经营管理、仓储运输、物流管理、集装箱多式联运、国际货运代理、国际船舶代理工作,具有复合型知识结构的应用型专业人才。

4. 航空运输为主的交通运输专业起源

(1)中国民航大学

中国民航大学空管学院的交通运输专业是我国空管人才培养的发源地和主力军、空管人才培养模式改革的先行者。专业发展始于20世纪50年代,1955年举办民航调度人员培训班,开始我国空中交通管制人员的培训。1979年9月,学校首次面向全国招收高考学生,航行管制成为全校首批开设的专业之一。1991年增设飞行签派专业。1995年经中国民用航空总局科教司(1994)148号文件批复同意,原航行管制、飞行签派整合为交通运输本科专业,同年开始招生。2000年起交通运输专业下设空中交通管理、飞行运行管理方向。2008年,增设机场运行管理方向。2017年,根据中国民航局机坪管理移交工作的相关要求,机场现场运行管理人员今后需持有管制员执照,并按照空中交通管理人员标准培养。为此,该专业不再设置机场运行管理方向。

经过几十年的办学积累,在教育部、民航局、天津市(三方共建)及学校的大力支持和帮助下,交通运输专业教学条件日臻完善,资源的利用效率不断提高,为人才培养提供了良好的办学环境,教学质量稳步提升。专业具有良好的社会声誉,多年来荣获多项专业建设称号;2007年获批教育部特色专业建设点;2008年获批民航特种专业;2010年获批天津市品牌专业;2011年获批"卓越工程师教育培养计划"试点专业;2012年获批国家级实验教学示范中心;2012年通过教育部工程教育专业认证,成为国内第一个通过该项认证的民航类专业;2015年获批天津市虚拟仿真实验教学中心;2017年获批天津市普通高等学校"十三五"综合投资规划专业(优势特色)。

(2) 中国民用航空飞行学院

中国民用航空飞行学院交通运输专业是该校开办的主要专业,具有40年办学历史。专业所在的空中交通管理学院是中国民用航空飞行学院下属的二级学院,从20世纪60年代开始从事民航空中交通管理人才的培养。

学校直属中国民用航空局,其前身是1956年5月,经周恩来总理批准成立,由毛泽东主席任命军政领导的中国民用航空局航空学校,同年9月,国防部批准,学校更名为中国人民解放军第十四航空学校。1963年5月,教育部向国务院报告,将学校列入高等学校名单,同年10月,按中央军委指示,学校更名为中国民用航空高级航空学校。1987年12月,更名为中国民用航空飞行学院。

(3) 沈阳航空航天大学

沈阳航空航天大学交通运输专业隶属于民用航空学院,主要方向为航空工程。民用航空学院创建于2004年,原名民航学院,是沈阳航空航天大学下属的二级学院。成立以来,民用航空学院以"品行端正、纪律严明、作风硬朗、技能全面"为人才培养目标,并在学校办学理念与方针的指导下,注重理论与实践相结合,推行准军事化管理,不断加强学院建设,坚持以人为本、以学生为中心、教学与实训结合、突出实践能力的人才培养模式。

该专业培养从事塔台管制、进近管制、区域管制等各级航行管制及飞行签派、航行情报工作的高级技术与管理人才。毕业生要求达到空中交通管制、飞行签派、航行情报、航空港运行与管理等民航专业执照所要求的知识和基本技能,能熟练地使用英语和计算机等工具进行各项空中交通管理工作。

二、我国交通运输专业发展过程

1. 萌芽阶段(1949—1962)

新中国成立后,百废待兴,铁路、公路、水运、航空等各种交通方式的基础设施亟待抢修和恢复。同时,教育系统开始陆续对遗留下来的高等教育进行了院系调整,改变了过去只按院、系培养,而无专业设置的局面。从1952年开始,我国根据计划经济体制的需要,开始有计划、按比例的培养社会主义工业建设所需的各种人才,以苏联高等工业学校的专业目录为蓝本,结合本国实际,设置了15大类别、百种以上专业,主要包括地质、矿冶、动力、冶金、机械、机电和电气仪器、无线电技术、粮食食品、测绘水文、土木工程及运输、通信、军工等,并于1954年颁布了第一个高等教育专业目录——《高等学校专业分类设置》。

该专业目录典型的特点就是强调专业设置与行业部门的对应,强调高校人才培养与经济社会建设人才需求的对接。该目录以行业部门为专业分类设置的框架,按照工业部门、建筑部门、运输部门、农业部门等11个行业部门的生产需要设置了257个专业。原交通部、铁道部等开始围绕道路运输管理、铁路运输管理、航运管理以及空中交通管制等方向,培养专业管理人才,并制定了较为明确的专业课程建设与人才培养体系,为交通运输专业的发展奠定了基础。

同时,由于当时高校并没有承担国家的科研任务,仅仅作为专门人才培养的中心,强调教育与生产部门的对应,所以该目录并没有考虑专业的学科基础问题。

2. 探索发展阶段(1963—1977)

1963年10月,国家计委、教育部针对高等学校实际专业设置过程中专业数目不断增长、专业面过窄、专业名称混乱的情况,重新修订了专业目录,发布了修订后的《高等学校通用专业目录》。该目录最典型的特点就是在专业分类上改变了过去单纯以行业部门为专业分类框架,将一部分行业部门一级类改为学科,采用"行业部门+学科"的分类框架进行专业设置,共设置了工科、农科、林科、卫生、师范、文科、理科、政法、体育、艺术等11个一级类和432个专业。此外,该目录还首次增加了专业的数字编号,对每一个专业设置了6位数编码,其目的是就是要规范各高校的专业设置,防止出现专业名称变动频繁、专业变动过大、专业名实混乱等问题。

根据1963年修订的《高等学校通用专业目录》,在"一、工科部分"下,设置了"13.运输"相关专业,具体包括:铁道运输(011301)、铁道信号(011302)、铁道无线通信(011303)、铁道有线通信(011304)、电力铁道供电(011305)、铁道材料供应(011306)、铁道运输经济(011307)、海洋船舶驾驶(011308)、轮机管理(011309)、水运管理(011310)、水运经济与组织(011311)、工业运输(011312)。此外,远洋运输业务、公路运输管理等专业,作为试办专业,列入《高等学校试办专业目录》。

3. 奋力前行阶段(1978—2011)

(1) 20世纪80年代的专业目录调整

面对国际科学发展的新趋势,适应国家改革开放和经济社会建设的需要,新一轮的专业目录修订显得十分必要和迫切。从1978年8月教育部和国家计委发出《关于进行高等学校专业调查和调整工作的通知》起,到1988年11月《全国普通高等学校体育本科专业目录》的颁布,历时10年,共颁布了工科、农科林科、医药、理科、社会科学、师范教育和体育7个本科专业目录,设置了8个门类、77个专业类和702种专业。

根据1984年修订的《高等学校工科本科专业目录》,在"通用专业部分"设置了"十八、运输类""二十、管理工程类"。其中,"十八、运输类"包括"海洋船舶驾驶(1801)""轮机管理(1802)""船舶通信导航(1803)""船舶电气管理(1804)""铁道运输(1805)""汽车运用工程(1806)""石油储运(1807)""总图设计与运输(1808)"共计八个专业类别。同时,在"二十、管理工程类"中,设置了"工业管理工程(2001)""建筑管理工程(2002)""交通运输管理工程(2003)""邮电管理工程(2004)""物资管理工程(2005)""技术经济(2006)"共计六个专业类别。

(2) 1993年颁布《普通高等学校本科专业目录》

由于20世纪80年代对专业目录的修订历时达10年之久,其间国际科技发展和我国经济社会发展的形势日新月异,同时这一目录还存在着专业划分过细、专业口径过窄等问题,而且1990年国务院学位委员会又颁布了《授予博士、硕士学位和培养研究生的学科、专业目录》。在这种情况下,至1988年最后一个学科的专业目录颁布后不久,国家教委即组织进行新一轮的专业目录修订工作,并于1993年颁布《普通高等学校本科专业目录》。

1993年专业目录的最大特点就是在分类框架上坚持学科基础的同时,与1990年的研究生学科专业目录保持一致,对原有的学科分类方法进行了较大的调整,并对原有的专业数进行了较大幅度的删减。新的分类框架是哲学、经济学、法学、教育学、文学、历史学、理学、工学、农学、医学10大学科门类,共设置了504个专业。

根据1993年颁布《普通高等学校本科专业目录》,将1984年修订后的《高等学校工科本科专业目录》中的"通用专业部分"内设置的"十八、运输类"中的"1805铁道运输"与"二十、管理工程类"中的"2003交通运输管理工程"合并,新设为"08学科门类:工科"下的"0817交通运输类"专业。其中,交通运输专业(081701)下设"铁道运输""公路运输""水路运输""航空运输""综合运输""交通管理"6个专业方向。

(3)1998年的《普通高等学校本科专业目录》

1993年的专业目录虽然在20世纪80年代版本的基础上压缩了近200个专业,但是其专业设置数仍然保留在500个以上,仍然没有改变我国高校专业设置中划分细、口径窄、基础薄等问题。面对国际科技发展和知识经济迅猛发展的新趋势,面对新世纪创新型人才培养的迫切要求,教育部于1997年启动了新一轮专业目录修订工作,并提出"拟将原有的500多种专业调减一半左右"的目标。新的目录于1998年7月颁布实施。这一次专业目录修订的亮点有两个:一是将专业目录从504减少为249个,减幅达50.6%;二是与1997年修订的研究生学科专业目录保持一致,在一级类中增设了管理学门类。

根据1998年教育部颁布《普通高等学校本科专业目录》,将"交通运输(081701)"与"载运工具运用工程(081702)""道路交通管理工程(082004)"合并,并将交通运输专业代码由081701更改为081201(归属于0812交通运输类),取消了专业方向的设置。

4. 新的发展时期(2012年至今)

2012年,经过对1998年的《普通高等学校本科专业目录》进行了全面的修订之后,教育部发布了修订后的《普通高等学校本科专业目录和专业介绍(2012年)》。修订后的目录按照科学规范、主动适应、继承发展的原则进行。该目录中将总图设计与工业运输(部分)(080715S)与原交通运输(081201)合并入交通运输(081801)(归属于0818交通运输类)。

2020年2月21日,教育部发布"普通高等学校本科专业目录(2020年版)",该专业目录是在《普通高等学校本科专业目录和专业介绍(2012年)》基础上,增补了近年来批准增设的目录外新专业,形成了最新的《普通高等学校本科专业目录(2020年版)》。在该目录中,交通运输专业的学科门类为工学,专业代码为081801,为交通运输类专业。

三、国内目前交通运输专业发展状况

截至2020年,据不完整统计,我国大陆地区开设交通运输专业的本科高校有161所。其中,开办交通运输专业高校数量最多的为江苏省和山东省,各有14所学校开设;宁夏、青海、西藏和重庆仅有1所高校开设有交通运输专业,如图7-2-1所示。

同时,在开办交通运输专业的学校中,理工类高校81所,占比50.3%,为最多的一类;综合类、农林类、师范类、民族类、财经类高校分别为56所、18所、4所、1所、1所,如图7-2-2所示。

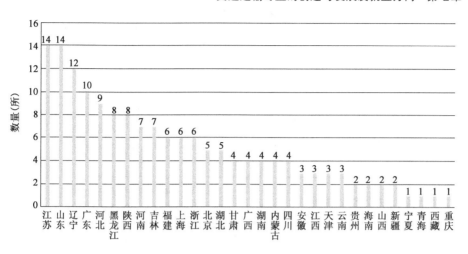

图 7-2-1 我国大陆地区开设交通运输专业的本科高校省市区分布(2020 年)

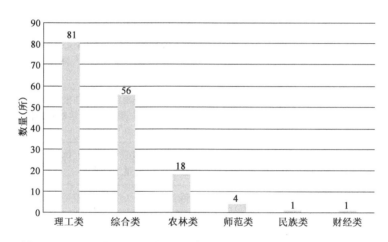

图 7-2-2 我国大陆地区开设交通运输专业的本科高校学科分类情况(2020 年)

161 所高校中,"双一流"高校有 32 所,独立学院 19 所。同时,18 所高校为教育部主管高校,另有交通运输部主管高校 1 所、中国民用航空局主管高校 2 所、工业和信息化部主管高校 3 所,其余为各省级教育厅/教委主管。

四、国内交通运输专业相关期刊

国内交通运输相关期刊在此分为五大类,分别是综合运输类、铁路运输类、公路运输类、水路运输类、航空运输类。如综合运输类的《交通运输系统工程与信息》,创刊于 2001 年,为双月刊,是中国科学技术协会主管、中国系统工程学会主办、交通运输系统工程专业委员会承办、中国科学出版社出版的一级科技学术期刊。设有决策论坛、综合交通运输体系论坛、智能交通系统与信息技术、系统工程理论与方法、案例分析等栏目;公路运输类的《中国公路学报》创刊于 1988 年,为月刊,是中国科学技术协会主管,中国公路学会主办,长安大学承办的公路交通行业的学术性刊物。一些重要国内交通运输专业期刊详见表 7-2-1。

一些重要国内交通运输专业期刊　　　　　　　　　表 7-2-1

分类	期刊名称	创刊年份	主要栏目	级别	周期
综合运输类	《交通运输系统工程与信息》	2001 年	决策论坛、综合交通运输体系论坛、智能交通系统与信息技术、系统工程理论与方法、案例分析等	EI	双月刊
	《交通运输工程学报》	2001 年	道路与铁道工程、载运工具运用工程、交通运输规划和管理、交通信息工程及控制等	EI	双月刊
	《长安大学学报自然科学版》	1981 年	道路工程、桥隧工程、交通工程、汽车工程、工程机械、交通运输规划与管理、交通信息与控制、地球科学等	EI	双月刊
	《重庆交通大学学报自然科学版》	1982 年	桥梁与隧道工程、道路与铁道工程、港口航道、水利水电、资源环境、交通运输工程、车辆与机电工程等	中核	月刊
铁路运输类	《城市轨道交通研究》	1998 年	特约时评、百家论坛、学术专论、研究报告、施工技术、应用技术、经理人视野等	中核	月刊
	《铁道运输与经济》	1979 年	发展论坛、运输市场、专题报道、现代物流、经营管理、运输组织、运输管理自动化、运输安全等	中核	月刊
	《铁道学报》	1979 年	铁道运输、铁道机车车辆、电气化、铁道通信信号、铁道工程等	EI	月刊
	《中国铁道科学》	1979 年	科学论文、博士学位论文摘要、成果简报、科技信息等	EI	双月刊
	《铁道工程学报》	1984 年	专题理论研究、专业方案研究、工程安全质量分析、工程建设管理综述等	EI	月刊
公路运输类	《中外公路》	1980 年	路面工程、桥梁工程、结构调查与分析、材料与试验、景观与环保、材料与试验、投资方式与财务管理等	中核	双月刊
	《汽车工程》	1979 年	专题综述、试验研究、实用技术、经验交流、专题讲座、业界资讯、供应商、产品、标准专利法规等	EI	月刊
	《公路》	1956 年	道路、桥梁、隧道、养护与管理、材料、综合、标准规范、环境保护、国外科技等	中核	月刊
	《公路交通科技》	1984 年	道路工程、桥隧工程、智能运输系统与交通工程、汽车工程、运输经济、环境工程、筑路机械等	中核	月刊
	《中国公路学报》	1988 年	道路工程、桥隧工程、交通工程、汽车与汽车运用工程、工程机械、经济管理等	EI	月刊

续上表

分类	期刊名称	创刊年份	主要栏目	级别	周期
水路运输类	《中国水运》	1979年	新观察、海事、港航管理、科技创新、港口经济、经营、船舶、开发建设等	普刊	月刊
	《大连海事大学学报》	1957年	海上交通管理、船舶导航、航海仪器、船舶自动化、电子技术、轮机管理、基础科学等	中核	季刊
	《中国航海》	1965年	船长论坛、船舶驾驶、船舶机电、船舶自动化、船舶导航与通讯、水运经济管理、海难救助与打捞、海事案例探讨、船舶防污染和航海心理学等	中核	季刊
	《水运工程》	1976年	综合、港口、航道及船闸、地基与基础、施工、监理、信息化等	中核	月刊
航空运输类	《航空学报》	1965年	流体力学和飞行力学、结构强度和飞行器设计、电子与自动控制、材料与制造工程等	EI	月刊
	《航空动力学报》	1986年	航空航天发动机原理与设计，叶轮机械，燃烧、传热、传质、自动控制、结构、强度、振动、气动热力学、机械传动、实验技术等	EI	月刊
	《宇航学报》	1980年	综述、飞行器设计与力学、制导、导航、控制与电子、推进技术与动力、材料、结构与制造、飞行器试验与发射、环境试验与器件、空间科学等	EI	月刊
	《北京航空航天大学学报》	1956年	飞行器设计与制造、航空宇航科学、信息与电子技术、控制技术与自动化工程、材料科学、机械工程等	EI	月刊

注："EI"是Engineering Index（工程索引期刊）的简称，"中核"是"中文核心期刊"的简称，"普刊"是"普通期刊"的简称。

此外，国内很多大学的学报都刊登交通运输领域的文章。

第三节 国外交通运输专业的发展

一、中外学科设置的差异

与我国的学科划分不同，欧美各国没有专门的交通运输工程学科，很多学校把交通运输类专业的研究生教育放在其他学科中来完成。国外很少有高校建有专门的交通运输系，交通运输类研究生的教育一般由土木与环境工程系(Department of Civil and Environmental Engineering)来承担。因为交通运输学科涉及面较广,在城市规划等学科也会有一些交通运输类的课程。

例如,在美国交通工程通常设立在土木工程系(Department of Civil engineering)下。美国工程类顶尖名校加利福尼亚大学伯克利分校(University of California,Berkeley)的交通运输工程(Transportation Engineering)就划分在土木与环境工程系(Department of Civil and Environmental Engineering)下。交通运输本来就是个交叉学科,几乎所有学校对申请交通运输方向的学生都没有硬性规定,工科背景就可以申请,有的学校还特别列出欢迎其他专业背景的学生申请。

二、美国欧洲交通运输相关专业情况

美国交通运输专业开设院校主要有佐治亚理工学院、加州大学伯克利分校、密歇根大学安娜堡分校、麻省理工学院、南加州大学、俄亥俄州立大学哥伦布分校、普林斯顿大学、哥伦比亚大学等。交通运输专业及研究方向主要有:Traffic engineering(交通工程)、Highway design / Maintenance(公路设计/维护)、Pavement design / Pavement materials(路面设计/路面材料)、Intelligent transportation system/Simulation/ Traffic flow models(智能交通系统/模拟/交通流模型)、Transportation safety(交通安全)、Transportation analysis and planning/ Transportation planning and policy(交通分析与规划/交通规划与政策)、Transportation economics(运输经济学)、Logistics/Transportation freight(物流/货物运输)。

美国的交通运输专业大多划分在土木与环境工程学院、工程学院、商学院等,专门的交通运输学院较少。其中交通工程相关专业主要划分在工程学院,其余交通规划、管理等专业大多划分在商学院。物流供应链管理专业在美国的就业形势可观,毕业生可从事物流规划、采购、供应管理分析等相关职业,工作领域涉及制造业、服务业、卫生行业、零售业等,就业前景非常乐观,竞争较为激烈。表 7-3-1 为美国交通运输专业部分开设院校及专业情况。

美国交通运输专业部分开设院校及专业　　　　表 7-3-1

院　校	开设专业	下属学院/领域
佐治亚理工学院 Georgia Institute of Technology	MS in supply chain engineering	工程学院
麻省理工学院 Massachusetts Institute of Technology	MEng or MASc in supply chain management	供应链管理应用理学/工程硕士
加州大学伯克利分校 University of California,Berkeley	Department of industrial and environmental engineering	工业工程与运筹学系
密歇根大学安娜堡分校 University of Michigan-Ann Arbor	Department of industrial and operations engineering	工业与运筹工程系/工程学院
	Master of supply chain management	商学院
南加州大学 University of Southern California	Transportation engineering	土木工程学院

续上表

院　　校	开设专业	下属学院/领域
奥本大学 Auburn University	Transportation engineering	土木工程学院/硕士
艾奥瓦州立大学 Iowa State University	Master of science with specialization-transportation engineering	土木、建筑和环境工程系
	Master of engineering in civil engineering-transportation engineering	土木工程
	Supply chain management/Logistics	商学院
哈佛大学 Harvard University	Supply chain management/Logistics	商学院
斯坦福大学 Stanford University	Supply chain management/Logistics	商学院
哥伦比亚大学 Columbia University	Industrial engineering and operation research	工程学院/工业工程系,供应链/物流管理

欧洲大多数学校均开设了交通运输专业,其中英国院校数量占比最大,欧洲的交通运输专业大多划分在土木与环境工程学院、工程学院、商学院等。其中工程学院比较多。欧洲交通运输专业主要分为两个方向,一个是规划(Planning)方向,另一个是工程(Engineering)方向。规划类主要学习统筹学,数据分析,建模,政策等课程,工程类学习运输工具设计,轨道交通,土建等相关课程。

欧洲交通运输专业高校主要有帝国理工学院、代尔夫特理工大学、利兹大学、南安普顿大学、皇家理工学院、伦敦大学学院、洛桑联邦理工学院、查尔姆斯理工大学等。与美国类似,欧洲开设物流与供应链管理专业的院校较多。随着近年来物流行业的飞速进步,传统物流行业与智能物流信息管理系统相结合,物流专业也成了越来越多学生向往的领域。表7-3-2为欧洲交通运输专业部分开设院校及专业情况。

欧洲交通运输专业部分开设院校及专业　　　　表7-3-2

院　　校	开设专业	学　　院
帝国理工学院 Imperial College London	MSc in transport	土木工程与环境学院
	MSc in transport and business management	
	MSc in transport and sustainable development	
伦敦大学学院 University College London	MSc in transport	工程科学学院
	MSc in transport and business management	
	MSc transport and sustainable development	
南安普顿大学 Southampton University	MSc transportation planning and engineering (Infrastructure/Operations/Behaviour)	工程学院

续上表

院 校	开设专业	学 院
纽卡斯尔大学 Newcastle University	MSc transport planning and engineering	土木工程与地质科学学院
	MSc operations, logistics and supply chain management	商学院
	MSc logistics and operations management	
	MSc sustainable supply chain management	
	MSc transport planning and business management	
利兹大学 The University of Leeds	MSc transport panning	工程学院
	MSc sustainability in transport	
	MSc transport economics	
	MSc transport panning and the environment	
	MSc(Eng) transport panning and engineering	
	MSc global supply chain management	商学院
代尔夫特理工大学 Technische Universiteit Delft	MSc civil engineering transport and planning	土木工程与地学
	MSc transport, infrastructure and logistics	
拉夫堡大学 Loughborough University	MSc transport policy and business management	商业经济学院
	MSc logistics and supply chain management	
诺丁汉大学 University of Nottingham	MSc transportation infrastructure engineering	土木工程学院
柏林工业大学 TU Berlin	Vehicle technology	机械工程与交通系统学院
	Aerospace engineering	
	Transport planning and operation	
	Ship and marine technology	

三、国外交通运输类研究生课程设置

在交通运输类研究生培养的方式和课程设置上,各高校有较大差异。以美国麻省理工学院(Massachusetts Institute of Technology,简称 MIT)、马里兰大学(University of Maryland,简称 UM)、明尼苏达大学(University of Minnesota,简称 UMN)、英国帝国理工学院(Imperial College London,简称 IC)、德国慕尼黑工业大学(Technische Universitaet Munchen,简称 TUM)、新加坡国立大学(National University of Singapore,简称 NUS)6 所高校为例,对交通运输类研究生硕士学位要求及课程体系进行比较分析。必修课是申请交通运输类学位必须获得相应学分的课程。必修课设置的目的是让获得交通运输硕士学位的学生都具有必需的专业基础知识。国外 4 所高校交通运输类研究生必修课的设置情况详见表 7-3-3。

交通运输专业的创建与发展及就业方向 第七章

国外4所高校交通运输类研究生必修课　　　　　　　　　　表 7-3-3

学　校	必　修　课　程
MIT	交通运输系统性能与优化,交通运输系统需求与经济
UM	研究设计,研究方法,规划过程,规划理论与历史
IC	运输发展历程,计量经济学,运输工程和运营,运输经济学,运输需求模型,运输政策,专题研究,商业管理,可持续发展
NUS	交通规划,交通流及控制,智能交通运输系统,运输货运站管理,联合运输运营,人行道网络管理系统

　　选修课更多的是考虑学生知识面的扩展和具有针对性专业知识的学习。选修课可以大致分为公共选修课和专业选修课。公共选修课的学分一般不高,部分学校有限制其中要含有几个学分的人文类和科技类课程。专业选修课一般只有本专业的可以选,大多为专业课程,是掌握专业知识的重要途径。选修课的学分要求一般是毕业的硬性指标,在修满学分后才有毕业资格。部分学校的学费与所选选修课的学分数相关。选修课的设置在一定程度上表明了各个学校的研究特色。国外6所高校交通运输类研究生课程的选修课设置情况详见表 7-3-4。

国外6所高校交通运输类研究生主要选修课　　　　　　　　表 7-3-4

学　校	选　修　课
MIT	航空运输,分析与规划方法,物流与供应链管理,交通运输政策,交通运输管理,城市交通学,计算机技术,计算机工程应用
UM	道路交通特性与测量,区域交通规划,城市交通学,城市交通规划和轨道交通工程,机场规划与设计,道路交通流理论,运输系统的运筹学模型,货物运输分析,高等交通控制系统,交通调查方法,离散选择分析,可持续交通,高等交通需求分析,运输经济学,运输网络算法与实现,交通应急管理
UMN	交通工程学,交通政策规划及部署,交通规划与管理,交通系统分析,交通、土地利用和设计,交通流理论,运输需求建模与供给分析,运输经济学,交通数据分析,城市交通运营,运输网络分析
IC	道路工程学,交通流理论及应用,公共运输,运输安全,交通工程和规划定量技术,先进交通模型,交通行为分析与建模,交通与环境,智能交通系统,运输系统设计,货物运输,资产管理,项目规划和维护,交通基础设施设计,空中交通管理,港口和海洋工程,城市街道规划和设计
TUM	可持续交通,分析方法,交通策略及模型,交通概念与实现,基础设施规划,交通管理,交叉口理论与方法,交通运输系统
NUS	组织与管理,产业竞争分析,人行道分布于管理,工程经济学和项目评估,运输和施工安全管理,全球基础设施项目管理,基础设施系统操作和管理,土木工程实验分析,作业规划与管制,物流系统,质量规划与管理,应用预测方法,决策分析,产业物流,大型系统工程,运输管理和政策

　　根据表 7-3-4 所列课程,6 所国外高校所开设的选修课程各有侧重。其中,明尼苏达大学和德国慕尼黑工业大学开设的课程不区分必修课程和选修课程。美国麻省理工学院、英

国伦敦理工学院和新加坡国立大学开设的选修课程涉及不同运输方式的专业课程。麻省理工学院开设有航空方向、物流方向以及计算机方向选修课程；英国帝国理工学院开设有道路方向、航空方向以及港口方向交通运输类选修课程；新加坡国立大学开设有物流方向专业选修课程，而且选修课程多偏向于经济类课程；美国马里兰大学则注重运输模型的构建、数据分析等方面的能力培养，围绕这个主题开设的课程较多。

国外交通运输类研究生培养的课程设置有如下特点：

（1）课程注重基础知识，同时强化方法论、数学建模、数据分析以及软件应用的学习。从国外高校课程体系可以看出，很多高校都开设了方法论和系统分析相关的课程，强化对学生系统分析能力的培养和锻炼。

（2）课程设计注重学科间的交叉，培养复合型人才。交通运输是一个需要涉及经济学、管理学、工程学的综合行业，交通运输类研究生需要具有广阔的知识面。从国外高校的课程体系可以看出，强调学科交叉、工程与经济并重。几乎所有国外交通运输类研究生培养的高校都开设了经济类的课程，如运输经济学、项目管理、项目评估、工程经济学等。

（3）重视将学术类讲座或项目研讨会作为课程之外的重要补充。国外高校每学期都会要求学生参加学科前沿讲座或项目研讨会，以此来了解交通运输行业的最新信息。

四、国外大学交通运输类硕士学位基本要求

国外各高校对获得交通运输硕士学位（Master of science in transportation）提出的要求不同，但是要获得学位综合起来应满足以下三个方面要求，即课程要求（必修课和选修课学时与学分）、学位论文要求和实践要求。国外6所高校在培养交通运输类硕士研究生方面的基本要求详见表7-3-5。

国外6所高校对交通运输类硕士学位授予的基本要求 表7-3-5

学校	课程	学位论文	实践环节
MIT	必修课2门，信息技术类课1门，至少3个模块的专业课程	1篇学位论文	—
UM	必修课4门，拓展课3门，专业课程至少3门，选修课3门	1篇专题报告（选择性完成1篇学位论文）	参加项目研讨会，完成小组设计以及个人实习
UMN	培养计划A课程至少20学分；培养计划B课程至少27学分；培养计划C课程至少30学分	计划A:1篇学位论文；计划B/C:1篇专题报告	参加项目研讨会，计划A/B需完成口语考试
IC	4个模块的所有课程	1篇专题报告	参加讲座
TUM	8个必修模块的课程，从3个专业模块中选择至少1个模块	1篇学位论文	参加项目研讨会以及运输相关行业实习
NUS	课程列表A和课程列表B至少32学分，另需完成土木工程系课程	1篇学位论文	参加研讨会及演示自己的研究工作

五、国外交通运输专业相关期刊

国际交通运输相关期刊可分为四大类,分别是综合运输类、铁路运输类、公路运输类、水路运输类。其中综合运输类如 Transportation research 一共分为 ABCDEF 六辑,表 7-3-6 中主要介绍了 A、B、D 辑。其中 A 辑主要审议有关政策分析的论文,与政治、社会经济和物质环境的互动以及运输系统的管理和评估;B 辑主要发表关于该学科所有方法学方面的论文,特别是那些需要数学分析的论文;C 辑主要是一些涉及运输领域的开发、应用和影响,以及运营研究、计算机科学、电子、控制系统、人工智能和电信等领域的新兴技术;D 辑主要是发表关于运输对环境的影响、对这些影响的政策反应及其对运输系统设计、规划和管理的影响的原始研究和审查文章;E 辑主要是发表信息丰富和高质量的文章,物流和运输的研究广泛;F 辑主要关注交通和交通的行为和心理方面。部分重要国际交通运输专业期刊详见表 7-3-6。

部分重要国际交通运输专业期刊 表 7-3-6

分类	期刊名称	期刊简介	主要栏目
综合运输类	IEEE Transactions on Vehicular Technology	The *IEEE Transactions on Vehicular Technology* is dedicated to the publication of peer-reviewed original contributions of research regarding the theory and practice of electrical and electronics technology in vehicles and vehicular systems	The scope of the Transactions is threefold and is published on the journal website as follows: Communications: The use of mobile radio on land, sea, and air, including cellular radio, two-way radio, and one-way radio, with applications to dispatch and control vehicles, mobile radiotelephone, radio paging, and status monitoring and reporting
	Transportation Research Part A: Policy and Practice	*Transportation Research: Part A* considers papers dealing with policy analysis (design, formulation and evaluation); planning; interaction with the political, socioeconomic and physical environments; and management and evaluation of transport systems	Economics, engineering, psychology, sociology, urbanism, etc., but must have a clear policy concern or be of interest for practice, and must be based on solid research and good quality data
	TransportationResearch Part B: Methodological	The general theme of the journal is the development and solution of problems that are adequately motivated to deal with important aspects of the design and/or analysis of transportation systems	Traffic flow; design and analysis of transportation networks; control and scheduling; optimization; queuing theory; logistics; supply chains; development and application of statistical, econometric and mathematical models to address transportation problems; cost models; pricing and/or investment; traveler or shipper behavior; cost-benefit methodologies

续上表

分类	期刊名称	期刊简介	主要栏目
综合运输类	Transportation Research Part D: Transport and Environment	*Transportation Research Part D: Transport and Environment* publishes original research and review articles on the environmental impacts of transportation, policy responses to those impacts, and their implications for the design, planning, and management of transportation systems	It covers all aspects of the interaction between transportation and the environment, from localized to global impacts. All impacts are considered, including impacts on travel behavior, air quality, ecosystems, global climate, public health, land use, economic development, and quality of life
综合运输类	Transportation Research Record	*Transportation Research Record*: Journal of the Transportation Research Board is one of the most cited and prolific transportation journals in the world, offering unparalleled depth and breadth in the coverage of transportation-related topics	The TRR publishes 12 issues annually of outstanding, peer-reviewed papers presenting research findings in policy, planning, administration, economics and financing, operations, construction, design, maintenance, safety, and more, for all modes of transportation
综合运输类	Transportation Science	The journal features comprehensive, timely articles and surveys that cover all modes of transportation, present and prospective, and researches planning and design issues and the related economic, operational, and social concerns	Transportation Science focuses primarily on fundamental theories, coupled with observational and experimental studies of transportation and logistics phenomena and processes, mathematical models, advanced methodologies and novel applications in transportation and logistics systems analysis, planning and design
铁路运输类	Railway Gazette International	*Railway Gazette International* reports on all aspects of the rail industry, from trams to heavy haul freight, from signalling to fare collection and regulation to marketing, as well as regulatory and commercial issues	Passenger; Traction & Rolling Stock; High Speed; Freight; Infrastructure; Policy; Technology; Coronavirus and the rail industry
铁路运输类	Proceedings of the Institution of Mechanical Engineerings. Part F: Journal of Rail and Rapid Transit	*The Journal of Rail and Rapid Transit* publishes peer-reviewed articles devoted to all engineering disciplines applied to rail and rapid transit. It provides a continuing means of sharing technical knowledge, ideas and developments between industry and academia	The scope extends to all aspects of railway science and engineering including: Motive power, traction and rolling stock; Passenger and freight; Mainline and suburban railways; Light rail / urban transit; Metros; Maglev; Track systems; Interaction of vehicles with the infrastructure and the environment; System infrastructure and interfaces; Inter and multi-modal transport; Human factors; Command and control; Reliability and safety; Inspection and maintenance; Customer interfaces; Data and the digital railway; Railway engineering trends

续上表

分类	期刊名称	期刊简介	主要栏目
公路运输类	International Journal of Vehicle Design	It publishes the Proceedings of the International Association for Vehicle Design, which is an independent, non-profit-making learned society that exists to develop, promote and coordinate the science and practice of vehicle design and safety	Vehicle engineering design、Automotive technology, R&D of all types of self-propelled vehicles；R&D of vehicle components, Interface between aesthetics and engineering, Integration of vehicle and components, design into the development of complete vehicle systems, Social and environmental impacts of vehicle design, Energy, Safety
公路运输类	Journal of Intelligent Transportation Systems	The *Journal of Intelligent Transportation Systems* is devoted to scholarly research on the development, planning, management, operation and evaluation of intelligent transportation systems	They encompass the full scope of information technologies used in transportation, including control, computation and communication, as well as the algorithms, databases, models and human interfaces
公路运输类	Public Roads	*Public Roads* "covers" advances and innovations in highway/traffic research and technology, critical national transportation issues, important activities and achievements of FHWA and others in the highway community, specific FHWA program areas, and subjects of interest to highway industry professionals	Topics：Public Roads, Research, Safety, Infrastructure, Operations, Environment, Policy, Materials, Pavements, Asphalt, Concrete, Bridges
水路运输类	Coastal Engineering	*Coastal Engineering* is an international medium for coastal engineers and scientists	It publishes fundamental studies as well as case studies on the following aspects of coastal, harbour and offshore engineering：waves, currents and sediment transport；coastal, estuarine and offshore morphology；technical and functional design of coastal and harbour structures；morphological and environmental impact of coastal, harbour and offshore structures
水路运输类	Journal of Ship Research	The *Journal of Ship Research* is included in the Scapus database. Based on 2018, SJR is 0.662. Publisher country is United States of America	The main subject areas of published articles are mechanical engineering, civil and structural engineering, ocean engineering, applied mathematics, numerical analysis

第四节　交通运输专业就业方向

一、行业人才需求

21世纪,交通运输已经进入高速化和智能化时代,我国交通运输发展将围绕高速、智能、生态环保等技术,全面发展智能运输体系,建立一个可持续性的、以高速化和智能化为目标的新型综合交通运输体系。交通运输行业是国民经济的基础性、先导性和服务行业,是兴国之利器、利国之基石、强国之先导,是国家重点支持的行业。

十九大报告明确提出要建设"交通强国"的发展战略,实现交通运输跨越式发展越来越需要综合素质高、能力强的复合型人才加盟。截至2018年底,交通运输行业共有从业人员819万人,"科技兴交""人才强交"在整个交通系统已形成共识。目前,交通运输行业公路、水路运输人力资源主要存在高层次和高技能人才相对短缺、人才专业和地区分布不够合理、高层次人才可持续发展较差、快速发展领域专业技术人才不足等诸多问题,交通运输行业既需要一批拔尖创新人才,更需要数以万计的高素质劳动者和技术技能人才。

交通运输业从业人员人数整体上变化的趋势是恒定的。根据国家统计局发布数据显示,在交通运输各行业中,铁路和道路运输业的人才需求较多,而水上运输、航空运输、管道运输和其他运输服务业需要的人数相对较少。铁路、公路、水运、管道年末职工数在逐年减少,只有航空职工数在增加逐渐增加(见表7-4-1、图7-4-1)。这个变化同我国客运周转量变化大体相同,铁路、水路、公路的客运量比例都在减少,只有民航在逐年增加(详见表7-4-2、图7-4-2),由此表明了交通运输产业结构的调整直接影响到了交通运输人才需求的行业分布。

2014—2018年交通运输行业年末职工数量统计表(人)　　表7-4-1

年份	行业				
	铁路	道路	水运	航空	管道
2018年底	1833800	3642970	357698	645957	33883
2017年底	1848032	3846122	441227	624318	36965
2016年底	1874131	3855896	460259	595301	36444
2015年底	1874448	3879657	466509	553358	38536
2014年底	1902500	3881462	491124	507789	37632

数据来源:国家统计局统计年鉴

2014—2018年我国旅客客运周转量占比统计表(%)　　表7-4-2

行业占比	年份				
	2014年	2015年	2016年	2017年	2018年
总计	100	100	100	100	100
铁路	39.24	39.79	40.24	41.01	41.34

续上表

行业占比	年份				
	2014年	2015年	2016年	2017年	2018年
公路	38.39	35.74	32.72	29.76	27.12
水运	0.26	0.24	0.23	0.24	0.23
民航	22.11	24.23	26.80	28.99	31.31

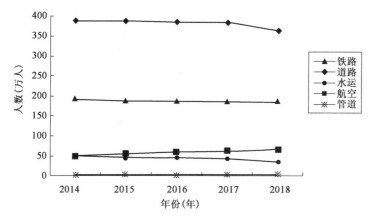

图 7-4-1　2014—2018 年交通运输行业年末职工数量示意图

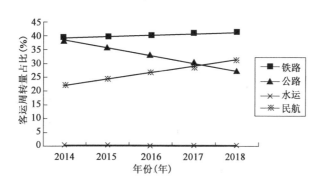

图 7-4-2　2014—2018 年旅客客运周转量占比示意图

交通运输人才需求结构在横向上不断扩展,表现为人才需求的多样性;在纵向上反映为能级结构的提升,交通运输人才开发的层次决定着交通运输人才供给结构的比例。高端交通人才是企业发展的龙头,终端交通运输人是企业发展的中坚力量,而低端交通人是企业发展的基础,三者间相互影响,相互依赖,相互制约。

从我国交通运输就业人员受教育程度统计数据中(详见表 7-4-3、图 7-4-3)可以看出,总体学历层次呈上升趋势,一方面源于全社会高学历人才的连年递增,另一方面源于交通运输行业对人才学历要求的逐渐提高,人才环境的供需双方对学历的要求和共识均有提高。但同时交通运输从业人员受教育程度接近半数只有初中水平,小学文化程度及以下占比在 8% 左右,大学本科及研究生占比非常小。如果把研究生作为高级交通运输人才,本科和大专生为中级交通运输人才,中专生作为低一级的交通运输人才,按着国际通用人才结构中 1∶6∶14

标准衡量,那么交通运输人才教育培训需进一步增强,交通运输人才需求的层次应随着技术装备水平的提高而得到改变,因此交通行业从业人员整体文化层次有待提升。

2014—2018 年交通运输行业全国就业人员受教育程度构成统计表(%)　　表 7-4-3

年份	学历								
	未上过学	小学	初中	高中	中等职业教育	高等职业教育	大学专科	大学本科	研究生
2018 年	0.3	7.1	49.6	18.3	7	1.5	10.1	5.9	0.2
2017 年	0.5	7.2	49.5	18.9	6.8	1.5	9.9	5.6	0.2
2016 年	0.5	7.7	49.7	18	6.7	1.8	9.9	5.5	0.3
2015 年	0.7	8.1	50.4	17.9	6.1	1.8	9.3	5.3	0.3
2014 年	0.3	6.7	51.4	25.9	—	—	10.8	4.7	0.2

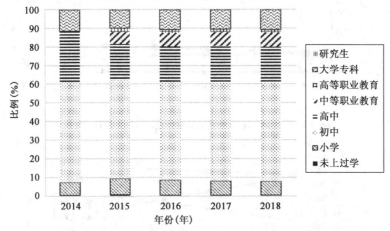

图 7-4-3　2014—2018 年交通运输行业全国就业人员受教育程度构成示意图

从不同领域分析我国交通运输专业人才需求,可总结为如下内容:

(1)道路运输

道路运输专业所需人才要求具有良好的职业道德和综合素质,具有较强的专业能力、社会实践能力、安全意识和团队合作精神,掌握道路运政管理、汽车运输企业经营管理、汽车客运站务管理、车辆运行调度组织、道路运输安全管理、交通综合行政执法等专业技能,能够适应道路运输生产与管理第一线需要。其岗位主要包括运输企业管理人员、汽车客运站务管理人员、运政管理人员、交通运输稽查员、运输安全管理员、汽车运输调度员。其中运输企业管理人员行动领域主要有运输市场调查、运输市场预测、运输经营策略分析、运输经营方案编制、运输企业市场营销策划、运输企业经济效益分析、运输企业服务质量管理、运输企业安全管理、粤港澳跨境运输作业、农村公路客货运输作业等;汽车客运站务管理人员行动领域主要有汽车客运站务服务、客运站安全管理、售票、行包快运、客运车辆调度、运输安全管理、车站运输经营分析等;运政管理人员行动领域主要有运输经营行政许可、汽车客运市场管理、旅游客运管理、流车货市场管理等;交通运输稽查员行动领域主要有交通运输稽查、运输行政处罚、运输行政复议、运输行政法律文书处理等;运输安全管理员行动领域主要有驾驶员安全管理、车辆安全管理、运输安全检查、道路交通事故预防、道路交通事故分析、道路交通事故处理等；汽车运输调度员行动领域主要有运输线路分析、运输车辆计划编制、运输车辆计划调整、车辆运行调度运输车辆指标分析、运输车辆应急处理等。

(2) 铁路运输

铁路运输专业人才是我国人才队伍的重要组成部分，是铁路职工队伍的核心力量，在提高铁路效益、实现科技成果转化、加快铁路现代化建设方面都具有不可替代的作用。我国铁路人才是铁路职工队伍中能力和素质较高的劳动者，具有一定的专业知识或技能，在此广义概念基础上，铁路人才总体可分为专业技术人才、现场技术人才和经营管理人才三类。

当前我国铁路人才队伍结构还不尽合理。一是高层次人才短缺，虽然铁路人才队伍整体学历层次较高，但多通过在职教育取得，具有较高专业水平和工作能力的人才相对较少。人才专业结构较为单一，系统学习多个专业的跨学科复合型人才稀缺，决策性、创新型、专家型人才匮乏。二是年龄结构趋于老化，当前铁路人才队伍的数量年龄峰值区间在 40~45 周岁，处于工作经验较为丰富、经历较为充沛的时期。但年轻人才比例较低，所以需要注入年轻群体以提升队伍整体活力。随着客运专线、高速铁路的大规模建设与投入运营，企业对铁道工程专业人才和铁路运输服务管理人才需求最为旺盛，铁路运输企业人才需求按专业排序依次是铁道工程、铁道(交通)运输、机车车辆、通信信号、经济管理、牵引供电。而在人才类型上对工程技术型人才、复合型人才和管理型人才需求较高。

(3) 城市轨道交通

随着经济的快速发展，城市化进程不断加快，城市交通资源愈加紧缺。城市轨道交通是城市公共交通最为重要的组成部分，包括地铁、轻轨、有轨电车等交通形式，已经成为解决城市交通问题的重要出路。未来我国城市轨道交通规模将持续增长，且逐步进入"智能化、网络化"的发展时期，城市轨道交通行业迫切需要大量技术人才支撑。

根据上海、北京、南京、深圳、成都、重庆等城市轨道交通运营企业的资料查询，可以将城市轨道交通系统技能人员划分为 9 大岗位群：调度岗位群、运营管理岗位群、车辆驾驶岗位群、车辆检修岗位群、通信检修岗位群、信号检修岗位群、机电检修岗位群、供电检修岗位群、线路维护岗位群。从不同岗位群看，根据企业调研数据显示，企业对人才需求数量差别较大，其中对运营管理类的人才需求量最大。同时由于自动运行系统(FAO)技术、新技术和新设备的广泛应用，引起城市轨道交通行业的多项业务和工作职责的变化，城市轨道交通行业技术技能未来的岗位能力要求主要有：新购票设备的应用；故障应急处理能力；全自动驾驶的接发车能力；自动驾驶作业的监控及故障应急处理能力；全自动驾驶系统的维护及故障处理能力；大数据新技术的应用；维护及故障处理能力；AI/VR、5G 等新技术和新设备应用能力等。

(4) 物流

物流行业是国民经济的一个新兴产业，作为先导性的基础产业，近年来呈现出快速增长趋势，随之而来的问题是各种企业对物流行业人才的需求，物流管理人才已被国家及很多经济发达地区的城市列为十二类紧缺人才之首，物流业正处于上升的发展时期，对物流人才的数量和质量要求正在逐步提高。

对物流人才的需求大致可归纳为四类：高级物流人才、中级物流人才、初级物流人才和一般物流人才。其中高级物流人才学历要求本科及以上，岗位有物流总监、高级物流采购经理、供应链总监和高级物流主管等。职能要求为有较长时间的高、中层管理经验和较高的英语实际运用能力,需掌握物流管理知识、计算机信息系统知识、财务知识等专业知识技能;中级物流人才学历要求专科及以上,岗位有物流经理、物流工程师、物流主管、销售物流经理、仓储物流经理等。职能要求为掌握物流相关专业知识,有一定时间工作经验,具备电脑操作能力、团队协调能力,能够带领各部门实施物流基本运作流程;初级物流人才及一般物流人才岗位有订单处理与追踪、客服服务、账单结算等,学历无严格要求,职能要求为负责具体事宜的操作,具备良好的沟通能力和团队合作精神。目前中、高级物流人才较为紧缺。

(5)计算机与交通运输结合的新型领域

高效的交通运输保障能力是促进区域间经济同步发展的重要措施,计算机信息技术以高渗透性和高集成能力,为交通运输系统建设提供了充分基础支持,提高运输效率、优化资源配置。

计算机网络在交通运输中得到了广泛应用,例如高速公路信息化收费、道路实时数据模拟、电子导航仪、信号灯自动调节系统、交通事故检测报警系统等多个领域。以交通大数据为例,交通数据与计算机技术的结合改变了传统交通管理的路径,在智能交通、交通规划辅助决策、群体出行行为预测等方面起到了重要作用。大数据产业的发展带来了新的人才需求,催生出交通数据分析师、交通模型师等新兴职业,要求从业人员具备交通专业理论、统计分析、计算机编程、可视化表达等多方面的知识和技能。智能化是交通运输行业的必然发展趋势,计算机信息技术在其中起到愈发重要的作用,催生出创新研究领域的同时,创造出广阔的发展和就业前景。

随着交通运输专业的发展,专业人才素质要求也更为重要。交通运输行业人才培养目标为:培养适应社会主义市场经济和交通运输现代化建设需要的德、智、体、美全面发展,创新精神和实践能力突出,基础厚、素质高、能力强、后劲足,能够在铁路、城市轨道交通及其他交通运输领域从事规划设计、运营管理、技术开发、科研和教学工作的具有综合运输系统思想的创新型工程应用与研究型交通运输专业人才。而构建综合交通运输体系,必须要有一支开拓进取、务实苦干、勇于创新的交通运输人才队伍。这对交通运输专业人才提出了更高的素质要求:

思想道德品质。热爱祖国,拥护中国共产党的领导,坚持社会主义方向和道路,懂得马克思列宁主义、毛泽东思想和邓小平理论基本原理,具有为国家富强、民族振兴而奋斗的理想。具有良好的思想道德品质,严谨求实,树立科学的世界观、人生观和价值观。具有健全的人格、强健的体魄、良好的道德修养、心理素质和行为习惯,具有诚实守信、热爱劳动、团结协作的品质。

扎实的专业技能。交通运输技术结构及运输组织理论和方法的不断变化对交通运输专业人才提出了新的要求:既需要掌握运输组织基本理论和方法,具备较强的工程应用能力,能够承担运输生产各个岗位的工作,又必须具备对新技术、新设备的原理和操作方法的迅速反应能力,并能够基于新技术和新设备进行应用创新。除掌握交通运输专业知识外,还需熟悉管理学、经济学、安全工程、控制理论、信息论等多学科的基本理论和方法,具有综合运输系统思想,主动适应社会经济发展和交通运输持续快速发展需要的能力。

开阔的国际视野。随着我国交通运输行业的不断发展,高层次国际化的复合型交通运输人才的匮乏问题日渐凸显。在新的发展形势和要求下,许多高校全面布局交通运输学科发展,开展校企合作和国际合作办学。"一带一路"倡议是对古代丝绸之路、海上丝绸之路的继承和发展,标志着我国现代化的治理体系和治理能力,交通运输是"一带一路"建设过程中的基础和先行,对交通运输人才提出更高要求。复合型国际化人才除了原有传统意义上运输专业应具备的知识和能力外,还应具备较宽广的国际化视野,可熟练掌握有关交通运输的国际惯例,具有较强的跨文化沟通能力和创新意识。

创新意识。创新是引领发展的第一动力,是建设现代化经济体系的战略支撑。交通运输是一个有着崇尚创新、勇于创新光荣传统的行业,必须要坚持把创新摆在更加突出的位置,在新时代推动交通运输高质量发展、建设交通强国,在更大范围、更高层次、更宽领域推进交通运输创新发展。

二、毕业去向与特点

交通运输专业学生主要学习运筹学、汽车学、物流学、交通运输组织学方面的基本理论和基本知识,并接受了交通运输技术管理、车辆工程、物流管理、信息管理的基本训练,学生具有一定的运用运输技术设备,车辆设计制造,汽车运用技术,合理组织运输生产以获得最佳社会与经济效益的基本能力。而交通运输专业培养的就是能够研究生产交通运输设备,组织、规划和管理交通运输生产,实现经济和社会效益的专业人才。

交通运输专业毕业生可到国家与省、市的发展规划部门、交通规划与设计部门、交通管理部门、交通工程公司等单位从事交通运输规划、交通运输组织与设计、交通运输控制系统开发等方面的工作,也可在高等院校、科研院所从事教学和科学研究工作。在此按照道路、铁路、水运、航空四种类型对含有交通运输专业的部分学校以该学校学生毕业后去向进行了统计,详见表7-4-4。

交通运输专业毕业去向统计表　　　　表7-4-4

方　向	院　校	毕　业　去　向
以道路为主	长安大学	从事车辆技术使用与管理、运输行政管理、运输安全管理、运输规划与设计、运输组织与产品设计、事故分析鉴定、相关教学科研等工作
	长沙理工大学	在交通运输相关行业的行政管理部门、事业单位从事工程项目规划、设计、装备运用、系统运作与组织管理等工作
	重庆交通大学	在运输行业从事行政管理、运输安全执法、运输与物流企业管理、城市轨道运营组织、城市公交调度优化、城市轨道交通规划设计、工程项目物资管理、运输经济分析与评价等工作
	东南大学	在交通运输与物流相关行业,教育、科研机构从事规划设计、组织管理、人才培养和科学研究等
	华南理工大学	在国家和省市的交通运输管理部门、交通运输事业单位从事交通运输规划、交通运输营运与调度、运输财务分析、运输行业管理、运输企业管理、运输技术管理等方面工作
	东北林业大学	在各级交通运输管理部门、企事业单位、教学科研单位从事汽车技术使用与管理、运输规划与设计、运输组织及调度、科学研究与技术开发以及教学等工作

续上表

方　向	院　校	毕业去向
以铁路为主	北京交通大学	在各级政府运输管理部门、规划设计院、科研院所、铁路局集团公司、大型物流及厂矿企业的运输部门，城建、市政工程、规划设计、城轨、地铁、轨道交通等领域的企事业单位、国际交通咨询公司、交通运输金融投资与管理机构如银行、证券公司，涉及民航运输业务的民航机场(通用机场)、航空公司、空中交通管理局和科研单位从事技术、管理及研究工作等单位就业
	中南大学	在中国铁路总公司所属的北京、上海、广州等18个铁路局，武汉地铁等各大城市轨道交通企业和中铁第四设计研究院等大型设计院，以及大型物流及厂矿企业、科研院所、国际交通咨询公司、各级政府运输管理部门、交通运输金融投资与管理机构如银行、证券公司等单位就业
	西南交通大学	在交通运输领域,特别是铁路运输方面的管理、规划设计、工程技术和科研工作
	同济大学	在政府管理、科学研究、规划设计、工程建设等单位就业
	兰州交通大学	在交通运输及其相关领域从事运输组织、规划设计、调度指挥、管理决策等工作
	华东交通大学	在国铁集团下属18家铁路局集团有限公司、地铁集团、铁路工程局、国际化物流(零售)公司及其他国内知名企业工作
	石家庄铁道大学	从事政府有关部门的路网规划、枢纽规划、地方铁路的建设和运营管理等相关工作，铁路局的生产、经营与技术管理工作，规划设计院的铁路、公路的规划与设计工作，铁道勘测设计院经济调研、行车组织、站场设计等工作，城市轨道交通运营企业和物流企业的生产、经营及技术管理工作，地方各级公路运营管理机构及运输企业的技术与管理工作
	大连交通大学	在交通运输特别是铁路运输和城市轨道交通领域的运营管理、规划设计等工作
以水运为主	大连海事大学	在国内外航运企业、进出口公司、大中型港口、船舶与货运代理企业以及海关商检、国家及省市的交通运输管理部门、港航企事业单位以及高等院校、科研院所等与港口海运相关的交通运输企事业单位、机构从事的交通运输规划、组织、指挥、决策与经营等工作
	上海海事大学	在港口、航运及物流企业等交通运输行业从事运输运营、管理工作；在规划设计部门从事交通运输规划的编制和交通方案的设计工作；在交通运输行政管理与港航规划部门从事港航发展战略及政策的制定工作；在航运及交通运输物流相关的政府机关从事管理工作；在航运服务类企业从事管理、评估、咨询、培训等工作
	武汉理工大学	在交通运输及物流等相关工程领域从事科学研究、项目策划与设计、生产运营与组织及经营管理等工作
	集美大学	在国际航运、海事管理相关企事业中营运、技术管理方面等工作

续上表

方　向	院　校	毕业去向
以航空为主	中国民航大学	从事空中交通管制和机坪运行管理工作
	中国民用航空飞行学院	在民航空中交通管理部门、航空公司或机场等从事空中交通管理、航空情报服务和飞行签派等工作,也可在高等院校、科研院所从事教学和科研工作
	南京航空航天大学	从事机场管制、进近管制、区域管制、空域管理、流量管理、飞行签派、飞行程序设计和飞行情报等工作;从事空中交通管制和签派专业技术工作;在民航机场、航空公司和民航科研院所从事规划设计、现场指挥调度、经营管理、运行管控与安全管理等专业领域实践与科学研究等工作;在航空公司和专门的飞机制造维修企业从事民用航空器的检测、诊断与维修等科研和管理工作等

将交通运输企业分为客运类企业、货运类企业和政府管理部门三大类,在此列举了一些重要企业,详见表7-4-5。

部分交通运输企业统计表　　　　表7-4-5

类别Ⅰ	类别Ⅱ	企业名称
客运类企业	道路客运	西安汽车客运总公司、西安公共交通总公司、江苏南京长途汽车客运集团有限责任公司、南京公共交通(集团)有限公司、重庆长途汽车运输(集团)有限公司、重庆交通运输控股(集团)有限公司、长沙市公共交通总公司、哈尔滨交通集团公共交通有限公司、广州公交集团轨道客运等
	轨道客运	西安市轨道交通集团有限公司、南京地铁集团有限公司、重庆市轨道交通(集团)有限公司、成都轨道交通集团有限公司、武汉地铁集团有限公司、兰州市轨道交通有限公司、大连地铁有限公司、石家庄市轨道交通有限责任公司、上海地铁运营有限公司、长沙市轨道交通集团有限公司等
	铁路客运	中国铁路哈尔滨局集团有限公司、中国铁路沈阳局集团有限公司、中国铁路北京局集团有限公司、中国铁路武汉局集团有限公司、中国铁路西安局集团有限公司、中国铁路上海局集团有限公司、中国铁路广州局集团有限公司、中国铁路成都局集团有限公司等
	航空客运	中国国际航空股份有限公司、中国东方航空集团有限公司、中国南方航空集团有限公司等
货运类企业	道路货运	渝新欧(重庆)物流有限公司、远成物流集团、中国远洋物流有限公司、中铁快运股份有限公司、中邮物流有限责任公司、民生物流、招商局物流集团有限公司、德邦物流有限公司、中外运物流有限公司、顺丰集团等
	港口货运	中铁港航局集团有限公司、深圳赤湾港航股份有限公司、广州港集团有限公司、大连港集团有限公司等

续上表

类别 I	类别 II	企业名称
政府管理部门	—	重庆市规划和自然资源局、重庆市交通局、成都市规划和自然资源局、成都市公安局交通管理局、四川省城乡规划设计研究院、四川省交通运输厅公路规划勘察设计研究院、西安市自然资源和规划局、西安市交通局、南京市交通运输局、广州市交通规划研究院、上海海事局、辽宁海事局、长江海事局、福建海事局、西南空管局、华北空管局、中南空管局等

第八章 交通运输专业知识体系和培养方案

根据交通运输类专业教学质量国家标准,交通运输专业的知识体系包括专业知识体系和主要实践教学环节。通过本章学习,可掌握交通运输专业知识体系的构成,包括学科基础知识、交通运输工程技术知识、交通运输规划与管理知识和相关实践教学环节,交通运输专业主要核心课程内容,交通运输专业培养方案要求与典型大学交通运输专业培养方案,从而对交通运输专业形成全面、系统的专业认知。

第一节 交通运输专业的知识体系

一、学科基础知识

1. 数学与自然科学

交通运输专业学科基础知识包括高等数学(微积分、级数、微分方程),工程数学(线性代数、概率论与数理统计),大学物理,数学建模,计算方法及其他。要求掌握高等数学、概率论与数理统计、大学物理等基本内容。

数学(Mathemaics,简称 Math/Maths),是一门研究数量、结构、变化、空间以及信息等概念的学科。在人类历史发展和社会生活中,数学发挥着不可替代的作用,也是学习和研究现代科学技术必不可少的基本工具。在数学中,作为一般思维形式的判断与推理,以定理、法则、公式的方式表现出来,而数学概念则是构成它们的基础。正确理解并灵活运用数学概念,是掌握数学基础知识和运算技能、发展逻辑论证和空间想象能力的前提。

正确理解和形成一个数学概念,必须明确这个数学概念的内涵——对象的"质"的特征,及外延——对象的"量"的范围。一般来说,数学概念是运用定义的形式来揭示其本质特征的。有些数学概念要经过长期的酝酿,最后才以定义的形式表达,如函数、极限等。定义是准确地表达数学概念的方式。

许多数学概念需要用数学符号来表示,如 dy 表示函数 y 的微分。数学符号是一种表达数学概念的独特方式,对学生理解数学概念起着极大的作用,它把学生掌握数学概念的思维过程简约化、明确化。许多数学概念还需要用图形来表示。有些数学概念本身就是图形,如平行四边形、棱锥、双曲线等。有些数学概念可以用图形来表示,比如 $y=x+1$ 的图像。有些数学概念具有几何意义,如函数的微分。数形结合是表达数学概念的又一独特方式,它把数学概念形象化、数量化。总之,数学概念是在人类历史发展过程中逐步形成和发展的。

数学方法有两个不同的概念,一是指研究和发展数学时的思想方法,二是在自然科学研究中经常采用的一种思想方法。其内涵是一种科学、抽象的思维方法,其根本特点在于撇开研究对象的其他一切特性,只抽取出各种量、量的变化及各量之间的关系,也就是在符合客观条件的前提下,使科学概念或原理符号化、公式化,利用数学语言(即数学工具)对符号进行逻辑推导、运算、演算和量的分析,以形成对研究对象的数学解释和预测,从量的方面揭示研究对象的规律性。

数学是理性思维和想象的结合,它的发展建立于社会的需求,具有统一性、对称性、简单性。透过抽象化和逻辑推理的使用,由计数、计算、量度和对物体形状及运动的观察中产生。数学历来以高度的抽象性和严密的逻辑性被人们所赏识,却很少有人把它与美学联系起来,但其实数学起源于建筑,正是对美的追求,才产生了数学。数学似乎与美学毫不相干,其实,这是一种对数学本质的误解,是对数学与美学的关系以及数学中的美缺乏真正的了解和认识,数学以一种独特的方式在诠释美学。

自然科学(Natural science)是研究自然界的物质形态、结构、性质和运动规律的科学,包括数学、物理学、化学、生物学、天文学等基础科学和医学、农学、气象学、材料学等应用科学,它是人类改造自然的实践经验,即生产斗争经验的总结,其发展取决于生产的发展。原始社会中,人类对自然界的斗争,因生产工具简单、粗笨,还受到原始宗教及其他意识的影响,自然科学的发展是缓慢的。不过,人类取得的每一个科技进步,都推动了生产的发展,同时又促进自然科学知识的不断积累,预示着科技的新突破。因此,尽管当时的人们处于蒙昧与野蛮状态,但他们在与自然界的斗争的过程中,也在以辛勤的劳动与聪明智慧,不断地推动着科学技术的发展。

自然科学是研究无机自然界和包括人的生物属性在内的有机自然界的各门科学的总称。自然科学是研究大自然中有机或无机的事物和现象的科学,包括天文学、物理学、化学、地球科学、生物学、地理学等。其认识的对象是整个自然界,即自然界物质的各种类型、状态、属性及运动形式。认识的任务在于揭示自然界发生的现象以及自然现象发生过程的实质,进而把握这些现象和过程的规律性,以便解读它们,并预见新的现象和过程,为在社会实践中合理而有目的地利用自然界的规律开辟各种可能的途径。

自然科学认为超自然的、随意的和自相矛盾的现象是不存在的,其最重要的两个支柱是观察和逻辑推理。通过对自然的观察和逻辑推理,可以引导出大自然中的规律,假如观察的现象与规律的预言不同,要么是因为观察有错误,要么是因为至今为止被认为正确的规律是错误的。

物理学(Physics)是研究自然界最一般的运动规律、相互作用,以及物质的基本存在状态与结构层次的科学,是一门以实验为基础的自然科学。物理学的一个永恒主题是寻找各种序、对称性和对称破缺、守恒律或不变性。一切自然现象都不会与物理学的定律相违背,因此,物理学是其他自然科学及一切现代科技的基础。物理学的理论结构充分地运用数学作为自己的工作语言,以实验作为检验理论正确性的唯一标准。

化学(Chemistry)是研究物质的组成、结构、性质以及变化规律的科学。世界是由物质组成的,化学则是人类用以认识和改造物质世界的主要方法和手段之一。从开始用火的原始社会,到使用各种人造物质的现代社会,人类都在享用化学成果。人类的生活能够不断提高和改善,化学在其中起了重要的作用。化学与人类进步和社会发展的关系非常密切,它的成就是社会物质文明的重要标志。因此,化学是"材料科学的基础、物质科学的核心、物质工业的后盾",是一门历史悠久又富有活力的学科。

社会科学(Social science)是关于社会事物的本质及其规律的科学,是科学化的研究人类社会现象的科学。如社会学研究人类社会(主要是当代)政治、政策和有关的活动,经济学研究资源分配。广义的"社会科学"是人文科学和社会科学的统称。在现代科学的发展进程中,新科技革命为社会科学的研究提供了新的方法和手段,社会科学与自然科学相互渗透、相互联系的趋势日益加强。

科学实验、生产实践和社会实践并称为人类三大实践活动。实践不仅是理论的源泉,而且也是检验理论正确与否的唯一标准。特别是现代自然科学研究中,任何新的发现、新的发明、新的理论的提出都必须以能够重现的实验结果为依据,否则就不能被他人所接受,甚至发表的学术论文可能都会被撤销。即便是一个纯粹的理论研究者,也必须对他所关注的实验结果,甚至实验过程有相当深入的了解才行。因此,科学实验是自然科学发展中极为重要的活动和研究方法。

2. 工程技术基础知识

交通运输专业工程技术基础知识包括:画法几何与机械制图、理论力学、材料力学、流体力学、电工与电子技术、工程材料与机械制造、互换性和技术测量、机械设计基础、计算机应用、编程语言;选修单元微机原理与接口技术、传感器技术、计算机控制技术,液压与气压传动等。要求掌握工学领域的机械、电子信息、土木等工程技术基础知识,具有机械设计、计算机应用、土木设计及工程管理方面的能力。

工程是科学和数学的某种应用,通过这一应用可使自然界的物质和能源的特性通过各种结构、机器、产品、系统和过程,以最短的时间和最少的人力、物力做出高效、可靠且对人类有用的东西。工程是将自然科学的理论应用到具体工农业生产部门中形成的各学科的总称。十八世纪,欧洲创造了"工程"一词,其本来含义是有关兵器制造、具有军事目的的各项劳作,后扩展到许多领域,如建筑屋宇、制造机器、架桥修路等。随着人类文明的发展,人们可以建造出比单一产品更大、更复杂的产品,这些产品不再是结构或功能单一的东西,而是各种各样的"人造系统"(如建筑物、轮船、铁路工程、海上工程、飞机等),并逐渐发展为一门独立的学科和技艺。

在现代社会中,"工程"一词有广义和狭义之分。狭义而言,工程的定义为"以某组设想的目标为依据,应用有关的科学知识和技术手段,通过有组织的一群人将某个(或某些)现有实体(自然的或人造的)转化为具有其使用价值的人造产品过程"。广义而言,工程的定义为由一群(个)人为达到某种目的,在一个较长时间周期内进行协作(单独)活动的过程。

工程的主要依据是数学、物理学、化学,以及由此产生的材料科学、固体力学、流体力学、热力学、输运过程和系统分析等。依照工程对科学的关系,工程的所有各分支领域都有如下主要职能。

(1)研究:应用数学和自然科学概念、原理、实验技术等,探求新的工作原理和方法;

(2)开发:解决把研究成果应用于实际过程中所遇到的各种问题;

(3)设计:选择不同的方法、特的材料并确定符合技术要求和性能规格的设计方案,以满足结构或产品的要求;

(4)施工:包括准备场地、材料存放、选定既经济又安全并能达到质量要求的工作步骤,以及人员的组织和设备利用;

(5)生产:在考虑人和经济因素的情况下,选择工厂布局、生产设备、工具、材料、元件和工艺流程,进行产品的试验和检查;

(6)操作:管理机器、设备以及动力供应、运输和通信,使各类设备经济可靠地运行;

(7)管理及其他职能。

技术是解决问题的方法及原理,是指人们利用现有事物形成新事物,或是改变现有事物功能、性能的方法。技术应具备明确的使用范围和被其他人认知的形式和载体,如原材料(输入)、产成品(输出)、工艺、工具、设备、设施、标准、规范、指标、计量方法等。技术是人类为了满足自身的需求和愿望,遵循自然规律,在长期利用和改造自然的过程中,积累起来的知识、经验、技巧和手段,是人类利用自然、改造自然的方法、技能和手段的总和。

世界知识产权组织在1977年版的《供发展中国家使用的许可证贸易手册》中,给技术下的定义是:"技术是制造一种产品的系统知识,所采用的一种工艺或提供的一项服务,不论这种知识是否反映在一项发明、一项外形设计、一项实用新型或者一种植物新品种,或者反映在技术情报或技能中,或者反映在专家为设计、安装、开办或维修一个工厂或为管理一个工商业企业或其活动而提供的服务或协助等方面",这是至今为止国际上给技术下的最为全面和完整的定义。实际上知识产权组织把世界上所有能带来经济效益的科学知识都定义为技术。

根据生产行业的不同,技术可分为农业技术、工业技术、通信技术、交通运输技术等;根据生产内容的不同,技术可分为电子信息技术、生物技术、三药技术、材料技术、先进制造与自动化技术、能源与节能技术、环境保护技术、农业技术等。

大体而言,科学是对自然的合理研究或学习,焦点在于发现(现象)世界内元素间的永恒关系(原理)。它通常需要利用合乎规则的技术,即系统建立好的程序规则,如科学方法。工程是对科学及技术原理进行的合理使用,以达到基于经验的计划结果。技术是人类为实现社会需要而创造和发展起来的手段、方法和技能的总和。社会生产力的社会总体技术力量,包括工艺技巧、劳动经验、信息知识和实体工具装备,也就是整个社会的技术人才、技术设备和技术资料。

法国科学家狄德罗主编的《科学、美术与工艺百科全书》给技术下了一个简明的定义:技术是为某一目的共同协作组成的各种工具和规则体系。这个定义基本上指出了现代技术的主要特点,即目的性、社会性、多元性。任何技术从诞生起就具有目的性,并贯穿于整个技术活动的过程之中。技术的实现需要通过社会协作,得到社会支持并受到社会多种条件的制约。

技术既可表现为有形的工具装备、机器设备、实体物质等;也可以表现为无形的工艺、方法、规则等,还可以表现为虽不是实体物质但有物质载体的信息资料、设计图纸等。在作为物质手段和信息手段的现代技术中,技能已逐步失去原有的地位和作用,成为技术的一个要素。根据不同的功能,技术可分为生产技术和非生产技术。生产技术是技术中最基本的部分。非生产技术如科学实验技术、军事技术、文化教育技术、医疗技术等,是满足社会生活的多种需要的技术。

技术的发明是科学知识和经验知识的物化,使可供应用的理论和知识变成现实。现代技术的发展,离不开科学理论的指导,并在很大程度上变成了"科学的应用"。然而,现代科学的发展同样离不开技术,技术的需要往往是科学研究的目的,而技术的发展又为科学研究提供必要的技术手段。它们是互相联系、相互促进、相互制约的关系。可以预见,它们的联系还会更加密切,界限也会变得更加模糊。但是,科学与技术毕竟是两种性质不尽相同的社会文化,二者的区别也是十分明显的。科学的基本任务是认识世界,有所发现,从而增加人类的知识财富,技术的基本任务是发现世界并有所发明,以创造人类的物质财富,丰富人类社会的精神文化生活。科学要回答"是什么"和"为什么"的问题,技术则回答"做什么"和"怎么做"的问题。因此,科学和技术的成果在形式上也是不同的。科学成果一般表现为概念、定律、论文等形式,技术成果一般则以工艺流程、设计图、操作方法等形式出现。科学产品一般不具有商业性,而技术成果可以商品化。

3. 经济与管理基础知识

交通运输专业经济与管理基础知识包括运筹学、系统工程、管理科学基础、市场营销、工程技术经济学、管理信息系统及其他。要求掌握企业管理、市场营销、技术经济学等经济与管理基本原理和方法,有较强的经济管理意识。

人类经济活动就是创造、转化、实现价值,满足人类物质文化生活需要的活动。简单地说,经济就是对物资的管理,是对人们生产、使用、处理、分配一切物资的整体动态现象的总称。包括人类的生产、储蓄、交换、分配的各项活动,生产是这一动态的基础,分配是这一动态的终点。

管理是人类各种组织活动中最普通和最重要的一种活动。近百年来,人们把研究管理活动所形成的基本原理和方法,统称为管理学。作为一种知识体系,管理学是管理思想、管理原理、管理技能和方法的综合。随着管理实践的发展,管理学不断充实其内容,成为指导人们开展种管理活动,有效达到管理目的的指南。

管理活动始于人类群体生活中的共同劳动,至今专家和学者们对于什么是管理各抒己见,没有统一的表述,几个典型的定义如下:

(1)管理是指在特定的环境条件下,以人为中心,通过计划、组织、指挥、协调、控制及创新等手段,对组织所拥有的人力、物力、财力、信息等资源进行有效的决策、计划、组织、领导、控制,以期高效地达到既定组织目标的过程。

(2)管理是由计划、组织、指挥、协调及控制等职能为要素组成的活动过程。

(3)管理是合理地疏与堵的思维与行为。管原意为细长而中空之物,其四周被堵塞,中央可通达。使之闭塞为堵,使之通行为疏。管,就表示有堵有疏、疏堵结合。所以,管既包含疏通、引导、促进、肯定、打开之意,又包含限制、规避、约束、否定、闭之意。理,本义为顺玉之纹而剖析,代表事物的道理、发展的规律,包含合理、顺理的意思。管理犹如治水,疏堵结合、顺应规律而已。

(4)广义的管理是指应用科学的手段安排组织社会活动,使其有序进行,对应的英文是 administration 或 regulation。狭义的管理是指为保证一个单位全部业务活动而实施的一系列计划、组织、协调、控制和决策的活动,对应的英文是 manage 或 run。

(5)管理是指在特定的时空条件下,通过计划、组织、指挥、协调、控制、反馈等手段,对系统所拥有的生物、非生物、资本、信息、能量等资源要素进行优化配置,并实现既定系统诉求的生物流、非生物流、资本流、信息流、能量流目标的过程。

系统科学是关于系统及其演化规律的科学。尽管这门学科自 20 世纪上半叶才产生,但由于其具有广泛的应用价值,发展十分迅速,现已成为一个包括众多分支的科学领域,如一般系统论、控制论、信息论、系统工程、大系统理论、系统动力学、运筹学、博弈论、耗散结构理论、协同学、超循环理论、一般生命系统论、社会系统论、灰色系统理论等分支。一切事物和过程都可以看作组织性程度不同的系统,从而使系统科学的原理具有一般性和较高的普遍性。利用系统科学的原理,研究各种系统的结构、功能及其进化的规律,称为系统科学方法,它已得到各研究领域的广泛应用,尤其在生物学领域(生态系统)和经济领域(经济管理系统)中的应用最引人注目。系统科学研究有两个基本特点:一是它与工程技术、经济建设、企业管理、环境科学等联系密切;二是它的理论基础不仅是系统论,而且还依赖于各有关的专门学科,与一些现代数学分支学科有密切关系。正因如此,人们认为系统科学方法一般指研究系统的数学模型及系统的结构和设计方法。

二、交通运输工程技术知识

1. 交通运输装备

(1)交通运输设备结构与原理

交通运输设备按照不同运输方式可以分为铁路、公路、水路、航空和管道设备。交通运输设备结构与原理知识主要包括各类运输设备的功能、组成、结构特点、工作原理、主要零部件的材料、性能及使用要求等内容。

(2)交通运输设备合理运用

交通运输设备的合理运用主要包括以下内容:

①设备的优化配置。设备的优化配置是交通运输企业取得最佳经济效益的重要手段。只有实现设备的优化配置,才能合理地使用设备。根据运输企业的生产任务、工艺特点对设备进行单机选型、系统配套,使各运输任务与运输设备等有机地结合起来,做到互相协调,才能充分发挥其效能。

②设备的合理使用。合理使用设备最重要的环节是提高利用率,也就是要充分、有效地

利用设备。设备只有在得到充分利用的条件下才能发挥其效能,从而达到提高生产率,降低生产成本,提高企业经济效益的目的。设备利用率的提高涉及设备的利用数量、工作时间及工作能力三个方面。设备的利用数量与备用数量是影响设备利用率的重要因素。备用设备数量越多,设备利用率就越低;备用设备不足,因设备损坏时造成的停机损失就大,特别是对于某些关键生产设备更是如此。设备的时间利用反映出设备的时间负荷,只有在时间上对设备加以充分利用,才能更多完成运输任务,更早收回投资;另外,设备的时间利用率低,将使设备的无形磨损对设备贬值产生的影响加剧,在科学技术飞速发展的今天,这种影响就更加严重。此外,设备使用时间少,而同时发生的各种费用和支出并未因此而发生相应的减少,这也将在一定程度上降低设备的效益。设备的能力利用是对其性能的利用程度,例如载货汽车空载行驶,虽然在数量和时间上都得到利用,但其作为运输货物的能力并没有发挥出来。实际上,对设备的时间及能力利用情况的分析往往是统一起来进行的。

(3)交通运输设备监测与维修

交通运输设备维修是指为保持、恢复以及提升设备技术状态进行的技术活动,包括保持设备良好技术状态的维护、设备劣化或发生故障后恢复其功能而进行的修理及提升设备技术状态进行的技术活动。设备维修的基本内容包括设备维护、设备检查检测和设备修理(包括故障修理和主动修理)。设备维修是设备整个生命周期过程不可缺少的组成部分,也是使设备在一定时间内保持其规定功能的重要措施。

2. 交通运输基础设施

交通运输业是国民经济的基础产业,是联系生产、分配、交换和消费各个环节的纽带,是沟通城乡之间、工农之间、地区之间,以及国家之间进行社会、经济、文化等联系的重要桥梁,是实现农业社会劳动地域分工和生产区域化、专业化、商品化的基础,是现代化工业进行生产布局和发展的制约因素,是工农业生产全过程顺利进行和最终实现消费的可靠保证,是国民经济发展的命脉。交通运输一般分为铁路、公路、水运、航空、管道等运输方式,形成运输能力的基本要素包括交通运输基础设施和交通运输工具两大部分。

交通运输系统基础设施是指交通运输线路(如公路、铁路、航道、管道等)、交通运输港站(如车站、港口、码头、机场等)及其附属设施(如加油、维修、收费、救援、服务站等)和支持系统(如设施的专用通信信息网和交通管制、调度、安全、导航、监控等现代化装备系统);交通运输工具则包括各种车辆、船舶和飞机等。交通运输基础设施是形成运输能力的关键,若交通运输基础设施的发展落后于交通工具的发展,即使交通运输工具再先进也不可能形成强大的运输能力。交通运输业属于基础产业,它提供的产品既是国民经济其他部门进行生产所必备的基本条件,同时也构成生产和再生产的投入要素。交通运输业提供的产品的数量、质量和价格的变化必然会涉及整个国民经济。另外,交通运输基础设施建设有着巨大的物质、资金、劳动的需求,交通运输基础设施建设和运营需占用土地、河流、港口、天空等公共资源。能源、原材料和土地资源对发展中国家,特别是对人口众多的中国,几乎是一种刚性约束。国内外关于交通运输与经济互动作用机制的研究表明,交通运输基础设施作用的发挥要以经济、社会和环境的协调发展为前提,交通运输基础设施在规模、种类、空间和时间上必须与经济和社会发展对交通服务的需求相适应。因此,交通运输基础设施投资项必须系统规划、统筹安排,交通运输基础设施建设项目的立项要严格按照规划执行,这样才能在宏观上取得明显的经济效益。政府应利用各种经济杠杆并采取必要的行政手段对交通运输基础设施建设进行宏观调控,充分、合理地利用土地。

3. 交通运输安全保障技术

交通运输安全保障技术是以交通运输系统安全保障为研究对象,针对交通运输系统安全工程的共性问题,基于交通运输安全的一般规律,并兼顾各种运输方式的特性,建立交通运输安全领域的知识方法体系。主要内容包括交通运输安全基本理论、交通运输安全统计与分析、交通运输安全评价方法、交通事故特征、交通运输安全技术、交通事故调查与处理和交通运输企业安全管理等。

道路运输安全生产管理是各级交通主管部门及其道路运输管理机构,依照国家的相关安全法律法规,为预防和减少安全事故的发生、降低事故造成的损失,结合行业的特点和要求,对道路运输企业和客运站生产经营场所、从业人员和设施设备等的安全状况,及可能发生事故的各种不安全因素进行监测,从而确保道路运输安全、有序地开展。

4. 交通运输节能环保技术

交通行业是资源占用型和能源消耗型行业,我国交通部门的能源消费的速度增长高于全社会平均水平,占全社会总能源消耗的15.4%。我国的能源特点是富煤、缺油、少气。据资料统计,我国是世界上第二大石油进口国,石油的对外依存度已近50%,接近美国58%的对外依存度。在我国的石油消费中,有40%以上被交通运输部门占用,因此,交通运输部门节油的意义十分重大。

推进交通运输节能减排,应加快构建综合交通运输体系,优化交通运输结构,积极发展城市公共交通,科学合理配置城市各种交通资源,有序推进城市轨道交通建设,提高铁路电气化比重。实施低碳交通运输体系建设,推广公路甩挂运输,全面推行不停车收费系统,实施内河船型标准化,优化航路航线,推进航空、远洋运输业节能减排。开展机场、码头、车站节能改造,加速淘汰老旧汽车、机车、船舶,基本淘汰运营的"黄标车"。加快提升车用燃油品质,全面推行机动车环保标志管理,探索城市调控机动车保有总量,积极推广节能与新能源汽车。面对日趋强化的资源环境约束和国内外节能减排新形势,建设低碳交通运输体系、加快转变发展方式,走低碳、绿色、可持续发展之路。

5. 交通运输信息应用技术

(1) 通过对即有运输方式注入适应现代经济发展需求的新的内涵,使交通在服务效率、成本、质量、安全等方面达到更高的水平和层次。主要体现在两个方面:一是综合运输理论的成熟和应用环境的逐渐具备对其整体经营组织和结构调整提出新的要求,按照综合运输要求发展交通运输;二是现代信息技术的出现对运输组织方式提出新的要求,即各种运输方式为提高效率、降低成本和改善服务,必须在运输基础设施布局、企业经营组织管理、企业经营动作关系等各个方面,做出向信息化方向发展的改变和调整。

(2) 按照现代交通运输的基本内涵,努力提高生产力水平,推进交通运输的发展。现代交通运输是指在现代经济条件下,按照综合运输理论和现代经济发展对运输的基本要求,从追求系统效率的角度与合理的社会综合交通运输成本的层面,通过管理创新、技术创新、服务创新而构建的具有现代经济社会发展基本特征的交通运输系统。按照现代交通运输的内涵,推进交通运输的发展,既是交通运输生产力发展的内在要求,也是技术进步对交通运输的要求,符合现代经济发展和交通运输产业更新的基本规律。

三、交通运输规划与管理知识

1. 运输系统规划设计

交通运输系统规划的预备知识包括交通运输学、交通工程学、运筹学、系统工程、概率论与数理统计、运输技术经济学、交通区位论、规划理论等。运输规划是运输业比较全面的长远发展计划,从某种意义上说也是一种宏观调控,做好运输规划,对运输业发展十分重要。交通运输是国民经济中基础性、先导性、战略性产业,是重要的服务性行业。运输业要适应国民经济的发展,必须做好运输系统规划,以促进交通运输业快速、有序地发展。构建现代综合交通运输体系,是适应把握引领经济发展新常态,推进供给侧结构性改革,推动国家重大战略实施,支撑全面建成小康社会的客观要求。中共中央、国务院印发了《交通强国建设纲要》,"要求推动交通发展由追求速度规模向更加注重质量效益转变,由各种交通方式相对独立发展向更加注重一体化融合发展转变,由依靠传统要素驱动向更加注重创新驱动转变,构建安全、便捷、高效、绿色、经济的现代化综合交通体系"。

在交通运输业的发展中,运输网的发展占有十分重要的地位。因此,进行运输网规划时需考虑的主要内容有:

(1)货流特点:包括货物的发出点和到达点,表现为货物的流量和流向;

(2)运输方式:在一定货流的条件下,可能采用的运输方式和运输工具;

(3)运输线路:在货物到发点之间可能有多条线路相通,通过不同的线路就使运输网有不同的布局,并使几种运输方式有不同的连接方式;

(4)运输技术装备:是构成运输网规划方案的技术因素,对每一种运输方式来说,装备技术水平不同,它所形成的运输能力也不同;

(5)营运组织特点:在一定的技术装备条件下采用不同的营运组织方式所表现出来的运输能力是不同的。

2. 交通运输技术经济学

运输技术经济学是应用经济学的一个分支,是技术经济学原理和方法在运输这个特定领域中的应用。它是研究运输技术领域的经济问题和经济规律,研究运输技术进步与经济增长之间相互关系的科学。包括运输技术经济学的基本原理和方法,运输项目技术经济评价的方法体系以及技术经济学应用与运输领域宏观和微观分析对象等内容。

运输技术经济学的研究对象有以下三个方面:

(1)研究交通运输工程实践活动的经济效果,寻求提高经济效益的途径和方法。通常,国内外许多学者称技术经济学为技术经济效果学。工程是指人们综合应用科学的理论和技术的手段去改造客观世界的具体实践活动,以及它所取得的实际成果。在长期的生产和生活实践中,根据数学、物理学、化学、生物学等自然科学和经济地理等社会科学的理论,并应用各种技术手段,去研究、开发、设计、制造产品或解决工艺和使用等方面的问题,逐渐形成了门类繁多的专业工程,如交通运输工程、物流工程、机械工程、建筑工程、水利工程、航天工程等。

在现代生产中,技术被看作是一种自然资源转变为另一种产出性资源的手段,生产过程中投入与产出之间的转化是由技术实现的。从这个意义上来说,技术可以看成是四个基本要素的组合:生产工具与装备、生产技能与经验、生产资料与信息、生产组织与计划管理。技术的四要素是相互补充的,在任何经济活动中都要同时发挥作用,缺一不可。四要素中,任何一个要素的改善与提高都是技术进步的体现。技术进步是物质生产的技术基础以及与此相适应的组织与管理技术的改进与提高。从表现形态来看,交通运输部门与其他产业部门一样,技术可分成体现为机器、设备、基础设施等生产条件和工作条件的物质技术(硬技术)与体现为工艺方法、程序、信息、经验、技巧和管理能力的非物质技术(软技术)。不论是物质技术还是非物质技术,它们都是以科学知识为基础形成的,并遵循一定的科学规律,互相结合,在生产中共同发挥作用。

技术的使用直接涉及生产活动中的投入与产出。投入指各种资源(包括设备、厂房、基础设施、原材料、能源等物质要素和具有各种知识和技能的劳动力)的消耗或占用。产出指各种形式的产品或服务。人们在社会生产活动中可以使用的资源总是有限的,技术本身也属于资源的范畴,它虽然有别于日益减少的自然资源,可以重复使用和再生,但是在特定的时期内,相对于人们的需求而言,不论是在数量上还是在质量上都是稀缺的。如何有效地利用各种资源,满足人类社会日益增长的物质生活需要是经济学研究的一个基本问题。而技术经济效果学就是一门研究在各种技术的使用过程中如何以最小的投入取得最大产出的学问。投入产出在技术经济分析中一般被归结为用货币量计的费用和效益,所以也可以说,技术经济效果学是研究技术应用的费用与效益之间关系的科学。

技术经济效果学还研究如何用最低寿命周期成本实现产品、作业、服务的必要功能。对用于道路运输的汽车来说,寿命周期成本指从产品的研究、开发、设计开始,经过制造和长期使用,直到报废为止的整个产品的寿命周期内所花费的全部费用。对汽车的使用者来说,寿命周期成本体现为一次性支付的产品购置费与在整个汽车使用期内经常性的费用之和。必要功能指产品使用者实际需要的使用价值。最低寿命周期成本实现产品(作业、服务)的必要功能是提高整个社会资源利用效益的重要途径。研究寿命周期成本、分析运输工具更新的最佳时机是运输技术经济学研究的重要内容之一。世界上第一辆汽车是19世纪80年代由戴姆勒和本茨制造的,由于生产成本太高,在相当长一段时间内汽车仅有贵族购买和使用。后来经过亨利·福特的努力,使每辆汽车售价降至360美元。汽车的使用成本也有所降低,这为汽车的广泛使用创造了条件,最终使汽车工业成为美国经济的一大支柱。汽车工业的发展又推动了美国的钢铁、石油、橡胶等一系列行业产业的发展,同时极大地改变了人们的生活方式。这个事例说明,在保证实现产品(作业、服务)必要功能的前提下,不断追求更低的寿命周期成本,对社会经济的发展具有重要意义。

(2)研究技术和经济相互关系,探讨技术与经济相互促进、协调发展。技术和经济是人类社会不可缺少的两个方面,存在着对立统一的关系。一方面,技术进步是推动社会经济发展的重要条件和手段,由于科学技术的进步,产生了许多全新的产业,如微电子工业、计算机工业、生物工程工业、高分子工业等;由于技术进步,传统产业的技术装备程度和工艺水平提高了;由于技术进步,劳动强度大大地减轻了,改善了劳动条件和劳动安全程度,扩大了就业范围;随着技术进步,人们改善和利用自然界的能力不断增强,从深度和广度上扩大了对自然资源的利用;由于交通和通信技术的发展,促进了商品信息的传播,扩大了商品交换等。另一方面,技术的发展不能脱离一定的社会条件和经济基础。任何一项新技术的产生和发展是由社会经济发展的需要所引起的,且在一定社会经济条件下得到应用和推广。社会因素(如民族传统、人口状况、劳动者的素质、社会结构、经济管理体制等)和经济条件对科学技术的发展有很大影响,它们既是技术发展的动力,又为技术发展指明了方向。然而,技术的进步和发展需要大量的资金、人力和物力。经济的发展为技术发展提供了可能性和必要性,同时,也制约着技术的发展。

在发展中国家,一方面,要发展本国经济必须采用先进的技术;另一方面,必须根据本国的经济实力选择适当的技术,不能超越自己的实际能力选用价格昂贵的尖端技术。技术经济之间这种相互渗透、相互促进的关系,使任何技术的发展和应用都不仅是一个技术的问题,同时又是一个经济的问题。研究技术与经济之间的关系,探讨如何通过技术进步促进经济发展,在经济发展中推动技术进步,是技术经济学一项重要的任务,也是技术经济学进一步丰富和发展的一个新领域。

要解决我国的城市交通问题,是大力发展小汽车,还是采用发展公共交通加自行车?我国铁路运输的牵引动力,应该以蒸汽机为主,还是以内燃机车为主,或者是以电力机车为主?这些都是涉及范围很广的宏观决策问题,每一项决策都与采用和发展什么技术有关,而且最终都会影响到整个国家经济、技术和社会的发展。

(3)研究如何通过技术创新推动技术进步,进而获得经济增长。技术进步是物质生产的技术基础以及与此相适应的组织和管理技术的改进与提高。技术创新是技术进步中最活跃的因素,它是生产要素一种新的组合,是创新者将科学知识与技术用于工业化生产,并在市场上实现其价值的一系列活动,是科学技术转化为生产力的实际过程。技术创新的内容包括:新产品的生产,新技术、新工艺在生产过程中的应用,新资源的开发,新市场的开辟。

技术创新是在商品的生产和流通过程中实现的。单纯的创造发明并非技术创新,只有当它们被用于经济活动时,才称之为技术创新。技术创新是通过科技开发、生产、流通和消费四个环节构成的完整系统,实现促进经济增长的作用的,其中生产和流通是使技术创新获得经济意义的关键环节。缺少这两个环节,科技发明就不能转化为社会财富,就没有经济价值。同样,消费者(指广义的用户)若不能将各自的反映或评价传递给科技人员,发明创造就只能停留在实验室中,不能进入经济领域,无法转化为生产力,也就不是技术经济学中所要研究的技术创新。

3. 交通运输组织与运营

交通运输是由铁路、水路、公路、航空、管道等多种运输方式构成的系统,并向实现综合交通运输体系发展,形成服务于旅客、货主的协调运营的系统。交通运输组织的主要内容包括:交通运输需求分析与预测、交通运输能力评价、交通运输资源配置规划、交通运输系统及组织设计、旅客运输组织、货物运输组织、交通线网运输组织、交通场站与枢纽运输组织、交通运输组织绩效评价等,即对交通运输生产组织各环节的相关理论和技术进行详细的论述。根据交通运输方式及职能规划,具体的交通运输组织工作分为:道路旅客运输组织、道路货物运输组织、城市轨道交通运营组织、航空客运组织、航空货物运输组织、水路运输组织、远洋运输船舶的营运组织、运输代理、多式联运组织、特种货物运输组织等。

交通运输运营的主要内容有:运输计划与运输能力、运行组织与运行调度、运价与票务管理等。掌握行车组织、客运组织、运输规划等方面的知识,注重现代管理学科与交通运输实践的结合,注重管理创新意识、理论联系实际和分析解决问题的能力,是交通组织及运营管理人才必备的专业知识。与交通运输运营相关的专业知识涉及运筹学、交通运输工程学、交通运输经济、交通运输法规、交通运输安全管理、交通运输市场营销、交通运输线路规划与设计、交通运输站场与枢纽管理、交通运输设备原理与结构、交通运输设备技术管理等。具有交通运输规划、组织、运营、站务、票务等方面扎实的专业基础理论知识,可从事交通运输行车调度、客运组织以及综合管理工作。

4. 交通运输企业管理

交通运输企业管理知识主要包括企业管理的基本理论、企业文化、战略管理、营销管理、生产管理、物流管理、设备管理、质量管理、人力资源管理、成本管理、财务管理、信息管理及创新管理等。交通运输企业管理将系统地阐述市场经济环境下,交通运输企业生产经营管理的基本原理、基本规律、管理职能及管理方法、手段,强调现代企业管理理论、方法与交通运输行业特点相结合并突出行业特点。

5. 交通运输行业法规

根据《交通运输部关于完善综合通运输法规体系的实施意见》,综合交通运输法规体系是中国特色社会主义法律体系的重要组成部分。建立和完善综合交通运输法规体系,是构建综合交通运输体系的迫切需要,是交通运输部门落实"四个全面"战略布局的重要举措,是加强交通运输法治政府部门建设的基础和保障。综合交通运输法规体系框架由跨运输方式法规系统及铁路法规系统、公路法规系统、水路法规系统、民航法规系统和邮政法规系统六个系统构成。

➡第二节 交通运输专业主要核心课程内容简介

一、交通运输专业培养目标

1. 交通运输类专业基本培养目标

根据教育部 2018 年发布的《普通高等学校本科专业类教学质量国家标准》,交通运输类专业(包括交通运输、交通工程、航海技术、轮机工程、飞行技术、交通设备与控制工程、救助与打捞工程、船舶电子电气工程)是培养掌握交通运输规划、运营与安全保障等基本理论与方法,以及交通运输领域某个专门方向较深入的知识和技能,能在交通运输领域从事交通运输系统规划、建设、安全高效运行、经营与管理、应急救援与智慧等相关工作的人才,以满足经济社会发展对交通运输资源的合理配置需要。因此,交通运输类专业是一个系统理论与实践并重且多学科交叉的专业。

因此,交通运输类专业重在培养具有良好的工程技术、文化素养和高度的社会责任感,能够较好地掌握交通运输领域基础理论、专门知识和基本技能,富有创新精神、创业意识和实践能力,具备国际化视野,能够在交通运输领域从事规划设计、技术开发与运用、运行管理、运营组织和经营管理等工作,以及在教育、科研等部门从事相关工作的高素质专门人才。

2. 交通运输专业基本培养目标

交通运输专业培养德、智、体、美、劳全面发展,具有良好的社会责任感和职业道德,具备团结协作、艰苦奋斗、开拓进取的实干精神,以及诚实待人、认真负责和善于沟通,具备具有较坚实的数学、计算机、外语、人文社科、经济管理知识基础及机械、电子信息、控制工程及土木工程等工程技术基础,掌握运输系统规划与设计、运营组织与调度、运输企业管理、运输经济分析、国际贸易与货运代理的基本理论与技术,以及某个专门方向较深入的知识与技能,能在交通运输多个领域从事交通运输规划、组织、调度、分析、决策等工作,在教学、科研单位从事教学、科研工作的宽口径复合型工程技术类和运营管理类专门人才。

二、交通运输专业毕业要求

1. 工程教育专业认证通用标准及毕业要求

工程教育专业认证是国际通行的工程教育质量保障制度,也是实现工程教育国际互认和工程师资格国际互认的重要基础。其核心就是要确认工程专业毕业生达到行业认可的既定质量标准要求。

根据中国工程教育专业认证协会出台的《工程教育专业认证通用标准》,交通运输专业毕业要求须完全涵盖以下内容:

(1)工程知识:能够将数学、自然科学、工程基础和专业知识用于解决复杂工程问题。

(2)问题分析:能够应用数学、自然科学和工程科学的基本原理,识别、表达、并通过文献研究分析复杂工程问题,以获得有效结论。

(3)设计/开发解决方案:能够设计针对复杂工程问题的解决方案,设计满足特定需求的系统、单元(部件)或工艺流程,并能够在设计环节中体现创新意识,考虑社会、健康、安全、法律、文化以及环境等因素。

(4)研究:能够基于科学原理并采用科学方法对复杂工程问题进行研究,包括设计实验、分析与解释数据、并通过信息综合得到合理有效的结论。

(5)使用现代工具:能够针对复杂工程问题,开发、选择与使用恰当的技术、资源、现代工程工具和信息技术工具,包括对复杂工程问题的预测与模拟,并能够理解其局限性。

(6)工程与社会:能够基于工程相关背景知识进行合理分析,评价专业工程实践和复杂工程问题解决方案对社会、健康、安全、法律以及文化的影响,并理解应承担的责任。

(7)环境和可持续发展:能够理解和评价针对复杂工程问题的工程实践对环境、社会可持续发展的影响。

(8)职业规范:具有人文社会科学素养、社会责任感,能够在工程实践中理解并遵守工程职业道德和规范,履行责任。

(9)个人和团队:能够在多学科背景下的团队中承担个体、团队成员以及负责人的角色。

(10)沟通:能够就复杂工程问题与业界同行及社会公众进行有效沟通和交流,包括撰写报告和设计文稿、陈述发言、清晰表达或回应指令。并具备一定的国际视野,能够在跨文化背景下进行沟通和交流。

（11）项目管理：理解并掌握工程管理原理与经济决策方法，并能在多学科环境中应用。

（12）终身学习：具有自主学习和终身学习的意识，有不断学习和适应发展的能力。

2. 交通运输专业毕业要求

根据工程教育专业认证通用标准对专业毕业要求的规定，考虑到交通运输专业是一个涉及多学科交叉的本科专业，因此，将交通运输专业人才须具备的知识、能力、素养概括为：

（1）思想道德：热爱祖国，具有坚定的政治立场、良好的思想品德、较强的社会责任感和健康的身心素质，树立科学的世界观和正确的人生观、价值观，践行社会主义核心价值观，具备良好的职业道德和市场、质量、环境、安全和持续发展意识。

（2）工程知识：具有从事交通运输工程领域工程设计和技术服务等工作所需的工程数学、运筹学和交通运输组织学，以及经济与管理等方面的专业基础知识和其他相关自然科学知识。

（3）科学研究：具有制定实验方案，设计调研方案，构建模型，进行实验、调研、测算、获取、处理、分析、解释数据，综合得到合理有效结论的科学研究能力。

（4）解决方案：能够初步设计运输工程问题解决方案，特别是能够创造性地设计针对运输组织、运输规划、运营管理等复杂工程问题的解决方案，并考虑方案对社会、健康、安全、法律和文化的影响。

（5）问题分析：具有发现问题、分析问题的能力，并具备综合运用所学的知识，解决交通运输系统的分析、规划、研究和应用过程中实际问题的能力。

（6）现代工具：掌握交通运输领域相关的设计、研发和开发过程所需技术、资源、现代工程工具和信息技术工具，特别是智能优化控制和管理技术。

（7）工程与社会：具有良好的职业素养、安全意识、环保意识、创新意识，能够分析、评价专业工程实践和复杂工程问题解决方案对社会、健康、安全、法律以及文化的影响，并理解应承担的责任。

（8）环境与发展：能够理解和评价运输组织、运输规划、运营管理等工程实践对环境、社会可持续发展的影响。

（9）职业规范：具有人文社会科学素养、社会责任感，能够在工程实践中理解并遵守工程职业道德和规范，履行责任。

（10）项目管理：掌握本专业必需的制图、实验、计算、模拟与仿真、实地调研、问卷设计、文献检索等方面的技能，能够胜任道路运输、轨道运输、物流工程的岗位需求，合作完成或独立完成工程问题的解决方案。

（11）团队协作与沟通协调：具有针对复杂工程问题与同行及公众有效沟通和交流的能力，包括撰写报告和课程设计，具备一定的国际视野和跨文化交流的能力。

（12）终身学习：具备一定的搜集和处理信息的能力、获取新知识的能力、分析和解决问题的能力，不断补充新观点、新思想、新理念，主动参与、乐于探究，适应交通运输工程领域的发展趋势和未来需求。

3. 交通运输专业主干课程

交通运输专业是以运筹学、经济学、管理学、机电学、系统科学、控制理论以及土木学科为基础、以交通运输工程学科为主干学科的一门工学专业。

主干学科包括：交通运输工程、管理科学与工程。

交通运输工程：交通运输工程是研究铁路、公路、水路及航空运输基础设施的布局及修建、载运工具运用工程、交通信息工程及控制、交通运输经营和管理的工程领域。

管理科学与工程：管理科学与工程是综合运用系统科学、管理科学、数学、经济和行为科学及工程方法，结合信息技术研究解决社会、经济、工程等方面的管理问题的一门学科。这一学科是我国管理学门类中唯一按一级学科招生的学科，覆盖面广，包含了资源优化管理、公共工程组织与管理、不确定性决策研究和项目管理等众多研究领域，是国内外研究的热点。

核心知识领域：运筹学、管理学、运输组织学、运输经济学、交通运输安全、交通规划原理、交通运输枢纽与场站等。

运筹学：是现代管理学的一门重要专业基础课。其主要目的是在决策时为管理人员提供科学依据，是实现有效管理、正确决策和现代化管理的重要方法之一。该学科应用于数学和形式科学的跨领域研究，利用统计学、数学模型和算法等方法，去寻找复杂问题中的最佳或近似最佳的解答。运筹学经常用于解决现实生活中的复杂问题，特别是改善或优化现有系统的效率。研究运筹学的基础知识包括实分析、矩阵论、随机过程、离散数学和算法基础等。而在应用方面，多与仓储、物流、算法等领域相关。

管理学：管理学是一门综合性的交叉学科，是系统研究管理活动的基本规律和一般方法的科学。

运输组织学：运输组织学是一门正在发展中的综合性交叉学科，涉及管理学、组织学、运输工程学、运筹学、物流信息等多个学科。本书以汽车运输为主线，全面、系统地介绍了公路运输组织的理论、形式、方法、手段等基本知识，同时对铁路、水运、航空等其他客、货运输组织理论和方法进行了简要介绍。

运输经济学：运输经济学是指部门经济学之一。研究运输业经济关系和经济活动规律的学科。以运输业的生产和再生产活动全过程为研究领域，以人们在运输生产过程中发生的各种经济关系为研究对象。运输经济学是运输经济领域的主干学科，铁路运输经济学、水路运输经济学、公路运输经济学、航空运输经济学和管理运输经济学是它的分支学科。运输经济学为各种专业运输经济提供理论指导和方法论。

交通运输安全：从"大交通、大安全"的理念出发，以交通运输系统安全为对象，探寻交通运输安全的一般规律，兼顾各种运输方式的特性，通过构建科学的交通运输安全因素识别方法、交通运输安全预防模型和交通运输安全改善措施以综合提升交通运输安全水平。

交通规划原理：根据对历史和现状的交通供需状况与地区的人口、经济和土地利用之间的相互关系的分析研究，对地区未来不同的人口、土地利用和经济发展情形下，交通运输发展需求的分析和预测，确定未来交通运输设施发展建设的规模、结构、布局等方案，并对不同方案进行评价比选，确定推荐方案，同时提出建设实施方案（包括建设项目时序、投资估算、配套措施等）的一个完整过程。

交通枢纽与场站：系统论述从综合交通运输体系视角下，作为各种节点的交通枢纽与场站的功能定位、设施设备布局、运营管理等方法技术等。一般包括公路货运站设计、公路客运站设计、铁路客运站设计、铁路货运站设计、地下铁道站点设计、港口与码头设计以及航空机场设计。

4. 交通运输专业实践课程

交通运输专业涉及多门相关学科，是一个有较强工程应用背景和管理能力要求的工科专业。交通运输专业具有显著的工程特点，实践性强，与运输生产活动联系紧密。交通运输专业以交通运输系统理论为基础，包括交通运输组织、指挥、决策以及交通运输企业生产与经营管理等内容。因此，交通运输专业实践教学环节需加强专业知识教育，增加学生的感性认识，培养学生的探索精神、科学思维、实践能力和创新能力。

根据教育部 2018 年发布的《普通高等学校本科专业类教学质量国家标准》，交通运输专业实践课程可以分为以下几类。

(1) 实验

包括学科门类基础实验、专业基础实验、专业实验三个层次及课程实验、综合实验两个方面。实验主要类型包括演示性、综合性、设计性。

实验课程：工程力学实验、大学物理实验、金属加工工艺实习、运输组织学课程实验、交通规划原理课程实验。

(2) 实习

包括专业认识实习、生产实习、毕业设计(论文)实习。

① 认识实习

目的是建立交通运输系统的整体概念，了解交通运输系统的构成要素、各部门之间的关系、各部门生产特点和运行特点。重点了解某一种或几种运输方式的设施设备、组织结构、工作流程、管理规范、运营管理内容以及施工、运输现场技术发展趋势等。

② 生产实习

深入交通运输企业、规划设计咨询单位、技术装备制造企业、施工建设企业等进行，目的是使学生直接参与到生产实践过程中，得到应用基础理论和方法开展规划、设计、施工、生产、维修和运营管理等能力的锻炼。

(3) 毕业设计(论文)实习

结合毕业设计(论文)题目和内容要求，了解交通运输领域的实际问题，收集资料、准备数据和开展毕业设计(论文)内容的研究等。各实习环节要求具备完整的实习大纲、实习任务书，学生按规范填写实习日志和实习报告。为保证实习环节的顺利进行，应建立相对稳定的校内外实习基地，密切产学研合作。

(4) 设计

包括课程设计、毕业设计(论文)。毕业设计(论文)环节应与实践环节相结合。

① 课程设计

针对课程目标，结合课程知识点，开展综合性设计，以加深对课程理论知识的理解和掌握。课程设计应密切结合实践，培养学生的实际动手能力和创新创造能力。要求具备完整的设计指导书、任务书，学生按规范完成设计内容，并具有规范化的评分标准。

②毕业设计(论文)

题目和内容应有明确的工程应用背景,坚持一人一题,工作量和难度适中,要求学生独立完成,使学生运用知识的能力和解决工程实践问题的能力获得显著提升。指导教师应引导学生完成选题、调研、查阅资料、需求分析、制订计划以及研究、设计、撰写等环节,使学生得到全面、系统的专业能力训练。指导的学生数量应适当,并保证达到规定的指导次数和指导时间。要求具备完整的毕业设计(论文)指导书、任务书和开题报告,学生按规范完成毕业设计(论文)内容,按程序进行毕业设计(论文)答辩,并具有标准化的评分标准。

第三节 交通运输专业培养方案要求

一、相关概述

1. 培养方案

专业人才培养方案是根据专业培养目标和培养规格所制订的实施人才培养活动的具体计划,是对专业人才培养的培养目标与规格、内容与方法、条件与保障等培养过程和方式的描述和设计。高校各专业都要制订专业培养方案,它是专业人才培养的总体蓝图,是学校和专业实现教育目的,体现国家、社会对人才培养质量的统一要求和质量标准的整体规划,是从事教育教学活动的总依据。专业培养方案是教育教学活动的重要文件,经学校确定印发后,要坚决执行,不能随意更动。

2. 教学计划

教学计划是课程设置的整体规划,规定了各类课程所占比例、每门课程的学时及开课时间等,同时对实践教学、课外活动等做出全面安排。教学计划、教学大纲和教材互相联系,共同反映教学内容。

3. 课程

"课程"有广义和狭义之分。广义的"课程"指的是为实现专业教育目的而选择的教学内容的总和,即教师应教、学生应学的各门课程、实验、实习和课外活动等。狭义的"课程"是具体的教学课程或科目。

4. 教学大纲

教学大纲是根据专业培养方案,以大纲形式编写的有关课程教学内容的教学指导文件。它具体规定了实现专业培养目标的教学目的、任务、教材内容(知识、理论、技能)的范围,教学体系结构,同时规定教学进度及教学方法上的基本要求。

教学大纲是专业培养方案中规定的课程内容的具体化,专业培养方案中规定开设的每门课程都有相应的教学大纲,是从事教学、选择教材、编写教材的具体依据,是考核评估具体课程教学质量的标准。

5. 教材

教材是依据教学大纲和教学法的要求编写的、系统而简要的叙述某门课程教学内容的教学用书。除选用的教材外,还包括与课程学习相关的教学参考书、文献资料等。

6. 培养模式

(1)大类培养模式。按大类培养的专业,分阶段实施培养。大类培养阶段,按学科分类集中培养,主要设置通识课程和学科大类课程。专业培养阶段,按分流后的专业进行专业培养,制定专业培养方案。

(2)专业培养模式。学生在入学时确定专业,其培养方案和课程有较强的专业特色,学生按专业设定的培养目标进行课程修读。

二、培养方案主要内容

专业培养方案主要内容包括:专业名称与专业代码;培养目标;毕业要求;主干课程或核心课程;主要实践性教学环节;修业年限;毕业学分;授予学位;课程设置与学时分配等。

专业培养方案规定了专业应设置的课程,各门课程开设的先后顺序、学分分配、课时分配(各门学科教学周时数、总学时数和所占学分)以及学年编制(包括学期划分、确定节假日学周与教学及其他活动安排的时间)等。以上内容仅为基本要求,各学校可结合本校实际情况,自主确定各专业人才培养方案框架格式,并调整或增加其他内容,如课程介绍及修读指导建议。

三、培养方案制定原则

(1)编制专业培养方案必须坚持正确的指导思想,全面贯彻党和国家的教育方针,坚持学生知识能力和素质协调发展的原则,要充分考虑教育对象的广泛性,满足学生的不同需要;

(2)专业培养方案既要保持专业建设先进性,反映科学技术发展水平,适应经济社会发展,又要具有相对的稳定性,确保正常的教学秩序;

(3)既要坚持高度的统一性,以保证人才培养的规格,又要具有一定的灵活性,以适应不同地区的办学需要;

(4)专业培养方案必须准确描述本专业的培养目标和培养规格,并明确该专业对学生在政治思想品德方面、业务知识和能力方面、素质方面的基本要求;

(5)课程按公共基础课、专业基础课、专业课、通识课、拓展课等模块进行设置,课程教学内容按"必需"和"够用"的原则进行选择,重点放在理论的实际应用上;

(6)实践性教学环节按课程实践教学环节(实验、实训、课程大作业等)和综合实践教学环节(课程设计,实习、社会调查、毕业设计或论文等)设置;

(7)最低毕业总学分要求须符合有关规定。

四、培养方案制定要点

为推动教育教学改革深入开展,加强学生人文素质与科学素质的交融,实现通识教育大类课程教学与宽口径的专业教育的有机结合,促进学生全面发展,真正实现"厚基础、宽口径、高素质、强能力、重创新"的培养理念。专业人才培养方案的制定应广泛开展企业调研,对接专业标准,通过职业分析,明确人才培养目标;应深入开展校企合作,召开实践专家研讨会,做好培养目标与要求的分析提炼,规划课程体系,构建教学环节结构,明确教学内容,落实能力培养要求、创新教学方式和手段。专业培养方案的制定要点如下：

（1）明确人才培养目标及培养要求。培养目标和培养要求是培养方案修订的根本出发点。培养目标必须根据学校对本科人才培养的要求，结合相关领域的发展趋势、未来人才需求和本专业的自身现状及特色，参考国家人才培养标准和行业人才培养标准，在充分论证的基础上科学的制订专业培养目标，制订与培养目标相适应的专业培养要求。专业培养要求要具体除学生应掌握的知识技能外，要有明确的毕业要求和毕业条件，明确本专业毕业生知识、能力和素质所达到的要求。

（2）课程体系应符合培养目标要求。课程体系的设置应围绕和支撑培养目标和专业培养要求的实现。工程类专业可按照《工程教育认证标准》或参照工程教育认证的理念和思路制订培养方案。

（3）优化课程体系合理确定总学分。注重先修课程与后续课程的逻辑关系和学期分布，做到合理衔接，避免出现学期课程分布不均及课程重复开设等现象。合理控制各专业学分总量，以减轻课业负担，为学生创造更多自主学习，主动进行创新实践的机会。

（4）推进通识教育以提高综合素质。实施通识教育与专业教育的相互交融，实现全过程育人。一年级学生以通识课程教学为主，渗透学科基础教育，各专业只开设通识课程和学科大类课程中的公共基础课程；二年级以后以专业教育为主，在专业教育中渗透和深化通识教育，使通识教育贯穿本科阶段全过程，以实现通识教育与专业教育的有机结合。

（5）实行大类培养以拓宽专业口径。确立按学科大类培养专业人才的主导思想，拓宽专业口径，优化和整合课程资源，完善和建立前期大类培养与后期分流培养有效衔接的课程体系。同一专业大类下各专业大类必修课的设置必须统一，相近大类的专业一年级开设的课程应该相同，课程设置尽可能向大类培养方向靠近，鼓励分布在不同学院具有相近大类培养基础的专业跨学院组建大类培养体系。

（6）实施创新创业教育以强化创新创业能力。在强调基本知识、基本理论和基本技能教学的同时，应更加注重创新创业意识，创新创业方法和创新创业能力的培养，把创新创业教育贯穿到整个人才培养过程。要加强创新创业教育课程体系和内容的规划和建设，强化基础课程和专业课程在创新创业教育和创新创业人才培养中的主体和主导作用。推进创新创业方法课程开放实验创新创业训练项目的建设，课内课外相结合，大力推进大学生创新创业训练和竞赛活动，强化学生创新创业思维培养创新创业能力。

（7）推动信息化教学以改进教学方法。在课程体系的构建中，应加强信息化课程建设，促进信息技术与教育教学的深度融合。推进翻转课堂，微课，混合式教学，慕课（MOOC）等信息化教学方式在课堂教学中的应用。

对开展卓越教育培养的专业和参加工程教育专业认证的专业，应按照相关规定和培养特色单独指定培养方案。

五、培养目标与毕业要求的确定

中国工程教育专业认证协会提出，要求认证专业要有公开的、符合学校定位的、适应社会经济发展需要的培养目标，且能反映学生毕业后5年左右在社会与专业领域预期能够取得的成就。定期评价培养目标的合理性并根据评价结果对培养目标进行修订，评价与修订过程应有行业或企业专家参与,并将抽象的培养目标具体分解为核心能力并进行有效评估,最终使得培养目标可量化、可评估。

培养目标是对毕业生在毕业后5年左右能够达到的职业和专业成就的总体描述。培养目标是专业人才培养的总纲,它是构建专业知识结构形成课程体系和开展教学活动的基本依据,毕业要求(或称毕业生能力)是对学生毕业时所应该掌握的知识和能力的具体描述,包括学生通过本专业学习所掌握的技能、知识和能力,是学生完成学业时应该取得的学习成果。

尽管毕业要求包含知识、能力、境界三个层面,即知、能、信,但掌握知识的目的是应用和创造知识,而应用和创造知识需要技能和创造力,归根到底还是一种能力。培养目标更加关注的是学生"能做什么",而毕业要求更加关注的是学生"能有什么"。能"做什么"主要取决于"能有什么"。因此毕业要求是培养目标的前提,培养目标是毕业要求的结果。

在确定培养目标和毕业要求时,要注意二者在制订依据、参与人员和条款数目等方面的差异。

培养目标的制订依据主要是外部需求(包括国家、社会和学生的要求与期望)和内部需求(包括学校办学定位、人才培养定位及培养质量追求)。毕业要求的制订依据主要是培养目标和认证标准。

制订培养目标的参与人员主要是:毕业生、用人单位、学校管理者、教师和学生。制订毕业要求的参与人员主要是:教师、学生、学校管理者(包括教务部门,学生工作部门等)和毕业生。

培养目标一般用4~6条来表述,毕业要求一般用4~15条来表述。毕业要求的条款数目,取决于是否将毕业要求进一步细化为能力指标。能力指标指将毕业要求(毕业生能力)细化为更易落实在具体教学环节中,并且能对其进行定量或定性评价的条款。当然,上述对培养目标和毕业要求条款数的约定,只是一个相对的概念,并不是一般性规定。

中国工程教育专业认证协会提出,认证专业必须有明确、公开的毕业要求,毕业要求应能支撑培养目标的达成。专业应通过评价证明毕业要求的达成。专业制订的毕业要求应完全覆盖以下内容:工程知识、问题分析、设计/开发解决方案、研究、使用现代工具、工程与会、环境和可持续发展、职业规范、个人和团队、沟通、项目管理、终身学习。该部分的重点在于专业是否通过有说服力的证明材料(成绩、课题、发展质量、自评、他评等)对各项毕业要求的达成情况进行有效举证。

六、人才培养多样化

(1)宽口径培养模式。在通识教育的基础上,建立宽口径培养模式。学科门类相同或相近的各专业合并基础课,进行通识培养,统一设置公共基础课程和学科基础课程,提倡多学科交叉培养,之后学生根据志趣和爱好自主选择专业方向,全校所有本科专业课程可向其他专业、学院开放作为选修课程,打破学生的专业界限选课。

(2)允许辅修第二专业。允许辅修或兼修第二专业,培养复合型人才。鼓励学有余力的学生根据自己的志趣辅修其他专业或攻读第二学位。

(3)提高实践能力。设创新实践学分、培养学生创新实践能力,倡导研究式学习的学习能力培养。将学生参加科学研究、科技创新和社会实践以及各种相关竞赛所取得的成果纳入教学管理。调动学生的学习积极性,激发学生的参与热情。

(4)提倡多学科合作。鼓励学生参加各类科技竞赛,提倡多学科专业合作共同组队参赛。支持多学科专业联合申请科研项目,加强学科专业的互补与认知。

(5)建立校级合作机制。通过校际合作交流、联合培养互认学分、开展网络视频授课等途径,选送部分学生到国内外实习或就读,建立相关学科专业高校的人才培养合作机制,发挥优质资源的有效配置作用。

第四节 交通运输专业培养方案示例

以重庆交通大学为例,该校交通运输专业属于交通运输专业大类,2010年通过工程教育专业认证,2016年、2019年两次通过工程教育专业认证复评,2019年进入首批国家一流专业建设点。

交通运输专业按照"1+3"模式实行大类招生分流培养,以培养轨道运输、道路运输、物流工程领域的高素质工程与管理人才为目标,基本学制4年,学习年限3~6年,毕业学分170学分。

重庆交通大学交通运输专业培养方案详见表8-4-1。

交通运输专业人才培养方案　　　　　　　　表8-4-1

专业简介	重庆交通大学交通运输专业属于交通运输专业大类,按照1+3模式实行大类招生分流培养。前身是原交通部1982年创办的"交通运输管理"和1984年创办的"汽车运用工程",本专业通过了国家工程教育专业认证,是重庆市唯一布点专业。专业是国家特色专业和教育部"专业综合改革""卓越工程师教育培养计划"的试点专业及重庆市"三特行动计划"特色专业。专业依托重庆市"双一流学科—交通运输工程"、一级学科博士点、博士后科研流动站、重庆市交通运输工程重点实验室、山地城市交通系统与安全重点实验室、交通运输工程实验教学示范中心,在城乡综合运输规划、道路运营管理、现代物流、城市轨道运输等方面形成了从本科到博士研究生的完整人才培养体系,具有鲜明的专业特色和优势。 专业立足西部、面向全国,以道路运输规划与运营管理为特色,协调发展轨道运输、现代物流,服务于区域经济、参与国家的经济发展活动。培养具有良好的思想品德和文化修养,基础理论扎实、专业知识面广、实践能力强,富有创新意识、综合素质高、具有吃苦耐劳和开拓创新的精神,适应社会经济发展的高素质工程与管理人才 所属学科门类:工学 交通运输类;专业代码:081801。 基本学制:4年;学习年限:3~6年。 毕业学分:170学分。授予学位:工学学士
培养目标与毕业要求	1.培养目标 培养德、智、体、美、劳全面发展,具有良好的社会责任感和职业道德,具备团结协作、艰苦奋斗、开拓进取的实干精神,以及诚实待人、认真负责和良好的交流表达能力,具有较坚实的数学、物理、计算机、外语能力,以及必要的人文社科和经济管理基础知识,掌握运输系统规划与设计、运营组织与调度、运输企业管理、运输经济分析、国际贸易与货运代理、运输方案评估等基本理论、知识与技能。毕业后,能胜任各级交通运输管理部门、企事业单位、教学科研单位交通运输规划、组织、调度、分析、决策等工作。毕业5年左右,成为轨道运输、道路运输、物流工程领域的高素质工程与管理人才。 2.毕业要求 (1)思想道德:热爱祖国,具有坚定的政治立场、良好的思想品德、较强的社会责任感和健康的身心素质,树立科学的世界观和正确的人生观、价值观,践行社会主义核心价值观,具备良好的职业道德和市场、质量、环境、安全和持续发展意识; (2)工程知识:具有从事交通运输工程,尤其是道路运输工程和轨道运输工程领域工程设计和技术服务等工作所需的工程数学、运筹学和交通运输组织学,以及经济与管理等方面的专业基础知识以及其他相关自然科学知识;

续上表

(3)科学研究:具有制定实验方案,设计调研方案,构建模型,进行实验、调研、测算、获取、处理、分析、解释数据,综合得到合理有效结论的科学研究能力;

(4)解决方案:能够初步设计运输工程问题解决方案,特别是能够创造性地设计针对运输组织、运输规划、运营管理等复杂工程问题的解决方案,并考虑方案对社会、健康、安全、法律以及文化的影响;

(5)问题分析:具有发现问题、分析问题的能力,并初步具备综合运用所学的知识,解决交通运输系统的分析、规划、研究和应用过程中实际问题的能力;

(6)现代工具:掌握交通运输领域相关的设计、研发和开发过程所需技术、资源、现代工程工具和信息技术工具,特别是智能优化控制和管理技术;

(7)工程与社会:具有良好的职业素养、安全意识、环保意识、创新意识,能够分析、评价专业工程实践和复杂工程问题解决方案对社会、健康、安全、法律以及文化的影响,并理解应承担的责任;

(8)环境与发展:能够理解和评价运输组织、运输规划、运营管理等工程实践对环境、社会可持续发展的影响;

(9)职业规范:具有人文社会科学素养、社会责任感,能够在工程实践中理解并遵守工程职业道德和规范,履行责任;

(10)项目管理:掌握本专业必需的制图、实验、计算、模拟与仿真、实地调研、问卷设计、文献检索等方面的技能,能够胜任道路运输、轨道运输、物流工程的岗位需求,合作完成或独立完成工程问题的解决方案;

(11)团队协作与沟通协调:具有针对复杂工程问题与同行及公众有效沟通和交流的能力,包括撰写报告和课程设计,具备一定的国际视野和跨文化交流的能力;

(12)终身学习:具备一定的搜集和处理信息的能力、获取新知识的能力、分析和解决问题的能力,不断补充新观点、新思想、新理念,主动参与、乐于探究,适应交通运输工程领域的发展趋势和未来需求。

3. 毕业要求对培养目标的支撑表

培养目标与毕业要求	培养目标				
毕业要求	德、智、体、美、劳全面发展,具有良好的社会责任感和职业道德	具备团结协作、艰苦奋斗、开拓进取的实干精神,以及诚实待人、认真负责和良好的交流表达能力	具有较坚实的数学、物理、计算机、外语能力,以及必要的人文社科和经济管理基础知识	掌握运输系统规划与设计、运营组织与调度、运输企业管理、运输经济分析、国际贸易与货运代理、运输方案评估等基本理论、知识与技能	能胜任各级交通运输管理部门、企事业单位、教学科研单位交通运输规划、组织、调度、分析、决策等工作,成为轨道运输、道路运输、物流工程领域的高素质工程与管理人才
毕业要求1	●	●			
毕业要求2			●	●	●
毕业要求3			●	●	●
毕业要求4	●	●	●	●	
毕业要求5				●	●
毕业要求6			●		
毕业要求7	●	●			●
毕业要求8			●	●	
毕业要求9	●				
毕业要求10			●		●
毕业要求11		●		●	
毕业要求12					●

续上表

主干学科与交叉学科	主干学科:交通运输工程 交叉学科:管理科学与工程					
核心课程	运筹学、管理学、交通运输安全工程、物流工程学、运输组织学、交通规划原理、运输枢纽与场站					
学分学时分配表	课程类别	课程平台	学时(周数)		学分		合计学分/比例
			必修	选修	必修	选修	
	通识教育课程	思想政治	288	0	16	0	47.5/27.9%
		军事体育	112	64	5	2	
		外语	128	64	8	4	
		信息技术	80	0	5	0	
		创新创业	48	16	2.5	1	
		素质拓展	16	48	1	3	
	学科教育课程	学科基础	582	0	37	0	40/23.5%
		基础实践	48	0	3	0	
	专业教育课程	专业基础	208	0	13	0	79.5/46.8%
		专业核心	224	0	14	0	
		专业拓展	0	392	0	24.5	
		专业实践	448	0	28	0	
	第二课堂	基础、实践、发展	0	48	0	3	3/1.8%
	总计		总学分:170学分,其中必修132.5学分、占比77.9%,选修37.5学分、占比22.1%,实践47.75学分、占比28.1%				

续上表

1. 课程教学("★"表示核心课程)

课程类别	课程平台	课程代码	课程名称（中英文）	课程性质	学分	学时	学时分配				开课学期	考核方式
							理论	实验	上机	实践		
课程设置与修读要求	通识教育		思想道德修养与法律基础 Ethics and principles of law	必修	2.5	40	40				1	考试
			中国近现代史纲要 Conspectus of Chinese modern history	必修	2.5	40	40				2	考试
			毛泽东思想和中国特色社会主义理论体系概论 Maoism and the Chinese characteristics socialism theory system overview	必修	4	64	64				3	考试
			思想政治理论课综合实践 Ideological and political theory course of comprehensive practice	必修	2	32				32	3	考试
			马克思主义基本原理 Basic principles of Marxism	必修	3	48	48				4	考试
			形势与政策 Situation and policy	必修	2	64	64				1~8	考试
			军事理论 Military theories	必修	1	16	16				1	考试
			军训 Military training	必修	2	32				32	1	考查
			大学体育(基础课)Ⅰ Physical education (general Course) Ⅰ	必修	1	32					1	考试
			大学体育(基础课)Ⅱ Physical Education (general course) Ⅱ	必修	1	32					2	考试
			大学体育(专项课)Ⅰ Physical Education (special course) Ⅰ	选修	0.5	16					3	考试
			大学体育(专项课)Ⅱ Physical education (special course) Ⅱ	选修	0.5	16					4	考试
			大学体育(专项课)Ⅲ Physical education (special course) Ⅲ	选修	0.5	16					5	考试
			大学体育(专项课)Ⅳ Physical education (special course) Ⅳ	选修	0.5	16					6	考试

续上表

1.课程教学("★"表示核心课程)

课程类别	课程平台	课程代码	课程名称（中英文）	课程性质	学分	学时	学时分配				开课学期	考核方式
							理论	实验	上机	实践		
课程设置与修读要求	通识教育	外语	大学英语Ⅰ College English Ⅰ	必修	4	64					1	考试
			大学英语Ⅱ College English Ⅱ	必修	4	64					2	考试
			大学英语提高课程Ⅰ College English upgraded course Ⅰ	选修	2	32					3	考试
			大学英语提高课程Ⅱ College English upgraded course Ⅱ	选修	2	32					4	考试
			大学英语拓展课程Ⅰ College English extended course Ⅰ	选修	2	32					3	考试
			大学英语拓展课程Ⅱ College English extended course Ⅱ	选修	2	32					4	考试
			日语Ⅰ Japanese Ⅰ	选修	2	32					3	考试
			日语Ⅱ Japanese Ⅱ	选修	2	32					4	考试
			法语Ⅰ French Ⅰ	选修	2	32					3	考试
			法语Ⅱ French Ⅱ	选修	2	32					4	考试
			德语Ⅰ German Ⅰ	选修	2	32					3	考试
			德语Ⅱ German Ⅱ	选修	2	32					4	考试
			俄语Ⅰ Russian Ⅰ	选修	2	32					3	考试
			俄语Ⅱ Russian Ⅱ	选修	2	32					4	考试
		信息技术	计算机与互联网 Computers and the Internet	必修	1	16	16				1	考试
			计算机应用实践 Computer application practice	必修	1	1周				1周	1	考查
			程序设计基础(Python 语言) Programming basics(Python language)	必修	3	48	32		16		2	考试

续上表

1. 课程教学("★"表示核心课程)

课程类别	课程平台	课程代码	课程名称（中英文）	课程性质	学分	学时	学时分配				开课学期	考核方式
							理论	实验	上机	实践		
课程设置与修读要求	通识教育		职业生涯与就业指导 I Career and employment guidance I	必修	0.5	8	8				2	考试
			职业生涯与就业指导 II Career and employment guidance II	必修	0.5	8	8				6	考试
			就业与职业能力综合实践 Comprehensive practice of employment and professional ability	必修	0.5	16				16	6	考查
			创业基础 Enterprise basic	必修	1	16	16				3/5	考试
			创新创业类课程 Innovative entrepreneurship course	校选	1	16					2~7	考查
			应用写作与交流 Practical writing and communication	必修	1	16					5	考试
			跨专业通识课 Interdisciplinary general studies	校选	1	16					2~7	考查
			素质拓展类课程 Quality development course	校选	2	32					2~7	考查

（课程平台"创新创业"对应前五行；"素质拓展"对应后三行）

修读要求：必修37.5学分，选修10学分（其中，体育选修2学分，外语选修4学分，创新创业类课程选修1学分，跨专业通识课选修1学分，在人生教育、人文与艺术、自然与科技、经济与社会等素质拓展课程模块选修2学分。）

续上表

1. 课程教学("★"表示核心课程)

课程类别	课程平台	课程代码	课程名称（中英文）	课程性质	学分	学时	学时分配				开课学期	考核方式
							理论	实验	上机	实践		
课程设置与修读要求	学科教育课程	学科基础	高等数学 A(Ⅰ) Advanced mathematics A（Ⅰ）	必修	5	80	80				1	考试
			高等数学 A(Ⅱ) Advanced mathematics A（Ⅱ）	必修	5	80	80				2	考试
			线性代数 Linear algebra	必修	3	48	48				3	考试
			概率论与数理统计 C Probability theory and mathematical statistics C	必修	3	48	48				4	考试
			大学物理 B(Ⅰ) College physics B(Ⅰ)	必修	3	48	48				2	考试
			大学物理 B(Ⅱ) College physics B（Ⅱ）	必修	3	48	48				3	考试
			画法几何及工程制图 C Descriptive geometry a + nd engineering graphics C	必修	3	48	48				1	考试
			运筹学 A★ Operation research A	必修	4	64	56		8		4	考试+
			管理学 B★ Management science B	必修	2	32	32				3	考试
			工程力学 B Engineering machanics B	必修	4	64	60	4			3	考试
			交通运输工程学 Transportation engineering	必修	2	32	32				3	考试
		基础实践	大学物理实验 B College experimental physics B	必修	1	16		16			3	考查
			金属加工工艺实习 Metal working practice	必修	2	32				2周	3	考查

修读要求：必修 40 学分，选修 0 学分。

续上表

1.课程教学("★"表示核心课程)

课程设置与修读要求	课程类别	课程平台	课程代码	课程名称（中英文）	课程性质	学分	学时	学时分配				开课学期	考核方式
								理论	实验	上机	实践		
课程设置与修读要求	学科教育课程	专业基础		交通运输类专业导论 Introduction to transportation professionals	必修	0.5	8	8				1	考试
				交通运输工程前沿讲座 Traffic and transportation engineering lectures	必修	1	16	16				2	考试
				道路工程基础 Road and traffic engineering basis	必修	2	32	32				4	考查
				交通工程学 Traffic engineering	必修	3	48	48				4	考试
				运输数据分析 Transport data analysis	必修	2	32	32				5	考试
				汽车运用工程 Automobile engineering	必修	2	32	32				5	考查
				运输经济学A Transport economics A	必修	2.5	40	32			8	5	考试
		专业核心		交通运输安全工程★ Transportation safety engineering	必修	3	48	48				6	考试
				物流工程学★ Logistics engineering	必修	3	48	32	16			5	考试
				运输组织学★ Transport organization	必修	3	48	32	16			6	考试
				交通规划原理B★ System planning and design of transportation B	必修	3	48	32	16			5	考试
				运输枢纽与场站★ Transport hub and depot	必修	2	32	32				6	考试

续上表

1. 课程教学("★"表示核心课程)

课程类别	课程平台		课程代码	课程名称（中英文）	课程性质	学分	学时	学时分配				开课学期	考核方式
								理论	实验	上机	实践		
课程设置与修读要求	学科教育课程	专业拓展（运输规划模块）		城市规划原理 Fundamentals of city planning	选修	2	32	32				4	考查
				交通项目评估与管理 Transportation project assessment and management	选修	1	16	16				5	考试
				运输政策与法规 Transportation policy and regulation	选修	1	16	16				6	考查
				交通运输商务 Traffic and transportation business	选修	3	48	32	16			6	考试
				公共交通规划 Public transport services and operational planning	选修	2	32	32				6	考试
				公共交通服务质量与载客能力 Service quality of public transport and passenger capacity	选修	1	16	16				7	考查
				交通运输系统工程分析 Transportation system engineering and analysis	选修	2	32	32				7	考试
		专业拓展（物流工程模块）		第三方物流 The third party logistics	选修	2	32	32				5	考试
				物流系统规划与设计 B Logistics system planning and design B	选修	2	32	32				6	考试
				物流系统建模与仿真 Logistics system modeling and simulation	选修	2	32	16	16			6	考试
				采购与供应链管理 Procurement and supply chain management	选修	3	48	32	16			7	考试
				智能仓储 Smart storage	选修	2	32	24	8			6	考试
				物流信息技术 Logistics information technology	选修	2	32	32				7	考试
				交通运输管理信息系统 Transportation management information system	选修	3	48	32	16			7	考查

续上表

1. 课程教学("★"表示核心课程)

课程类别	课程平台	课程代码	课程名称（中英文）	课程性质	学分	学时	理论	实验	上机	实践	开课学期	考核方式
课程设置与修读要求	学科教育课程	专业拓展（轨道交通模块）	轨道交通系统 Rail transit system	选修	2	32	32				5	考试
			城市地铁与轻轨工程 City subway and light rail project	选修	3	48	48				5	考试
			轨道交通车辆 Urban rail traffic	选修	2	32	32				6	考试
			铁路行车组织 Train operation organization	选修	2	32	32				6	考试
			城市轨道交通运营组织 Urban rail transit operation organization	选修	3	48	32	16			6	考试
			城市轨道交通规划与设计 Planning and design of city rail traffic	选修	2	32	32				7	考试
			城市轨道交通信号 Signal for urban rail transit	选修	3	48	32	16			7	考试
		专业拓展（前沿微型课）	交通艺术与美学 The art and aesthetics of traffic	选修	0.5	8	8				5	考查
			智慧物流 Smart logistics	选修	0.5	8	8				7	考查
			共享出行服务 Shared travel service	选修	0.5	8	8				6	考查
			出行行为 Travel behavior	选修	0.5	8	8				5	考查
			高铁纵横 High-speed rail	选修	0.5	8	8				7	考查
			运输政策热点 Transportation policy hotspot	选修	0.5	8	8				7	考查
			无人驾驶 Unmanned driving	选修	0.5	8	8				6	考查

修读要求：必修27学分，选修24.5学分。其中，运营规划模块至少选修11学分；物流工程模块和轨道交通模块至少选修一个模块，选修12学分（其中，单个模块的选修学分数不少于10学分）；前沿微课选修1.5学分（5~7每学期各选修0.5学分）。

续上表

	2.专业实践					
	课程代码	课程名称	主要内容及要求	学分	周数	开课学期
课程设置与修读要求		专业认识实习 Professional cognition Practice	了解城乡客运企业、物流企业、汽车租赁、网约车经营管理运作体制，提交实习报告	1	1	3
		汽车构造实验 Automobile construction experiment	认识汽车主要系统、总成及零部件结构、原理，提交实验报告	1	1	5
		运输数据调查与分析综合实践 Course design of transportation data survey and analysis	以某运输公司经营线路或场站为基础，根据运输经济学、数据分析技术、运输企业管理相关理论知识，分析运输市场发展趋势，并为企业的经营管理提供预测结果和决策方案，提交实践报告（备注：可用轨道交通综合数据分析平台）	2	2	5
		物流工程课程设计 Course design of logistics engineering	运用物流工程、供应链管理相关理论对企业内、外部物流体系、配送网络、服务设施进行规划设计，结合相关知识，对企业物流资源进行整合与优化设计，提交课程设计	2	2	5
		运输组织学课程设计 Course design of transport organization	对既有线路进行优化，或根据一定的交通流设计一条公交线路，或对一个公交公司、长途客运公司的排班计划进行设计，提交课程设计	2	2	6
		运输枢纽与场站综合实践 Course project of transport hub and depot	设计一个综合性的货运或客运场站，分析交通枢纽内部人行系统，进行优化设计（备注：可用 Massmotion 交通枢纽行人仿真软件）	2	2	6
		公共交通规划课程设计 Course design of public transit planning and design	运用所学知识，对城市公共交通线路规模进行预测，对公共交通线网进行优化布局，提交课程设计	2	2	6
		城市轨道交通运营组织课程设计 Course design of urban rail transit operation organization	以某城市轨道交通线路为对象，完成线路的客流调查、停站时刻调查，提交课程设计	2	2	7
		毕业实习 Graduation practice	根据毕业设计或论文选题，收集相关资料，了解交通运输企业、物流企业、轨道交通企业的营运状况，提交实习报告	4	4	8
		毕业设计 Graduation design	根据选题，收集相关资料，完成相关课题的设计	12	12	8
	修读要求：必修28学分，选修0学分。其中，"城市轨道交通运营组织课程设计"和"物流工程课程设计"两门实践课程二选一。					

续上表

课程设置与修读要求	3.第二课堂设置			
	平台	项目	学分	备注
	基础	入学教育	0	专业认知,学籍、安全等教育
		课外阅读与讲座	0	每学年至少读2本课外书并撰写读书报告,听两场讲座
	实践	志愿服务与社会实践	0.5	至少参加1次志愿服务、公益活动、社会调查、社会实践、勤工助学、职场体验等
		创新创业实践	2	以学科竞赛、科研训练、创新创业项目、开放创新实验等成果申请学分
	发展	心理健康教育	0.5	参加各类心理健康教育活动
		社团活动	0	参加各类社团活动

毕业要求实现矩阵	序号	课程名称	毕业要求											
			1	2	3	4	5	6	7	8	9	10	11	12
	1	思想道德修养与法律基础	●								●			
	2	中国近现代史纲要	●								●			
	3	马克思主义基本原理	●								●			
	4	毛泽东思想和中国特色社会主义理论体系概论	●								●			
	5	思想政治理论课综合实践	●								●			●
	6	形势与政策	●								●			
	7	大学体育(基础课)	●											
	8	大学体育(专项课)	●											
	9	军事理论	●											
	10	军训	●											
	11	大学英语(Ⅰ~Ⅱ)											●	●
	12	大学英语提高课程(Ⅰ~Ⅱ)											●	●
	13	大学英语拓展课程(Ⅰ~Ⅱ)											●	●
	14	计算机与互联网						●						
	15	计算机应用实践						●						
	16	程序设计基础(Python语言)						●						
	17	职业生涯与就业指导(Ⅰ~Ⅱ)	●								●			●
	18	就业与职业能力综合实践	●								●			●
	19	创业基础	●								●			●
	20	创新创业类课程	●								●			●

续上表

3. 第二课堂设置

序号	课程名称	毕业要求											
		1	2	3	4	5	6	7	8	9	10	11	12
21	应用写作与交流	●								●			●
22	跨专业通识课	●								●			●
23	素质拓展类课程	●											
24	高等数学 A(Ⅰ~Ⅱ)		●			●							
25	线性代数		●										
26	概率论与数理统计 C		●										
27	大学物理 B(Ⅰ~Ⅱ)		●			●							
28	画法几何及工程制图 C		●										
29	运筹学 A★		●	●	●	●							
30	管理学 B★		●			●							
31	工程力学 B		●										
32	交通运输工程学		●			●	●						
33	大学物理实验 B		●			●							
34	金属加工工艺实习		●			●	●						
35	交通运输类专业导论		●	●	●	●							
36	交通运输工程前沿讲座							●		●			●
37	道路工程基础		●								●		
38	交通工程学				●	●		●					
39	运输数据分析				●	●	●		●				
40	汽车运用工程		●								●		
41	运输经济学 A		●						●				
42	交通运输安全工程★	●											
43	物流工程学★				●		●						
44	运输组织学★			●									
45	交通规划原理 B★				●			●			●		
46	运输枢纽与场站★				●	●	●				●		
47	城市规划原理				●	●							
48	交通项目评估与管理					●		●				●	
49	运输政策与法规							●	●				
50	交通运输商务					●			●		●		
51	公共交通规划				●	●	●		●				
52	公共交通服务质量与载客能力					●		●					

毕业要求实现矩阵

续上表

3. 第二课堂设置

序号	课程名称	毕业要求											
		1	2	3	4	5	6	7	8	9	10	11	12
53	交通运输系统工程分析		●	●			●			●			●
54	第三方物流		●	●	●	●							
55	物流系统规划与设计B			●	●	●			●				
56	物流系统建模与仿真		●	●	●						●		
57	采购与供应链管理		●	●	●	●					●		
58	智能仓储		●	●									
59	物流信息技术		●	●									
60	交通运输管理信息系统		●	●	●						●		
61	轨道交通系统		●	●	●								
62	城市地铁与轻轨工程		●			●							
63	轨道交通车辆		●		●	●		●					
64	铁路行车组织		●		●								
65	城市轨道交通运营组织		●				●						
66	城市轨道交通规划与设计		●	●	●								
67	城市轨道交通信号	●				●		●	●				
68	交通艺术与美学							●				●	●
69	智慧物流							●					
70	共享出行服务							●					
71	出行行为					●							
72	高铁纵横												●
73	运输政策热点					●		●					
74	无人驾驶							●			●		
75	专业认识实习	●										●	●
76	汽车构造实验						●					●	
77	运输数据调查与分析综合实践				●		●				●		
78	物流工程课程设计				●						●		
79	运输组织学课程设计				●						●		
80	运输枢纽与场站综合实践				●						●		
81	公共交通规划课程设计				●	●					●		
82	城市轨道交通运营组织课程设计				●						●		
83	毕业实习	●										●	●
84	毕业设计					●	●			●	●		●

注"●"表示毕业要求需要的内容。

毕业要求实现矩阵

交通运输专业知识体系和培养方案 第八章

续上表

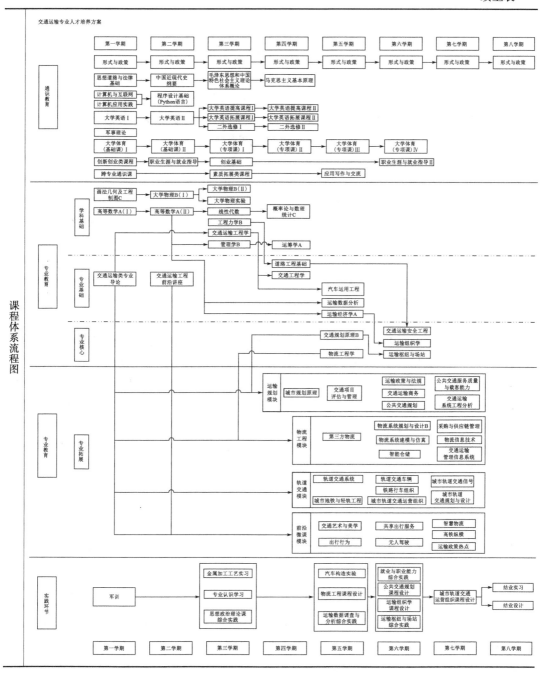

第九章 交通设备与控制工程专业简介

交通设备与控制工程专业属于交通运输工程一级学科支撑,是为适应我国交通运输行业高速发展需要,为适应交通的智能化、智慧化而发展起来的一门新兴专业。该专业具有系统理论和实践并重以及多学科交叉的特点。本书在分析各高校该专业办学共性的基础上,结合部分高校的实际特点对本专业进行讲述。通过本章学习,可了解交通设备与控制工程的概念、专业的形成与发展过程、专业的培养目标与特色、课程的结构与体系、该专业课程学习的基本要求以及主要就业去向等内容。应重点掌握以下内容:交通设备与控制工程的概念、专业的培养目标与特色、专业课程结构与体系、对该专业学习的基本要求、该专业的主要就业去向。

第一节 交通设备与控制工程的概念

一、什么是交通设备与控制工程

交通设备与控制工程(Traffic equipment and control engineering)专业主要面向新一代智能交通系统,运用交通、信息、电子、计算机和控制等多学科的基本理论和技术,研究和解决交通运输领域中信息采集、数据处理、交通控制、自动驾驶等的系列问题。

交通设备与控制工程专业的核心内容却突出强调的是信息技术在交通设备与控制中的应用,其中包括交通设备的信息化设计、制造、维护和交通设备自身通过一系列先进的控制技术和手段来实现对其安全性、智能性和可操作性等的有效提升。

交通设备与控制工程专业主要培养适应国家交通运输设备现代化建设和未来社会与科学发展需要,具备交通设备与控制工程及机电技术方面专业基础知识与应用能力,富有创新精神、实践能力的高素质复合型人才,能在交通设备及其相关领域从事科学研究、技术开发、设计制造、运营维护、生产经营、教学等方面的工作。

二、交通设备与控制工程专业设置的目的和意义

(1) 开设交通设备与控制工程专业的必要性

随着经济、社会和技术的发展,国内交通机电装备行业高速发展,越来越多的先进装备应用于道路与轨道交通、车辆和运营管理等方面,特别是近年来智能交通系统(Intelligent Transport System,简称ITS)行业的发展,推动了交通机电设备技术水平和信息化水平不断提高,扩大了其在道路交通领域各方面中的应用,包括信号优化、电子不停车收费系统(Electronic Toll Collection,简称ETC)管理、道路安全设施、服务区智能化提升以及各种交通智能化管理等。为了满足交通现代化建设和交通设备信息行业的发展需要,培养具备交通设备信息工程及机电技术方面专业基础知识与应用能力,能从事交通设施与设备和相关信息系统规划、设计、制造、开发、检修、应用研究、运行管理的高级工程技术人才,符合国家经济和社会发展要求,具有重大的现实意义和战略意义。

(2) 人才需求分析

随着国内道路与轨道交通设施设备技术水平、运载工具的技术水平和运输组织技术水平和道路交通管理与控制水平的提高,我国对交通设备及相关信息系统的规划、研发、生产、安装和使用与维护人员产生了很大的需求。随着国内高速公路规划和落实、普通公路和城市道路现代化水平的提高和轨道交通的发展,交通设备信息工程专业技术人才潜在需求量相当大,为本专业毕业生就业提供了巨大的市场。

(3) 国内外相关或相近专业比较分析

2010年以前,国内开办交通设备信息工程专业的高校仅有西南交通大学和中南大学等极少数学校,这些院校培养计划侧重于铁路兼顾城市轨道交通方向,当时国内还没有开办侧重公路和城市道路交通的交通设备信息工程专业的高校。自2010年,教育部率先批准了山东交通学院和南通大学开办首批公路方向的交通信息与设备工程专业,后改名为现在的交通设备与控制工程专业。随着交通智能化的发展,开设本专业的院校逐年增多。

三、交通设备与控制工程专业导论的作用与主要内容

交通设备与控制工程专业导论课是交通设备与控制工程专业的专业入门认知课或先导课,具有引导性、概括性和前沿性等特点。其中,引导性表现为两个方面:一是引导学生逐步进入专业课程中;二是建立学生的专业思想与方法。

交通设备与控制工程专业通常都会在大学一年级时开设导论课程。因为对刚刚进入大学校门的学生来说,尽早地开设该门专业导论课程,为学生提供一个了解本专业的窗口,有利于他们在总体上更好地了解和认识所学专业的概况及特点,全面把握专业课程的脉络,以免在大学二年级直接进入专业课程学习后,出现许多学生在整个学习过程中只知道每一门课程的知识点学习,却忽略了了解整个专业全貌的怪异现象,即"只见树木,不见森林"。因而,在大学的早期开设专业导论课十分必要,其目的是引导学生从入学开始就循序渐进地去了解所学专业的基础知识,由浅入深地逐步加深对所学专业的知识结构、专业特点与内涵的

认识程度，从而使每一个学生都能明确所开设每门课程的学习目的和目标，这对帮助他们尽早尽快地了解所学专业的性质、激发专业兴趣、掌握专业学习方法、规划自身发展等具有重要的导航作用。

交通设备与控制工程专业导论课的主要思路是以交通设备的硬件集成与软件开发为主线，运用通俗浅显的方式来阐述该专业的概况、交通背景基础、相关的专业基础知识、基本原理、核心技术，以大量简明扼要的实例及图片形象直观的展示该专业的主要技术特点与应用成果，引领学生逐步加深对该专业知识体系与课程体系的认知与了解，有序培养和训练他们的专业思维模式，有效激发其学习热情和积极性、主动性，为后续的专业课学习奠定基础和铺平道路。简单地说，该专业导论课实质上就是为刚刚走入校门的大学生或初期学习该专业的有关社会人员对所选专业进行概要解读，重点回答或解决他们心中对本专业认识上的五大疑惑，即：该专业（学科）是什么、为什么要学习该专业（学科）、该专业（学科）都学些什么内容、怎么才能学好该专业（学科）、学习该专业（学科）最终应达到什么样的目标或要求。

交通设备与控制工程专业导论课程主要包括以下内容：

(1) 概（念）论：重点阐述交通设备与控制工程专业的发展历程，它与相关学科的关系以及该专业培养模式与培养目标等，目的是引领学生建立对本专业的初步认识。

(2) 专业课程设置与相关技术和理论基础：主要介绍该专业各课程的设置以及相关的技术和理论基础，内容包括公共基础知识与理论——公共基础课部分；基本技能与工具——学科基础课部分；交通背景知识、硬件集成技术、软件开发技术——三大专业支柱课部分；以及硬件集成与开发平台——专业集成平台部分课程体系的设置。这部分内容的介绍，是为了让学生逐步认知该专业的课程体系设置情况，以及该专业应主要学习内容、研究领域与能力培养要求。

(3) 专业应用案例：通过建立典型行业发展案例库，利用这些典型实例的综合应用分析，向学生清楚地指明各专业实例中的基础理论、专业知识以及各种技术方法的实际应用特点与关联性，明确给出各实例中所涉及的理论与技术方法与专业课程体系的关系，逐步引导学生加深对专业领域广度与深度的认知，进而使学生在思想上明确自己在学习过程中应着重培养怎样的一种专业能力，须通过学习哪些知识结构才能够获得这种能力，这些知识在哪些课程中能够得以体现，这对学生的后期专业课程学习会提供很好的引导作用。

(4) 创新创业：侧重于介绍该专业的社会需求及个人发展规划，包括社会对该专业人才的需求情况和该专业毕业生的去向等，并通过创新创业方面的指导来引导学生的未来规划。

(5) 主要就业去向：学生毕业后可在国家与省、市的发展计划部门、交通规划与设计部门、工程单位、交通管理部门等从事交通运输规划、交通工程建设与施工、交通工程设计、交通控制系统开发等方面工作，以及能在交通设备及其相关领域从事科学研究、技术开发、设计制造、检修、运用研究、生产及经营管理、教学等方面的工作。

第二节 交通设备与控制工程专业的形成与发展过程

一、专业创建背景与发展过程

交通设备与控制工程专业的创建与发展大致经历了两个阶段。

(1) 第一阶段:面向轨道交通的交通设备信息工程专业创建与发展

2002年,为了满足当时我国轨道交通发展的需要,培养轨道车辆与IT信息技术紧密结合的交叉复合研究型高级技术人才,由西南交通大学两院院士沈志云教授倡议在西南交通大学成立载运工具信息工程系,并于2003年申请开设交通设备信息工程专业并获教育部批准。该专业依托西南交通大学牵引动力国家重点实验室和车辆工程、载运工具运用工程两个国家重点学科,侧重于培养轨道交通领域的既有一定理论基础和专业知识,又有科研和创新能力的本科人才。

随后,全国陆续开设交通设备信息工程专业或者专业方向的高校发展为中南大学、西南交通大学、北方工业大学、同济大学、兰州铁道大学、大连交通大学、华东交通大学共7所院校。

当时,全国每年毕业生仅300名。当时设定的专业培养目标为:培养交通安全规划设计与管理人员,能在交通运输领域从事安全系统设计、安全管理等方面工作的高级专业技术人才。

就业方向主要是在交通运输部门、信息管理与开发部门、科研院校、企业、公司从事交通安全的规划、设计,安全管理及安全系统的开发等工作。

主要课程有:现代图学、力学与设计基础、电工电子技术、单片机原理与应用、测控技术、控制工程基础、CAD/CAM、故障诊断学、机车车辆工程、信息化制造工程、城市轨道交通设备等。

(2) 第二阶段:面向道路交通的交通设备与控制工程专业创建与发展

山东交通学院与南通大学分别于2009年和2010年申报建立面向道路交通的交通设备信息工程本科专业,并于2011年开始招收交通设备信息工程专业本科生。

2012年,教育部颁发新版的《普通高等学校本科专业目录(2012年)》,将交通信息与控制工程专业名称更名为交通设备与控制工程专业。

2014年已经有交通设备与控制工程本科专业的南通大学、哈尔滨工业大学、北方工业大学、长安大学、西北工业大学、重庆交通大学、山东交通学院7所院校于南通大学召开第一届"全国高校交通设备与控制工程专业联盟"会议。会议决定秘书处设置于北方工业大学,会议每年举行一次。

交通的智能化是未来交通运输行业发展的主要方向,开设交通设备与控制工程本科专业的院校逐年增多,呈现快速发展态势。

二、专业现状

截至2019年,开设交通设备与控制工程专业或专业方向的高校有20余所,分别是重庆交通大学、西南交通大学、南通大学、山东交通学院、哈尔滨工业大学、北方工业大学、西北工业大学、大连交通大学、攀枝花学院、同济大学、北京工业大学、太原理工大学、南京工程学院、中南大学、许昌学院、湖南工业大学、湖北文理学、吉林建筑科技学院、合肥工业大学宣城校区、兰州交通大学博文学院等。

其中,先前的中南大学、西南交通大学等高校该专业的人才培养侧重轨道交通方面;山东交通学院、南通大学等部分高校的该专业人才培养侧重公路交通设备与控制;其他各个院校根据办学特点分别侧重交通信息、交通控制、高速公路监控等专业方向。

现仅针对部分侧重道路交通设备与控制的高校有关该专业的培养目标、培养要求与主要课程设置等基本情况简介如下。

(1) 中南大学

培养目标：本专业培养适应国家交通运输设备现代化、智能交通工程建设的需要，掌握交通设备信息领域相关的电子技术、控制技术、计算机技术等方面的专业知识，具备交通设备、信息及控制工程方面专业知识与应用能力，能在城市交通信号控制、高速公路机电系统、轨道交通系统、计算机技术管理与决策等领域从事交通领域设备研发、设计、维护、智能交通系统集成和运行管理的复合应用型高级工程技术人才。

培养要求：本专业学生应该具有较好的科学和人文素养，主要学习电子技术、自动控制、信息处理与控制等方面较宽广的工程技术基础理论和专业知识，以及与交通系统相关的城市交通信号控制、高速公路监控系统、通信系统、收费系统、隧道机电系统、轨道交通控制与管理、智能交通系统等专业的基础知识。

主要课程：电路理论、模拟电子技术、数字电子技术、信号与系统、自动控制理论、交通工程学、交通设计、交通管理与控制、交通规划理论与方法、交通机电设备、智能交通系统、传感器与交通信息检测技术、高级语言程序设计、网络通信与传输、数据库技术与应用、单片机原理及应用、微机原理与接口技术、计算机控制技术、电气控制与可编程控制器等。

(2) 重庆交通大学

专业定位：本专业是交通运输工程与控制工程的交叉与综合，以道路和城市交通为基础，以智能交通系统和工程素质教育为重点，适应后交通时代交通信息化、智能化发展，开展宽口径工程教育。

培养目标：培养适应我国后交通时代交通发展的需求，德、智、体全面发展，具有坚实的自然科学和必要的人文社科基础，掌握交通管理与控制、交通机电设备、交通信息检测与处理、智能交通系统的基本理论、知识与技能，具备独立从事交通控制设备、智能交通系统的规划设计、研究开发、建设施工、运营维护和管理等工作的高级工程技术人才。

核心课程：自动控制原理、微机原理及接口技术、单片机原理及应用、交通通信与网络、交通工程学、交通信息检测及处理技术、车辆定位和导航技术、道路交通控制、交通监控与收费技术、交通供配电与照明、交通系统仿真。

就业服务方向及主要从事工作：毕业生面向交通管理、规划、设计、运营等单位以及交通机电、信息、设备等生产、建设等企事业单位，主要从事交通机电系统、智能交通系统、交通安全工程、交通环境监控等规划设计、集成开发、建设监理、检测维修、运营维护等工作。

(3) 南通大学

培养目标：本专业培养具备交通设备研发、交通信息化以及交通管理等方面知识及研究开发能力，掌握交通运输工程、交通设备工程、信息与控制工程方面的基本原理、方法，能在国家与省、市的交通管理部门、交通运输企业、智能交通企业、IT 企业等从事计算机软硬件设计、研发、制造、集成和维护管理方面工作的高级工程技术人才。

主要课程：交通工程、智能交通、交通机电设备、交通控制与管理、交通规划与管理、城市轨道交通控制、物流信息系统、公共交通系统、高速公路系统控制、电子电路技术、计算机网络、嵌入式系统开发、计算机技术、交通检测、交通信息管理系统。

(4)大连交通大学

培养目标：本专业培养掌握现代车辆及装备结构原理，以及交通运输领域有关的检测与控制、网络通信与传输、信息处理、机电一体化等方面的专门知识和基本技能，能在国民经济运输各部门中从事现代车辆及装备的设计制造、测控技术、网络技术的复合型高级工程技术人才。

培养要求：本专业是车辆工程、机械工程和电气工程等学科的交叉。以基础教育与专业教育相结合，以机械基础、现代车辆构造原理、电子技术、计算机技术和信息处理技术为主体构建学科基础体系，使学生具有现代车辆及装备的设计制造及运用检修维护等方面的生产组织和管理的基本能力。注重理论和实际相结合，加强实践环节，培养基础理论宽、实践能力强、具有创新精神的复合型高级工程技术人才。

主要课程：工程力学、机械设计基础、模拟电子技术、数字电子技术、电力电子技术、动车组结构及原理、动车组故障分析及检修技术、动车组电气设备、动车组运行自动控制系统、无线通信技术、列车网络控制技术、动车组制动技术等。

(5)北方工业大学

本专业注重提高学生的综合素质，强调理论教学与实践能力的培养，除有关专业课程的实验外，还有社会实践、认识实习、生产实习、工程实训及各类课程设计、毕业设计等实践环节，以培养学生的工程实践能力。本专业提倡创新进取和学以致用的精神，鼓励学生参加全国及北京市组织的各种相关竞赛，近年来本专业教师指导学生在全国大学生交通科技大赛、北京市大学生交通科技大赛、首都大学生创业大赛等比赛中均获得了突出的成绩。

该校的城市道路交通智能控制技术北京市重点实验室、北方工业大学—西门子智能交通联合实验室等机构可面向本专业学生开放，进一步培养学生的科研兴趣和创新意识。

(6)哈尔滨工业大学

交通设备与控制工程专业隶属交通科学与工程学院交通信息与控制工程系，依托于交通信息工程及控制二级学科。本专业是传统交通工程与先进信息科学的交叉与综合，具有鲜明工程应用背景的特色交叉学科。本专业主要面向新一代智能交通系统和智能交通检测系统，运用电子、信息、计算机和控制等多学科的基本理论和技术，解决交通运输领域当中的信息采集、数据处理及交通检测与控制等系列问题。

通过在本专业学习，能够广泛、系统地掌握信息领域当中多个方向的前沿理论和技术，并融汇交通运输的行业背景。本专业通过大量的专业实践锻炼，着重培养学生在工程实践中发现、分析和解决问题的能力，毕业生可以独立从事智能交通系统的研发、设计与实现以及交通运输规划与管理等方面的工作，学生具有良好的就业前景和研究发展基础。

国际化也是本专业的特色之一，已与华盛顿大学合作建立哈尔滨工业大学—华盛顿大学先进交通技术国际联合实验室,开设多门双语课程和外籍教师任教的纯英语课程。本学科已经建立起从本科培养到硕士、博士研究生培养以及博士后研究的一条龙培养体系。

本学科主要研究方向:交通流模拟与控制技术研究,交通仿真技术研究与应用,基于物联网的智能交通技术研究,智能交通传感技术研究与应用,网络化智能交通检测技术研究,城市交通管理与决策支持系统研究,交通应急智能决策、救援与指挥系统研究,重大危险源辨识技术与监控系统研究,路面结构与路面表面特性评价方法研究与应用,交通及道路基本信息获取技术研究与应用,多源交通数据融合与处理技术研究。

(7) 西北工业大学

培养目标:本专业是2012年教育部新设立的特设专业,依托该校国家一级学科交通运输工程。培养掌握交通设备和控制工程基础理论知识与应用能力突出的高级技术人才,特别是从事城市交通监视和控制、航空机载设备、军用/通用航空监视等领域的高级研究和工程技术人才。

就业方向:毕业生可就职于政府交通管理部门,航空、公路及铁路等交通运输部门,交通运输装备研究院所和相关生产研发单位从事交通运输设备设计、开发,交通运输规划与管理等工作。

(8) 南京工程学院

培养目标:本专业培养适应经济建设和社会发展需要,德、智、体全面发展,具备较扎实的理论基础、较宽的知识面,掌握车辆专业知识、通用电气知识、车辆机电设备控制知识,以及车辆机电设备、检测与控制、网络通信与传输三类技术相融合的应用型交通设备与控制工程高级技术人才。

主要课程:电机与拖动、电力电子技术、液压与气压传动、电气控制与PLC、交通设备概论、车辆电子电气、电力牵引控制系统、车辆运行控制、交通装备控制与网络技术、交通信息技术、轨道交通供电系统、电动汽车概论等。

就业方向:本专业毕业生可从事交通运输车辆机电设备的设计、制造、配套、安装、检测、维护(修)工作,也可从事工业自动化装备的产品开发、工程设计、安装维修工作。

(9) 山东交通学院

培养目标:本专业培养具备交通设备研发、设计、制造、系统集成、维护、运行管理等基本技能的应用型高级工程技术人才。

主要课程:交通工程总论、智能交通系统、现代工程图学、力学与设计基础、电工电子技术、单片机原理与应用、控制工程基础、交通控制与管理、计算机语言、交通通信工程、交通传感技术、交通信息技术等。

基本技能:交通设备信息工程的基础科学理论;利用计算机软件工具进行交通信息系统的设计、集成、更新和维护以及利用机械、电子工具进行交通设备的研发、设计、制造、安装和维护的初步能力。

就业去向:学生毕业后可以在道路交通相关企业与管理部门、轨道交通相关企业从事相关设备的规划、组织、实施和运营管理工作,也可在交通设备信息行业从事交通管理与控制设施设备、道路和轨道交通控制系统、道路和轨道交通信息系统的开发、设计、生产、集成、使用与维护等工作。

(10) 太原理工大学

培养目标：本专业培养适应国家交通运输设备现代化、智能交通工程建设的需要,掌握交通设备信息领域相关的电子技术、控制技术、计算机技术等方面的专业知识,具备交通设备、信息及控制工程方面专业知识与应用能力,能在城市交通信号控制、高速公路机电系统、轨道交通系统、计算机技术管理与决策等领域从事交通领域设备研发、设计、维护、智能交通系统集成和运行管理的复合应用型高级工程技术人才。

培养要求：本专业学生应该具有较好的科学和人文素养,主要学习电子技术、自动控制、信息处理与控制等方面较宽广的工程技术基础理论和专业知识,以及与交通系统相关的城市交通信号控制、高速公路监控系统、通信系统、收费系统、隧道机电系统、轨道交通控制与管理、智能交通系统等专业的基础知识。

主要课程：电路理论、模拟电子技术、数字电子技术、信号与系统、自动控制理论、交通工程学、交通设计、交通管理与控制、交通规划理论与方法、交通机电设备、智能交通系统、传感器与交通信息检测技术、高级语言程序设计、网络通信与传输、数据库技术与应用、单片机原理及应用、微机原理与接口技术、计算机控制技术、电气控制与可编程控制器等。

主要实践教学环节：军训、金工实习、电子工艺实习、专业生产认识实习、毕业实习、课程设计、毕业设计等。

主要专业实验：电路实验、电子技术实验、智能交通系统实验、交通机电设备实验、传感器与交通信息检测技术实验、交通管理与控制实验、网络通信与传输实验、单片机设计实验、计算机控制技术实验、交通设备与控制工程专业综合实验等。

各校该专业基本学程均为4年,最长修业年限可相应延长至8年。

三、专业办学条件

交通设备与控制工程专业具有两个显著特点：一是其系统复杂性,涉及众多交叉学科；二是目前我国高等学校在本专业人才培养过程中因办学历史和特色优势,基本上是按某一运输方式或专业方向来培养专门人才。

由于各高校的发展历史和专业建设的历程各不相同,各专业的办学条件也存在着很大的差异性,各有特色,故没有统一标准。在此,依据《交通运输类教学质量国家标准》的要求,特将有关教学条件的基本要求列举如下。

1. 教学设施要求

(1) 基本办学条件

交通运输类专业的基本办学条件须参照教育部相关规定执行。

(2) 教学实验室

基础课程实验室的生均面积、生均教学设备经费至少应满足教育部相关规定的基本要求。专业实验室应能满足本专业类培养计划实践教学体系所列要求。每种实验设备既要有足够的台套数,又要有较高的利用率。

实验室应建立设备使用档案、设备与实验的标准操作规程。有专人负责保管,定期进行检查、清洁、保养、测试和校正,确保仪器设备的性能稳定可靠。有存放实验设备、耗材的设施,有收集和处置实验废弃物的设施。

实验室应具备支持研究的能力,具有一定的课外开放时间,条件允许下应设立实验室基金。

(3)实践基地

必须有满足教学需要、相对稳定的实习基地。应根据学科专业特色和学生的就业去向,与交通运输行业科研院所、企业加强合作,建立有特色的实践基地,满足相关专业人才培养的需要。

实践基地应制定实践管理制度并依据制度对学生进行管理,实践管理制度应包括教师选派、教学安排、质量评价等内容。实践单位应指定专门负责人并提供必要的实践、生活条件保障。

各类实践、实习要有具体的实习大纲和实习指导书,有明确的实习内容,实习结束后学生应提交实习报告,据此给予实习考核成绩。

2. 信息资源要求

(1)基本信息资源

通过手册或者网站等形式,提供本专业的培养方案,各课程的教学大纲、教学要求、考核要求,毕业审核要求等基本教学信息。

(2)教材及参考书

专业基础课程中 2/3 以上的课程应采用正式出版的教材,其余专业基础课程、专业课程如无正式出版教材,应提供符合教学大纲的课程讲义。教材优先选用国家级或行业规划教材。

(3)图书信息资源

图书馆与相关资料室中应提供必要的该专业及相关学科的图书资料、刊物,刊物应包括交通运输领域核心期刊,有一定数量的外文图书与期刊。

提供主要的数字化专业文献资源、数据库和检索这些信息资源的工具,并提供使用指导。

建设必要的专业基础课、专业课课程网站,提供一定数量的网络教学资源。

本专业类所有馆藏资源均应向学生开放。

3. 教学经费要求

教学经费应能满足本专业类教学、建设和发展的需要。

已建专业每年正常的教学经费应包含师资队伍建设经费实验室维护更新经费、专业实践教学经费、图书资料经费、实习基地建设经费等。

新建专业应保证一定数额的不包括固定资产投资在内的专业开办经费,特别是应有实验室建设经费。

每年学费收入中应有足够的比例用于专业的教学支出、教学设备仪器购买、教学设备仪器维护以及图书资料购买等。

第三节 交通设备与控制工程专业的培养目标与特色

由于每一所高校的发展历程不同，其自身的优势资源、办学特点及对交通设备与控制工程专业建设的认识角度与程度的不同，该专业的专业定位、培养目标、专业特色和课程体系设置等方面都会存在着一定的差异性，每所高校在人才培养方案制定上都会各自有所侧重，凸显自身特点，为此，本教材在后续各章节内容撰写中，以山东交通学院人才培养方案为重点，同时兼顾各高校在人才培养方案中的共性与特点。

一、专业定位

交通设备与控制工程专业是为满足我国智能交通事业的快速发展对人才的需求而设立的本科专业。本专业是传统交通工程与先进信息科学的交叉与综合，具有鲜明工程应用背景的特色交叉专业。本专业按照学校确定的"培养交通事业一线有成长力的工程师和管理者"的办学定位，以交通、信息和控制等多学科的基本理论和技术为基础，以智能交通系统设计研发与运维为专业发展方向，培养适应国家交通科技现代化智能交通工程建设、智能交通产品研发、生产和管理第一线需要的应用型人才。

二、培养目标

本专业培养适应社会主义现代化建设需要，树立社会主义核心价值观、具有高度社会责任感和使命感，熟练掌握工程科学基础理论、工程项目管理知识、智能交通专业知识与技能。熟悉国家智能交通的技术标准。了解智能交通理论前沿与发展动态，具有较强的工程实践能力，能在智能交通及其相关领域从事系统规划、设备研发、工程设计、系统集成、维护、运行、销售等工作的面向智能交通系统建设一线，具有较强的创新意识、创新精神和一定创新创业能力，具有一定国际工程视野，有成长力的工程师和管理者。

三、专业特色

（1）交通设备与控制工程专业是交通运输工程、控制科学与工程、信息与通信工程、计算机科学与技术等知识交叉融合的专业。

（2）交通设备与控制工程专业依托公路工程背景，培养掌握交通控制、智能交通系统规划与设计、交通软件开发以及交通硬件集成等基本理论、基本知识和基本技能的综合性专业技术人才。

（3）该专业突出了交通工程背景，重视实践教学环节，师资学历职称高、理论基础扎实、工程经验丰富。同时依托校内外实习实训基地，"集成、加强、更新"实践教学体系，注重培养学生的工程实践能力和创新能力。锻炼学生独立解决工程问题的能力。

四、专业能力和素质的发展

本专业毕业生，应具备以下几方面的知识、能力和素质要求：

(1) 具备数学、自然科学及工程知识的应用能力。

(2) 能够应用数学、自然科学和工程科学的基本原理，识别、表达并通过文献研究分析智能交通领域的复杂工程问题。

(3) 具有一定的解决交通科技和工程实际问题的能力，初步的科技研究和开发能力、组织管理能力、生产经营能力和自学能力。

(4) 掌握利用计算机软件工具进行交通信息系统的设计、集成、更新和维护以及利用机械、电子工具进行交通设备的研发、设计、制造、安装和维护的实践知识和技能，具有工程质量和效益观念。

(5) 具备使用现代工具处理工程问题的能力。

(6) 能够基于工程相关背景知识进行合理分析，评价专业工程实践和复杂工程问题解决方案对社会、健康、安全、法律以及文化的影响。

(7) 能够理解和评价针对复杂工程问题的专业工程实践对环境、社会可持续发展的影响。

(8) 具备人文社会科学素养、社会责任感，能够在工程实践中理解并遵守工程职业道德和规范，履行责任。

(9) 能够在多学科背景下的团队中承担个体、团队成员以及负责人的角色。

(10) 能够就复杂工程问题与业界同行及社会公众进行有效沟通和交流，包括撰写报告和设计文稿、陈述发言、清晰表达或回应指令。并具备一定的国际视野，能够在跨文化背景下进行沟通和交流。

(11) 具备工程项目管理能力。

(12) 对终身学习有正确认识，具备不断学习和适应发展的能力。

第四节　交通设备与控制工程专业学习的基本要求

适应国家经济社会发展对于智能交通系统规划、设计、建设、管理等方面高素质人才的需求，培养秉承"规格严格，功夫到家"的校训，具有信念执着、品德与人文素养优良、知识与工程实践经历丰富的，具备综合运用所学知识和技术手段并考虑经济、环境、安全及法律法规等制约因素解决智慧交通面临的交通检测技术、交通数据管理与分析和交通管理与控制等实际问题的过硬本领，拥有创新精神、终身学习和团队协作能力、国际视野及引领未来发展的创新人才，成长为全面发展的社会主义事业建设者和接班人。毕业后能够在智能交通及相关领域从事规划设计、技术开发与咨询、组织管理与决策、研究与教育等方面的工作，并在毕业后5年内成为智能交通相关领域的技术与管理骨干。基本要求如下：

(1) 具有较扎实的学科理论知识，熟练掌握一门外语并能较熟练地查阅本专业的外文资料。

(2) 较系统地掌握交通设备与控制工程的技术理论、基本知识和基本技能。

(3) 掌握交通设备机电系统整体和零部件、各装置的结构性能的分析和设计方法。

(4) 掌握交通设备与控制工程所必需的电气、电子和信息学科的基本知识和技能。

(5) 具有必需的实验、文献检索的技能，了解交通设备与控制工程专业科技发展的新动向和发展趋势。

(6)具有初步的交通设备与控制工程新技术、新工艺、新设备的研究、开发和组织管理能力。

(7)具有较强的创新意识和获得新知识的能力。

第五节 交通设备与控制工程专业就业方向

随着后交通时代对交通安全、交通效率提升、交通环境保护、智能交通及信息化需求的不断提高,交通设备与控制工程专业的就业形势越来越好。以重庆交通大学为例,本专业每年读研深造和出国留学的人数占应届毕业生的30%以上,就业率近100%。毕业生可从事智能交通技术、产品的研发,就业单位以规划设计院、智能交通企业、高速公路管理企业、公交集团等科研院所和高校、三资企业及大中型国为主。国内深造考研院校多为:同济大学、哈尔滨工业大学、东南大学、西南交通大学以及北京交通大学等。表9-5-1为重庆交通大学交通设备与控制工程专业2016级就业情况。

重庆交通大学交通设备与控制工程专业2016级就业情况表　　表9-5-1

就业去向	工作地点	工作内容
宁夏天豹汽车运输有限责任公司	宁夏	车辆审验
广东诚泰交通科技发展有限公司	广东	现场工程师
浙江浙大中控信息技术股份有限公司	杭州	信号优化工程师
浙江大华技术股份有限公司	重庆	解决方案工程师
广东诚泰交通科技发展有限公司	广东	Java开发
上海平可行智能科技有限公司	上海	后台开发
武汉科技大学	湖北	研究生
中交一航局	辽宁	人力资源
中建隧道建设有限公司	山西	施工技术
重庆轨道交通(集团)有限公司	重庆	行车值班员
云南工程建设总承包股份有限公司	云南	施工技术
浙江海洋大学	浙江	研究生
浙江交工路桥建设有限公司	浙江	物资设备管理
四川港投集团	四川	工程管理
重庆轨道交通(集团)有限公司	重庆	地铁线路检修
重庆轨道交通(集团)有限公司	重庆	行车值班员
上海平可行智能科技有限公司	上海	项目管理
重庆交通大学	重庆	研究生

续上表

就业去向	工作地点	工作内容
重庆见微知著广告有限公司	重庆	文案策划
广西路桥工程集团有限公司	云南	高速公路运营筹备
重庆建工爆破分公司	重庆	施工员
长安大学	陕西	研究生
重庆点点通科技有限公司	重庆	修理工
中交一公局厦门工程有限公司	厦门	技术员
重庆市轨道交通(集团)有限公司	重庆	车站值班员
巫山	重庆	基层工作
重庆轨道交通(集团)有限公司	重庆	地铁线路检修
西南交通大学	四川	研究生
中铁上海局	福建	物资设备部
中铁上海局	重庆	研究生
中建五局安装公司	重庆	技术员
中交机电工程局	新疆	机电交安系统工程师
重庆交通大学	重庆	研究生

➡第六节 交通设备与控制工程专业人才培养方案示例

下面介绍重庆交通大学最新的2018版交通设备与控制工程专业人才培养方案。

一、专业简介

交通设备与控制工程专业属于交通运输工程专业大类，按照"1+3"模式实行大类招生，在大学第二年分流培养，于2012年开始单独招收本科生。是重庆市三特专业，一级学科是重庆市重点建设的"双一流学科"，具有从本科到博士研究生的完整人才培养体系，并建有博士后科研流动站；具有从本科到博士研究生的完整人才培养体系，并建有博士后科研流动站；有重庆市交通运输工程重点实验室、山地城市交通畅通与安全重点实验室、山区道路复杂环境"人车路"协同与安全重庆市重点实验室、重庆市交通运输工程实验教学示范中心等研究与教学平台，在国内同类专业中处一流水平。

专业立足西部，辐射全国，是交通运输学科、信息与控制学科的交叉综合，主要面向公路和城市交通，以交通数据分析与应用、交通机电系统、控制装备、智能交通系统的基础理论和工程素质教育为重点，培养出适应后交通时代综合交通协调发展的宽口径工程教育需求的交通信息、设备与系统集成方面的高素质应用型人才。

所属学科门类:工学　　　　　　专业代码:081806T
基本学制:4 年　　　　　　　　学习年限:3~6 年
毕业学分:170 学分　　　　　　授予学位:工学学士

二、培养目标与毕业要求

1. 培养目标

培养适应经济社会发展需要,德、智、体、美、劳等方面全面发展,具有坚实的自然科学基础,掌握交通工程和信息技术的基本理论,具备较强的交通控制、交通信息系统设计与分析、交通机电设备开发与应用、交通数据分析与应用、智能交通系统规划与设计等专业能力,5年后成为能在交通相关部门从事交通信息、控制装备的设计、研发、建设、监理、运营、维护与管理等工作的高素质应用型人才。

2. 毕业要求

(1)思想政治与身心素质:热爱祖国,具有坚定的政治立场、良好的思想品德、较强的社会责任感和健康的身心素质,树立科学的世界观和正确的人生观、价值观,践行社会主义核心价值观,具备良好的职业道德和市场、质量、环境、安全和持续发展意识。

(2)工程知识:具有从事交通运输工程,尤其是智能交通工程领域工程设计和技术服务等工作所需的数学、计算机和交通工程学,以及其他相关自然科学知识。

(3)科学研究:具有制定实验方案,设计调研方案,构建模型,进行实验、调研、测算、获取、处理、分析、解释数据,综合得到合理有效结论的科学研究能力。

(4)解决方案:能够设计针对复杂工程问题的解决方案,设计智能交通设施设备或系统,并能够在设计环节中体现创新意识,考虑社会、健康、安全、法律、文化及环境等因素。

(5)问题分析:具有发现问题、分析问题的能力,并初步具备综合运用所学的知识,解决交通系统的分析、规划、研究和应用过程中实际问题的能力。

(6)现代工具:掌握交通运输领域相关的设计、研发和开发过程所需技术、资源、现代工程工具和信息技术工具,特别是智能优化控制和管理技术。

(7)工程与社会:具有良好的职业素养、安全意识、环保意识、创新意识,能够分析、评价专业工程实践和复杂工程问题解决方案对社会、健康、安全、法律以及文化的影响,并理解应承担的责任。

(8)环境与发展:能够理解和评价智能交通系统规划、交通控制、交通管理等工程实践对环境、社会可持续发展的影响。

(9)职业规范:具有人文社会科学素养、社会责任感,能够在工程实践中理解并遵守工程职业道德和规范,履行责任。

(10)项目管理:掌握本专业必需的制图、实验、计算、模拟与仿真、实地调研、问卷设计、文献检索等方面的技能,能够胜任交通设备运维、交通数据分析、智能交通工程的岗位需求,合作完成或独立完成工程问题的解决方案。

(11)团队协作与沟通协调:能够就交通问题与业界同行及社会公众进行有效沟通和交流,包括撰写报告和设计文稿、陈述发言、清晰表达或回应指令。并具备一定的国际视野,能够在跨文化背景下进行沟通和交流。

（12）终身学习：具备一定的搜集和处理信息的能力、获取新知识的能力、分析和解决问题的能力，不断补充新观点、新思想、新理念，主动参与、乐于探究，适应交通运输工程领域的发展趋势和未来需求。

毕业要求对培养目标的支撑详见表9-6-1。

毕业要求对培养目标的支撑　　　　　　　　表9-6-1

毕业要求	培养目标			
	适应经济社会发展需要，德、智、体、美、劳等方面全面发展	具有坚实数学、计算机、外语、物理等自然科学基础	掌握交通工程和信息技术的基本理论，具备较强的交通控制、交通信息分析与应用等专业能力	能在交通相关部门从事交通信息、控制装备的设计、研发、建设、监理、运营、维护与管理等工作的高级工程技术人才
毕业要求1	●			
毕业要求2	●	●		
毕业要求3	●	●		
毕业要求4			●	
毕业要求5			●	●
毕业要求6			●	●
毕业要求7			●	●
毕业要求8	●			●
毕业要求9				●
毕业要求10				●
毕业要求11			●	●
毕业要求12	●		●	●

注：表中"●"表示毕业要求需要的内容。

三、主干学科与交叉学科

主干学科：交通运输工程，控制科学与工程。

交叉学科：计算机科学与技术。

四、核心课程

数据库系统及应用、自动控制原理C、电工与电子技术A、交通机电系统、交通管理与控制B、交通信息检测及处理技术、交通通信与网络、交通地理信息系统。

五、学分学时分配

学分学时分配详见表9-6-2。

学分学时分配表　　　　表9-6-2

课程类别	课程平台	学时(周数)		学 分		合计学分/比例
		必修	选修	必修	选修	
通识教育课程	思想政治	288		16		45.5/26.8%
	军事体育	144		5		
	外语	128	128	8	4	
	信息技术	32	48	2	3	
	创新创业	48	16	2.5	1	
	素质拓展	32	32	2	2	
学科教育课程	学科基础	432	152	26	9.5	39.5/23.2%
	基础实践	32		4		
专业教育课程	专业基础	252	64	13.5	3.5	82/47.1%
	专业核心	284		16	4.5	
	专业拓展		368		13.5	
	专业实践	155		31		
第二课堂	基础、实践、发展		48		3	3/1.8%
总计		总学分:170学分,其中必修131学分、占比74.8%,选修39学分、占比25.2%,实践38学分、占比23.6%。				

六、课程设置与修读要求

课程教学详见表9-6-3。

课程教学("★"表示核心课程)　　　　表9-6-3

课程类别	课程平台	课程代码	课程名称(中英文)	课程性质	学分	学时	学时分配				开课学期	考核方式
							理论	实验	上机	实践		
通识教育	思想政治	18210071	思想道德修养与法律基础 Ethics and principles of law	必修	2.5	40	40				1	考试
		18210072	形势与政策 Situation and policy	必修	2	64	64				1~8	考试
		18210070	中国近现代史纲要 Conspectus of Chinese modern history	必修	2.5	40	40				2	考试
		19210611	思想政治理论课综合实践 Ideological and political theory course of comprehensive practice	必修	2	32				32	3	考试
		19210029	毛泽东思想和中国特色社会主义理论体系概论 Maoism and the Chinese characteristics socialism theory system overview	必修	4	64	64				3	考试
		18210336	马克思主义基本原理 Basic principles of Marxism	必修	3	48	48				4	考试

续上表

课程类别	课程平台	课程代码	课程名称（中英文）	课程性质	学分	学时	理论	实验	上机	实践	开课学期	考核方式
通识教育	军事体育	18210075	大学体育（基础课）（Ⅰ） Physical education (general course)(I)	必修	1	32				32	1	考试
		18210427	大学体育（基础课）（Ⅱ） Physical education (general course)(Ⅱ)	必修	1	32				32	2	考试
		19210031	大学体育（专项课）Ⅰ Physical education(special course) Ⅰ	选修	1	32				32	3	考试
		19210032	大学体育（专项课）Ⅱ Physical education(special course) Ⅱ	选修	1	32				32	4	考试
		18210073	军事理论 Military theories	必修	1	16	16				1	考试
		18210074	军训 Military training	必修	2	32				32	1	考查
	外语	18210076	大学英语（Ⅰ） College English（Ⅰ）	必修	4	64	64				1	考试
		18210428	大学英语（Ⅱ） College English（Ⅱ）	必修	4	64	64				2	考试
		18210186	大学英语提高课程（Ⅰ） Improving course of college English（Ⅰ）	选修	2	32	32				3	考试
		18210194	大学英语提高课程（Ⅱ） Improving course of college English（Ⅱ）	选修	2	32	32				4	考试
		19210035	大学英语拓展课程（Ⅰ） Extended course of college English（Ⅰ）	选修	2	32	32				3	考试
		19210036	大学英语拓展课程（Ⅱ） Extended course of college English（Ⅱ）	选修	2	32	32				4	考试
		19210229	日语Ⅰ Japanese Ⅰ	选修	2	32	32				3	考试
		19210038	日语Ⅱ Japanese Ⅱ	选修	2	32	32				4	考试
		19210240	法语Ⅰ French Ⅰ	选修	2	32	32				3	考试
		19210238	法语Ⅱ French Ⅱ	选修	2	32	32				4	考试

续上表

课程类别	课程平台	课程代码	课程名称(中英文)	课程性质	学分	学时	理论	实验	上机	实践	开课学期	考核方式
通识教育	信息技术	18210080	计算机与互联网 Computer and internet	必修	1	16	16				1	考试
		18210087	计算机应用实践 Computer application and practice	必修	1	32			32		1	考查
		18210466	程序设计基础(Python语言) Python programming	必修	3	48	32		16		2	考试
	创新创业	18210429	职业生涯与就业指导(Ⅰ) Employment guidance(Ⅰ)	必修	0.5	8	8				2	考试
		19211194	职业生涯与就业指导(Ⅱ) Employment guidance(Ⅱ)	必修	0.5	8	8				6	考试
		19211196	就业与职业能力综合实践 Comprehensive practice of employment and professional ability	必修	0.5	16				16	6	考查
		19211184	创业基础 Enterprise basic	必修	1	16	16				5	考试
			创新创业选修课程 Innovation and entrepreneurship elective courses	校选	1	16	16				4	考查
	素质拓展	18210245	应用写作与交流 Applied writing and communication	必修	1	16	16				5	考试
			跨专业通识课 Interdisciplinary general education	校选	1	16	16				4	考查
			素质拓展选修课 Quality development elective courses	校选	2	32	32				7	考查

修读要求:必修37.5学分,选修10学分。

续上表

课程类别	课程平台	课程代码	课程名称（中英文）	课程性质	学分	学时	理论	实验	上机	实践	开课学期	考核方式
学科教育课程	学科基础	18210088	高等数学A（Ⅰ） Advanced mathematics（Ⅰ）	必修	5	80	80				1	考试
		18210433	高等数学A（Ⅱ） Advanced mathematics（Ⅱ）	必修	5	80	80				2	考试
		18210458	大学物理B（Ⅰ） College physics B（Ⅰ）	必修	3	48	48				2	考试
		19211166	大学物理B（Ⅱ） College physics B（Ⅱ）	必修	3	48	48				3	考试
		19210679	电工与电子技术 A★ Principle of electrical circuits and power electronics A	必修	4	64	64				4	考试
		18210091	线性代数 Linear algebra	必修	3	48	48				3	考试
		19210137	概率论与数理统计 B Probability theory and mathematical statistics B	必修	4	64	64				4	考试
		19210123	复变函数与积分变换 Function of complex variable and integral transform	选修	3	48	48				4	考试
		18210100	画法几何及工程制图 C Descriptive geometry and engineering drawing C	必修	3	48	48				1	考试
		19212092	工程测量 B Engineering survey B	选修	3	48	36	12			3	考试
		19210354	运筹学 B Operation research B	选修	3	48					4	考试
	基础实践	19211169	大学物理实验 B College physical experiment B	必修	1	16		16			3	考查
		18210476	金属加工工艺实习 Metal working process exercise	必修	2	32				32	3	考查
		19210317	电工电子综合实践 Integrated electrical and electronic practice	必修	1	16		16			4	考查

修读要求：必修34学分，选修9学分。

续上表

课程类别	课程平台	课程代码	课程名称（中英文）	课程性质	学分	学时	理论	实验	上机	实践	开课学期	考核方式
专业教育课程	专业基础	18210452	交通运输工程前沿讲座 Frontier lecture on transportation engineering	选修	1	16					2	考查
		18210164	交通运输类专业导论 Introduction to transportation professionals	选修	0.5	8	8				1	考查
		19212218	数据库系统及应用★ Database systems and application	必修	3.5	56	24		32		3	考试
		19212219	单片机原理及应用A Fundamentals of mono-Chip computers & applications A	必修	3.5	56	40	16			5	考试
		19210765	自动控制原理C★ Principle of automatic control C	必修	2.5	40	32	8			4	考试
		19212220	微机原理及接口技术 Microcomputer principle and interface technology	必修	2.5	40	24	0	16		4	考试
		19212221	大数据原理及应用 Big data principle and application	选修	2.5	40	24	16			4	考试
		19211985	道路工程概论 Road engineering	必修	2	32	32				5	考试
	专业核心	19210797	交通机电系统★ Traffic electromechanical system	必修	2	32	24	8			6	考试
		19210805	交通供配电与照明★ Traffic power supply-distribution system	必修	2	32	32				6	考试
		19210904	交通地理信息系统★ Transportation GIS	必修	2	32	32				5	考试
		19210811	交通管理与控制B★ Road traffic control B	必修	3.5	56	40	16			5	考试
		19210816	交通通信与网络★ Traffic communications and networks	必修	3	48	32	16			5	考试
		19210823	交通信息检测及处理技术★ Traffic data detection and processing	必修	3.5	56	40	16			6	考试

续上表

课程类别	课程平台	课程代码	课程名称（中英文）	课程性质	学分	学时	理论	实验	上机	实践	开课学期	考核方式
学科教育课程	专业拓展	19210864	智能交通系统规划与设计 Planning and design of ITS	选修	2	32	32				7	考试
		19210866	轨道交通运营与维护 Rail transit operation and maintenance	选修	2.5	40	24	16			6	考试
		19210868	交通规划原理B Principle of traffic B	选修	3	48	32	16			6	考试
		19210870	车辆定位与导航技术 Vehicle position and navigation system	选修	2	32	24	8			7	考试
		19210872	交通图像处理技术 Basic photoshop tutorials	选修	2	32	24	8			5	考查
		19212407	嵌入式系统基础B Fundamentals of embedded system B	选修	3	48	32	16			6	考查
		19210875	信息系统分析与设计 Information system analysis and design	选修	2.5	40	24		16		5	考试
		19210877	车联网技术 Telematics technology	选修	2	32	24	8			7	考试
		19210879	人工智能概论 Introduction of artificial intelligence	选修	2	32	32				7	考试
		19210881	智慧交通技术与应用 ITS technology and its application	选修	2	32	32				7	考查
	专业拓展（前沿微课）	19210883	物联网技术与应用 Internet of things technology and application	选修	0.5	8	8				5	考查
		19210884	云计算与云应用 Cloud computing and cloud application	选修	0.5	8	8				5	考查
		19210886	BIM在交通领域的应用 Introduction of BIM	选修	0.5	8	8				6	考查
		19210129	汽车前沿技术 Introduction of new energy vehicles	选修	0.5	8	8				6	考查
		19210887	智慧综合交通枢纽 Intelligent integrated transport hub	选修	0.5	8	8				7	考查
		19210888	交通基础设施监测概论 Introduction of traffic infrastructure monitoring	选修	0.5	8	8				7	考查

修读要求：必修34.5学分，选修20.5学分；其中，专业拓展模块选修要求为16.5学分(前沿微型模块至少选修1.5学分)。

专业实践详见表9-6-4。

专 业 实 践　　　　　　　　　表9-6-4

课程代码	课程名称	主要内容及要求	学分	周数	开课学期
19210903	交通电子应用综合实践 Comprehensive experiment of applied electronic	掌握学习电路原理图、PCB图相关软件Protel DXP或PADS,设计制作简单的交通电子应用系统	2	2	5
19210904	交通地理信息系统综合实践 Comprehensive experiment of geographic information system for transportation	熟悉和掌握交通地理信息系统软件,了解设计与开发交通GIS应用系统流程;能初步设计简单的交通GIS应用系统	2	2	5
19210905	交通工程设施课程设计 The curriculum design of traffic engineering facilities	相关数据的调查、交通附属设施设计;了解一些最基本的交通安全设施	2	2	6
19210906	交通数据分析与处理综合实践 Traffic information detection and processing practice	熟悉检测设备、仪器的工作原理,掌握操作方法;增强实践能力和动手能力,培养其协作精神	1	1	6
19210907	交通控制综合实践 Traffic control experiment	对路口交通信号控制机内部包含的主要部件设计,信号灯配时实验,交通控制软件的应用,交通模拟软件的应用;熟悉交通控制信号控制机认识及配时实验	2	2	5
19210908	交通机电系统综合实践 Comprehensive practice of traffic and electromechanical system	学习交通监控系统、交通收费系统、交通供配电系统常见设备的操作,并应用采集数据进行开发改进	1	1	7
19210909	交通系统仿真综合实践 Comprehensive experimental traffic system simulation	学习使用常见的交通仿真软件,并应用现实数据设计仿真方案,能初步运用专业知识和仿真软件进行交通案例分析	3	3	7
19210910	智能交通系统课程设计 Traffic information system course design	掌握SQL Server或oracle数据库相关技术,针对交警业务、运输企业业务等交通信息系统开展设计并运用所学编程软件进行简单实现	2	2	7
19210052	毕业实习 Graduation practice	据各毕业实习单位或指导教师要求,掌握交通工程及交通信息系统等方面基本知识	4	4	8
19210044	毕业设计(论文) Graduation design or paper	据各选题收集相关资料,了解交通工程、交通信息控制相关行业现状;根据交通工程、交通信息系统的实际需要,结合科研、工程、管理等问题,完成指定毕业设计或论文	12	12	8
合计			31	31	

第二课堂详见表9-6-5。

第 二 课 堂 表9-6-5

平台	项目	学分	备注
基础	入学教育	—	专业认知、学籍、安全等教育
基础	课外阅读与讲座	—	每学年至少读2本课外书并撰写读书报告,听两场讲座
实践	志愿服务与社会实践	0.5	至少参加1次志愿服务、公益活动、社会调查、社会实践、勤工助学、职场体验等
实践	创新创业实践	2	以学科竞赛、科研训练、创新创业项目、开放创新实验等成果申请学分
发展	心理健康教育	0.5	参加各类心理健康教育活动
发展	社团活动	—	参加各类社团活动

七、毕业要求实现矩阵

毕业要求实现矩阵见表9-6-6。

毕业要求实现矩阵 表9-6-6

序号	课程名称	1	2	3	4	5	6	7	8	9	10	11	12
1	思想道德修养与法律基础	●							●				
2	形势与政策	●							●				
3	中国近现代史纲要	●							●				
4	思想政治理论课综合实践	●							●				
5	毛泽东思想和中国特色社会主义理论体系概论	●											
6	马克思主义基本原理	●			●	●	●		●				●
7	大学体育(基础课)	●							●			●	
8	大学体育(专项课)	●							●			●	
9	军事理论	●							●				
10	大学英语(Ⅰ-Ⅱ)		●	●		●							
11	大学英语提高课程(Ⅰ-Ⅱ)		●	●		●							
12	大学英语拓展课程(Ⅰ-Ⅱ)		●	●		●							
13	计算机与互联网			●									
14	计算机应用实践			●									
15	程序设计基础(C语言)			●	●								
16	职业生涯与就业指导(Ⅰ-Ⅱ)		●	●	●					●			

续上表

序号	课程名称	毕业要求											
		1	2	3	4	5	6	7	8	9	10	11	12
17	创业基础				●					●			
18	创新创业选修课程				●					●			
19	应用文写作交流	●	●								●		
20	跨专业通识课				●				●		●	●	●
21	素质拓展选修课				●			●		●	●	●	●
22	高等数学A（Ⅰ-Ⅱ）	●	●	●	●								
23	大学物理B	●		●									
24	电工与电子技术A				●								
25	电工电子综合实践				●								
26	线性代数	●	●		●	●							
27	概率论与数理统计B	●	●		●								
28	复变函数与积分变换	●	●		●								
29	画法几何及工程制图D	●				●							
30	工程测量B	●			●								
31	运筹学B	●	●		●	●							
32	交通运输类专业导论	●						●					●
33	大学物理实验C	●		●									
34	金属加工工艺实习	●	●										
35	交通运输工程前沿讲座				●	●		●			●	●	●
36	数据库系统及应用	●	●								●		
37	单片机原理及应用A				●								
38	自动控制原理C	●		●	●	●		●					
39	微机原理及接口技术		●		●		●						
40	大数据原理及应用	●	●	●	●						●	●	●
41	道路工程概论	●		●	●								
42	交通机电系统★			●	●	●							●
43	交通供配电与照明★			●	●				●	●			●
44	交通地理信息系统★		●	●	●								
45	交通管理与控制B★		●	●		●							

续上表

序号	课程名称	毕业要求											
		1	2	3	4	5	6	7	8	9	10	11	12
46	交通通信与网络★	●	●	●				●				●	●
47	交通信息检测及处理技术★		●	●		●							
48	交通电子应用综合实践				●			●			●	●	●
49	交通地理信息系统综合实践	●	●		●	●							
50	交通工程设施课程设计			●	●		●	●		●	●	●	
51	交通数据分析与处理综合实践				●		●				●		
52	交通控制综合实践	●	●		●	●		●					
53	交通机电系统综合实践	●	●		●	●		●				●	●
54	交通系统仿真综合实践			●	●	●						●	
55	智能交通系统课程设计			●		●						●	
56	毕业实习			●	●	●	●	●					
57	毕业设计(论文)			●	●	●	●	●					
58	智能交通系统规划与设计	●	●	●		●							
59	轨道交通运营与维护		●			●							
60	交通规划原理B					●					●	●	
61	车辆定位与导航技术		●	●									
62	交通图像处理技术		●	●		●							
63	嵌入式系统基础A			●		●		●					
64	信息系统分析与设计	●	●				●						
65	车联网技术		●	●	●						●		
66	人工智能概论			●	●		●	●					●
67	智慧交通技术与应用		●	●		●					●		●
68	物联网技术与应用			●			●				●		
69	云计算与云应用				●		●						●
70	BIM在交通领域的应用			●	●								●
71	汽车前沿技术									●	●		●
72	智慧综合交通枢纽	●	●			●							
73	交通基础设施监测概论		●	●		●	●						

八、课程体系流程图

课程体系流程图如图9-6-1所示。

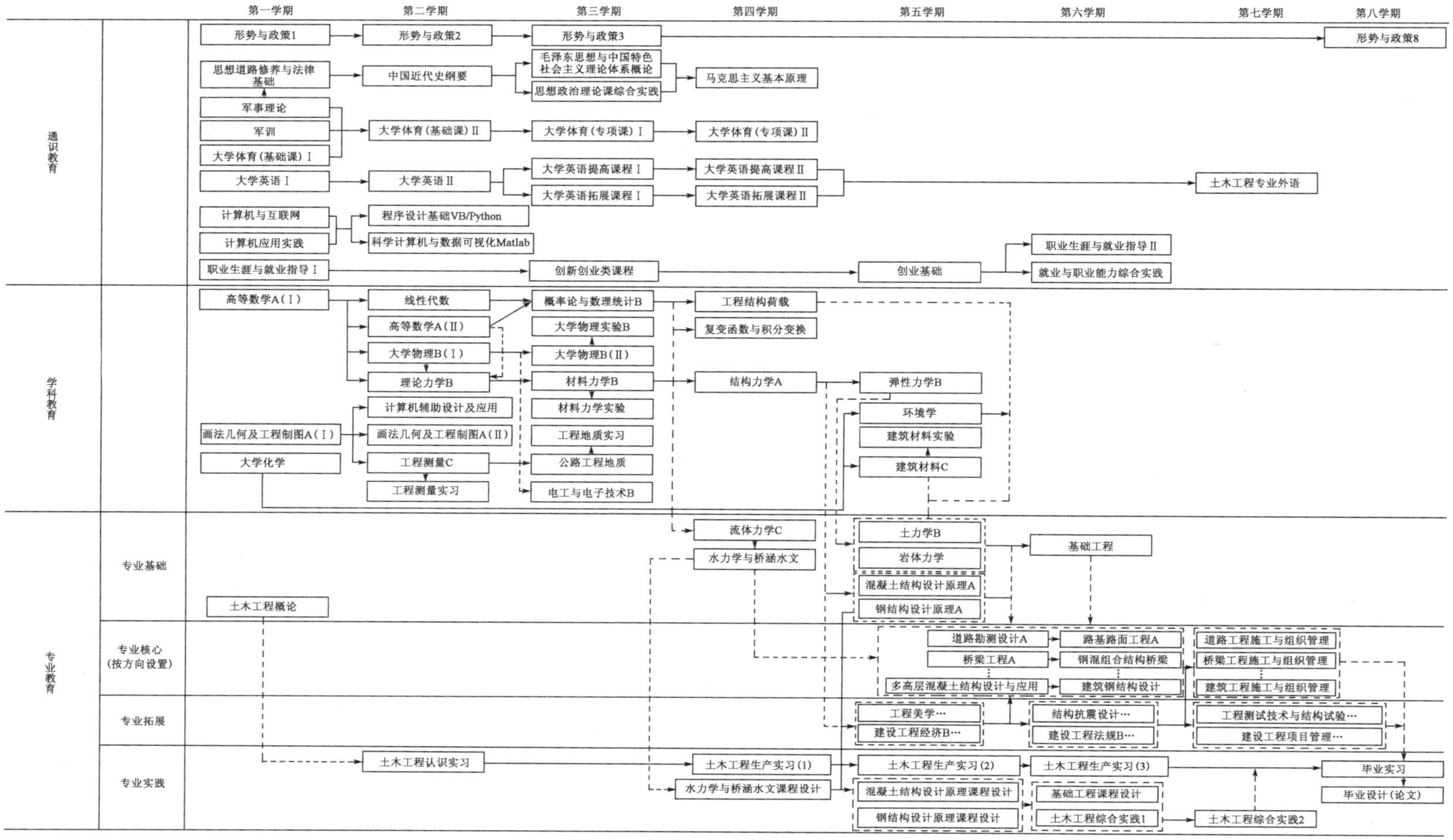

图9-6-1 课程体系流程图

第十章　工程教育专业认证简介

工程教育专业认证是在国际上行之多年,得到广泛采纳并用来提高工程专业教育质量的重要手段。开展工程教育专业认证是推进中国工程教育改革,进一步提高工程教育质量,构建中国工程教育质量监控体系,建立与注册工程师制度相衔接的工程教育专业认证体系,促进中国工程教育的国际互认,提升国际竞争力的重要举措。工程教育专业认证的核心理念是以学生为中心的成果导向教育。目前,我国各开设工科专业的高校都非常重视工程教育专业认证。我国交通运输类专业主要有交通工程、交通运输、交通设备与控制工程、轮机工程、船舶电子电器工程、飞行技术、航海技术、救助与打捞工程等专业,是典型的工程类专业,因此,交通运输类专业学生有必要了解工程教育专业认证的概念、工程教育专业认证的成果导向理念、华盛顿协议、毕业要求、工程教育认证标准等,使能够熟悉工程教育发展方向,培养国际视野,能够站在全球或更广阔的角度上学习与成长。

➡ 第一节　工程教育专业认证的基本理念

一、工程教育专业认证的定义与作用

工程教育专业认证是指专业认证机构针对高等教育机构开设的工程类专业教育实施的专门性认证,由专门职业或行业协会(联合会)、专业学会会同该领域的教育专家和相关行业企业专家一起进行,旨在为相关工程技术人才进入工业(程)界从业提供预备教育质量保证。

工程教育是我国高等教育的重要组成部分,在高等教育体系中"三分天下有其一"。《中国工程教育质量报告》指出,中国已经建成了层次分明、类型多样、专业齐全、区域匹配的世界最大工程教育供给体系。数据显示,中国普通高校工科专业招生数、在校生数、毕业生数稳居世界首位,数量比紧随其后的俄罗斯、美国等国高出3至5倍。工程教育在

国家工业化进程中,对门类齐全、独立完整的工业体系的形成与发展,发挥了不可替代的作用。

工程教育专业认证是国际通行的工程教育质量保障制度,也是实现工程教育国际互认和工程师资格国际互认的重要基础。工程教育专业认证的核心就是要确认工科专业毕业生达到行业认可的既定质量标准要求,是一种以培养目标和毕业出口要求为导向的合格性评价。工程教育专业认证要求专业课程体系设置、师资队伍配备、办学条件配置等都围绕学生毕业能力达成这一核心任务展开,并强调建立专业持续改进机制,以保证专业教育质量和专业教育活力。

二、工程教育专业认证的成果导向理念

成果导向教育(Outcome Based Education,简称 OBE),亦称能力导向教育、目标导向教育或需求导向教育作为一种先进的教育理念,于 1981 年由 Spady 等人提出后,很快得到了人们的重视与认可,并已成为美国、英国、加拿大等国家教育改革的主流理念。美国工程教育认证协会(Accreditation Board for Engineering and Technology,简称 A-BET)全面接受了 OBE 的理念,并将其贯穿于工程教育认证标准的始终。我国正在全面探索用成果导向教育理念引导工程教育改革。

OBE 指教学设计和教学实施的目标是学生通过教育过程最后所取得的学习成果 OBE 强调四个问题:

(1)学生取得的学习成果是什么?
(2)为什么要让学生取得这样的学习成果?
(3)如何有效地帮助学生取得这些学习成果?
(4)如何知道学生已经取得了这些学习成果?

这里所说的成果是学生最终取得的学习结果,是学生通过某一阶段学习后所能达到的最大能力。它具有六个特点:

(1)成果并非先前学习结果的累计或平均,而是学生完成所有学习过程后获得的最终结果;

(2)成果不只是学生相信、感觉、记得、知道和了解,更不是学习的暂时表现,而是学生内化到其心灵深处的过程历程;

(3)成果不仅是学生所知、所了解的内容,还包括能应用于实际的能力,以及可能涉及的价值观或其他情感因素;

(4)成果越接近"学生真实学习经验",越可能持久存在,尤其是经过学生长期、广泛实践的成果,其存续性更高;

(5)成果应兼顾生活的重要内容和技能,并注重其实用性,否则会变成易忘记的信息和片面的知识;

(6)"最终成果"并不是不顾学习过程中的结果,学校应根据最后取得的顶峰成果,按照反向设计原则设计课程,并分阶段对各阶段成果进行评价。

OBE 实施要点的五个关键步骤:

(1)确定学习成果。最终学习成果(顶峰成果)既是 OBE 的终点,也是其起点,学习成果

应该可清楚表述和直接或间接测评,因此往往要将其转换成绩效指标。确定学习成果要充分考虑教育利益相关者的要求与期望,这些利益相关者既包括政府、学校和用人单位,也包括学生、教师和学生家长等。

(2) 构建课程体系。学习成果代表了一种能力结构,这种能力主要通过课程教学来实现。因此,课程体系构建对达成学习成果尤为重要。能力结构与课程体系结构应有一种清晰的映射关系,能力结构中的每一种能力都要有明确的课程来支撑,即课程体系的每门课程要对实现能力结构有确定的贡献。课程体系与能力结构的这种映射关系,要求学生完成课程体系的学习后就能具备预期的能力结构,即学习成果。

(3) 确定教学策略。OBE 特别强调学生学到了什么而不是老师教了什么,特别强调教学过程的输出而不是输入,特别强调研究型教学模式而不是灌输型教学模式,特别强调个性化教学而不是"车厢"式教学。个性化教学要求老师准确把握每名学生的学习轨迹,及时把握每个人的目标、基础和进程。按照不同的要求,制定不同的教学方案,提供不同的学习机会。

(4) 自我参照评价。OBE 的教学评价聚焦在学习成果上,而不是在教学内容及学习时间、学习方式上。采用多元和梯次的评价标准,评价强调达成学习成果的内涵和个人的学习进步,不强调学生之间的比较。根据每个学生能达到教育要求的程度,赋予从不熟练到优秀不同的评定等级,进行针对性评价,通过对学生学习状态的明确掌握,为学校和老师改进教学提供参考。

(5) 逐级达到顶峰。将学生的学习进程划分成不同的阶段,并确定出每阶段的学习目标,这些学习目标是从初级到高级,最终达成顶峰成果。这将意味着,具有不同学习能力的学生将用不同时间、通过不同途径和方式,达到同一目标。

第二节 工程教育专业认证标准

一、通用标准(2018 版)

中国工程教育专业认证协会(China Engineering Education Accreditation Association,简称 CEEAA)成立于 2015 年 10 月,是由工程教育相关的机构和个人组成的全国性社会团体,是《华盛顿协议》的签约成员单位,主要负责我国工程教育认证工作的组织实施,由教育部主管,是中国科协的团体会员。协会秘书处挂靠教育部高等教育教学评估中心。2015 年,中国工程教育专业认证协会发布了"工程教育专业认证标准",该标准由"工程教育专业认证通用标准"和"工程教育专业认证专业补充标准"组成,后经多次修订,最终形成目前使用的2018 版通用标准与 2020 年的补充标准。现行"工程教育专业认证通用标准"的主要内容如下:

1 学生

1.1 具有吸引优秀生源的制度和措施。

1.2 具有完善的学生学习指导、职业规划、就业指导、心理辅导等方面的措施并能够很好地执行落实。

1.3 对学生在整个学习过程中的表现进行跟踪与评估,并通过形成性评价保证学生毕业时达到毕业要求。

1.4 有明确的规定和相应认定过程,认可转专业、转学学生的原有学分。

2 培养目标

2.1 有公开的、符合学校定位的、适应社会经济发展需要的培养目标。

2.2 定期评价培养目标的合理性并根据评价结果对培养目标进行修订,评价与修订过程有行业或企业专家参与。

3 毕业要求

专业必须有明确、公开、可衡量的毕业要求,毕业要求应能支撑培养目标的达成。专业制定的毕业要求应完全覆盖以下内容:

3.1 工程知识:能够将数学、自然科学、工程基础和专业知识用于解决复杂工程问题。

3.2 问题分析:能够应用数学、自然科学和工程科学的基本原理,识别、表达、并通过文献研究分析复杂工程问题,以获得有效结论。

3.3 设计/开发解决方案:能够设计针对复杂工程问题的解决方案,设计满足特定需求的系统、单元(部件)或工艺流程,并能够在设计环节中体现创新意识,考虑社会、健康、安全、法律、文化以及环境等因素。

3.4 研究:能够基于科学原理并采用科学方法对复杂工程问题进行研究,包括设计实验、分析与解释数据、并通过信息综合得到合理有效的结论。

3.5 使用现代工具:能够针对复杂工程问题,开发、选择与使用恰当的技术、资源、现代工程工具和信息技术工具,包括对复杂工程问题的预测与模拟,并能够理解其局限性。

3.6 工程与社会:能够基于工程相关背景知识进行合理分析,评价专业工程实践和复杂工程问题解决方案对社会、健康、安全、法律以及文化的影响,并理解应承担的责任。

3.7 环境和可持续发展:能够理解和评价针对复杂工程问题的工程实践对环境、社会可持续发展的影响。

3.8 职业规范:具有人文社会科学素养、社会责任感,能够在工程实践中理解并遵守工程职业道德和规范,履行责任。

3.9 个人和团队:能够在多学科背景下的团队中承担个体、团队成员以及负责人的角色。

3.10 沟通:能够就复杂工程问题与业界同行及社会公众进行有效沟通和交流,包括撰写报告和设计文稿、陈述发言、清晰表达或回应指令。并具备一定的国际视野,能够在跨文化背景下进行沟通和交流。

3.11 项目管理:理解并掌握工程管理原理与经济决策方法,并能在多学科环境中应用。

3.12 终身学习:具有自主学习和终身学习的意识,有不断学习和适应发展的能力。

4 持续改进

4.1 建立教学过程质量监控机制,各主要教学环节有明确的质量要求,定期开展课程体系设置和课程质量评价。建立毕业要求达成情况评价机制,定期开展毕业要求达成情况评价。

4.2 建立毕业生跟踪反馈机制以及有高等教育系统以外有关各方参与的社会评价机制,对培养目标的达成情况进行定期分析。

4.3 能证明评价结果被用于持续改进。

5 课程体系

课程设置能支持毕业要求的达成,课程体系设计有企业或行业专家参与。课程体系必须包括:

5.1 与本专业毕业要求相适应的数学与自然科学类课程(至少占总学分的15%)。

5.2 符合本专业毕业要求的工程基础类课程、专业基础类课程与专业类课程(至少占总学分的30%)。工程基础类课程和专业基础类课程能体现数学和自然科学在本专业应用能力培养,专业类课程能体现系统设计和实现能力的培养。

5.3 工程实践与毕业设计(论文)(至少占总学分的20%)。设置完善的实践教学体系,并与企业合作,开展实习、实训,培养学生的实践能力和创新能力。毕业设计(论文)选题要结合本专业的工程实际问题,培养学生的工程意识、协作精神以及综合应用所学知识解决实际问题的能力。对毕业设计(论文)的指导和考核有企业或行业专家参与。

5.4 人文社会科学类通识教育课程(至少占总学分的15%),使学生在从事工程设计时能够考虑经济、环境、法律、伦理等各种制约因素。

6 师资队伍

6.1 教师数量能满足教学需要,结构合理,并有企业或行业专家作为兼职教师。

6.2 教师具有足够的教学能力、专业水平、工程经验、沟通能力、职业发展能力,并且能够开展工程实践问题研究,参与学术交流。教师的工程背景应能满足专业教学的需要。

6.3 教师有足够时间和精力投入到本科教学和学生指导中,并积极参与教学研究与改革。

6.4 教师为学生提供指导、咨询、服务,并对学生职业生涯规划、职业从业教育有足够的指导。

6.5 教师明确他们在教学质量提升过程中的责任,不断改进工作。

7 支持条件

7.1 教室、实验室及设备在数量和功能上满足教学需要。有良好的管理、维护和更新机制,使得学生能够方便地使用。与企业合作共建实习和实训基地,在教学过程中为学生提供参与工程实践的平台。

7.2 计算机、网络以及图书资料资源能够满足学生的学习以及教师的日常教学和科研所需。资源管理规范、共享程度高。

7.3 教学经费有保证,总量能满足教学需要。

7.4 学校能够有效地支持教师队伍建设,吸引与稳定合格的教师,并支持教师本身的专业发展,包括对青年教师的指导和培养。

7.5 学校能够提供达成毕业要求所必需的基础设施,包括为学生的实践活动、创新活动提供有效支持。

7.6 学校的教学管理与服务规范,能有效地支持专业毕业要求的达成。

二、交通运输类专业补充标准(2020年)

本补充标准适用于按照教育部有关规定设立的,授予工学学士学位的交通运输类专业。

1. 课程体系

数学和自然科学类课程应对微积分、几何与代数、概率与数理统计、大学物理等相关知识和运用能力有较好支撑。

工程基础类课程应具有较好的工程力学、工程图学、运筹学工程基础,并对土木工程基础、机械工程基础、电工电子基础、计算机技术基础、信息控制技术基础等部分相关领域的工程能力有较好支撑。

设置符合专业核心教育定位的专业课程和实践环节。实践环节应包括必要的实验、课程设计、实习及工程训练等,毕业设计(论文)以工程设计为主。

2. 师资队伍

从事专业基础类、专业类课程教学的主讲教师,原则上具有硕士或博士学位。每3年应有3个月以上的工程实践经历。专业教师中高级职称教师占专任教师的比例不低于45%。

第三节 交通运输类专业工程教育专业认证情况

自2007年,西南交通大学与北京交通大学两所高校的交通运输专业作为首批通过工程教育专业认证交通运输类专业以来,全国共有31所学校的20个交通运输专业、20个交通工程专业通过了国家工程教育专业认证,详见表10-3-1。

历年通过工程教育认证的交通运输类专业本科专业名单(截至2020年)　表10-3-1

序号	学　校	专　业	通过年份(年)	有效期(年)
1	西南交通大学	交通运输	2007、2010、2013、2020	3、3、6、6
2	北京交通大学	交通运输	2007、2010、2013、2020	3、3、6、6
3	中南大学	交通运输	2008、2011、2014	3、3、6
4	长安大学	交通运输	2008、2011、2014、2019	3、3、3、6
5	兰州交通大学	交通运输	2009、2012、2015、2020	3、3、3、6
6	长沙理工大学	交通运输	2009、2012、2015、2019	3、3、3、6
7	武汉理工大学	交通运输	2009、2012、2015、2019	3、3、3、6
8	重庆交通大学	交通运输	2010、2016、2020	6、3、6
9	同济大学	交通运输	2010、2016、2020	6、3、6
10	华中科技大学	交通运输	2011、2014	3、3
11	东南大学	交通运输	2011、2014、2017	3、3、6
12	大连海事大学	交通运输	2012、2015、2020	3、3、6
13	中国民航大学	交通运输	2012、2019	6、6
14	大连交通大学	交通运输	2015、2018	3、6
15	吉林大学	交通运输	2017、2020	3、6

续上表

序号	学 校	专 业	通过年份(年)	有效期(年)
16	东北林业大学	交通运输	2018	6
17	上海海事大学	交通运输	2018	6
18	华东交通大学	交通运输	2018	6
19	石家庄铁道大学	交通运输	2019	6
20	上海工程技术大学	交通运输	2019	6
21	西南交通大学	交通工程	2012、2018	6、6
22	北京交通大学	交通工程	2013、2020	6、6
23	上海海事大学	交通工程	2014、2017	3、6
24	哈尔滨工业大学	交通工程	2014、2017	3、6
25	东南大学	交通工程	2014、2017	3、6
26	同济大学	交通工程	2014、2020	3、6
27	北京工业大学	交通工程	2017、2020	3、6
28	大连理工大学	交通工程	2017、2020	3、6
29	福州大学	交通工程	2017、2020	3、6
30	昆明理工大学	交通工程	2018	6
31	长安大学	交通工程	2018	6
32	东北林业大学	交通工程	2019	6
33	南京工业大学	交通工程	2019	6
34	江苏大学	交通工程	2019	6
35	山东交通学院	交通工程	2019	6
36	郑州大学	交通工程	2019	6
37	长沙理工大学	交通工程	2019	6
38	桂林电子科技大学	交通工程	2019	6
39	重庆交通大学	交通工程	2020	6
40	南京林业大学	交通工程	2020	6

第十一章　职业规划与创新创业及就业教育

《礼记·中庸》："凡事预则立,不预则废。言前定则不跲,事前定则不困,行前定则不疚,道前定则不穷。"毛泽东在《论持久战》中谈到,没有事先的计划和准备,就不能获得战争的胜利。大学生宜早明白为什么学习,为谁学习,如何学习,才能有持久学习动力和自觉性。通过本章学习,大学生能够了解本专业的工作去向、社会需求,为找到好工作、工作好进行准备和努力。人生规划是前进的灯塔,在成人成才的道路上指引自己勤学不辍,必将学有所成。

第一节　大学生职业规划

大学教育是人生教育的关键环节,大学生在初高中基础教育中已经掌握了基本的学习方法,具备了一定的认识问题能力。通过大学学习专业知识和技能,能够提高其分析与解决专业工程领域问题的能力。毕业生在专业素养、交流沟通能力等方面准备充分扎实,步入社会才后能立即适应职业活动的要求,增强竞争力和自信心,有助于提高个人工作成就和对社会的贡献。因此,大学教师才是真正传道受业解惑的引路人,大学教育不仅要传授公共基础课与专业课知识,还需要教育大学生如何正确规划未来的职业生涯,用专业知识和技能进行职业生涯准备。

一、职业生涯规划及其意义

职业生涯规划是指个人在明确自己职业兴趣、爱好、特长的前提下,结合自身情况、机遇和制约因素,认真分析自己性格、能力、特点和内外部环境因素的基础条件,结合自己所学专业及知识技能结构,综合分析与权衡,根据时代特点和自己的职业倾向,为自己确立职业目标、选择职业发展途径,确定教育、培训和发展计划等,并以实现个人发展成就的最高目标制定行之有效的行动方案。职业生涯规划仅仅是与找工作相关,不能简单地等同于找工作。

职业生涯规划应当是一个人对自己一生在社会中所担当的社会角色的规划和设计,明确职业行业、领域、工作地等,推进专业能力、素养、工作生活习惯等各方面的提升,是个人对未来工作、家庭生活的模式的规划安排。

职业规划的目的和意义是通过职业生涯规划教育,大学生进行职业规划,分析自我,全面了解自己,以准确评价个人特点和强项,自我评估优缺点,以既有的综合条件为基础,激发前进的动力,在评估个人目标和现状差距的同时,确立人生的方向。定位职业方向,通过不断反思和学习,完善个人素养,从而增强职业竞争力,改善个人与家庭的生活,让生活充实而有条理。

二、职业生涯规划的阶段

职业生涯规划按照时间的维度大致可以分为,短期规划、中期规划、长期规划、人生规划四种类型。

短期规划一般是指3年以内的规划,希望通过3年达到规划目标,该目标常称为近期目标。短期规划应该尽量做到规划清晰、具体,并可以定性和定量总结和评价规划完成情况,个人在完成以后能够增强信心以及成就感,以支持中长期目标的实现。比如,学习外语、考取资格证书、学习计算机应用软件、身体锻炼、表达能力、沟通协调能力等自学任务可以评判规划落实的情况。可以对短期规划制订年计划,细分为月计划、周计划。

中期规划一般是指设定在3~5年内的规划,希望通过3~5年达到规划目标,该目标常称为中期目标。中期规划的年限要比短期目标时间周期长,同时,期望实现的目标也比短期目标难度更大,中期规划的制订要更多地考虑社会与经济发展对实现目标的影响。学然后知不足,中期规划是在短期规划完成情况的基础上不断调整、完善,适应个人工作、学习、生活、时间等安排。中期规划目标一般是定性的描述,是短期规划的积累和叠加,通过自我学习实现个人的人生、素养、能力等的跨越式发展,主要表现在与人打交道、待人接物的成熟度、职位职级、经济收入、学识能力等方面有显而易见的进阶。

长期规划一般是指设定在5~10年内的规划,在5~10年跨度内对个人职业发展设定目标。该目标既是努力的方向,也是学习的动力,一般称为长期目标。长期规划通常不需要特别具体,主要考虑个人职业生涯发展的阶段性成就。如职业职位、职级职称等长期职业规划目标,能够在相当长的时间里为个人提供强大的精神动力。

人生规划指的是整个职业生涯规划,时间范围可涵盖退休前后,是个人设定的毕生追求的工作和生活目标。根据社会发展的需要和个人的发展志向,对自己在学习、工作、生活等各方面的未来做出的一种预先的策划、期望与设计,与理想、抱负、目标等基本一致。理想是孩童时代对未来的一种感性的憧憬,觉得将来做什么能带来自豪感和满足感,随着学识和认识水平的提高可能会产生变化。人生规划是在理性思考的基础上,根据实际条件制订的经过努力可以实现的目标。

不积跬步无以至千里,个人的职业生涯规划是聚沙成塔、集腋成裘的先期计划,需要随着时间推移而循序渐进、日积月累才能最终实现个人使命。职业进阶就像爬山与上楼,只有一步步地往上攀登,才能不断到达新的高度,为社会做出应有的贡献。人生职业生涯规划是由很多个短期、中期、长期职业生涯规划目标所组成的,这就要求大学生必须做好每一阶段的职业生涯规划。对大学生而言,四年的大学生活正好可以作为一个中期职业生涯规划,以"大学毕业后我要成为一个什么样的人"作为目标,可以尝试把每一个学期作为一个短期规划来充实自我,既能在毕业去向时检验自己的学习能力、执行能力,也为后续的工作规划积累经验,总结成败得失,避免重蹈覆辙。

三、职业规划过程

大学生时间相对自由,在课堂学习专业知识之余,可以根据个人爱好、特长等自主安排课外学习内容和实践锻炼项目,提高专业技能、交流沟通和表达能力。通过参加科技竞赛和社团活动等增加社会接触机会,发现自己的不足与差距,理性地思考未来如何扬长避短。尝试适合的工作行业,学会思考、选择未来适合自己从事的领域、事业和生活,有针对性地培养自己的综合能力和综合素质。

爱尔兰剧作家萧伯纳(Bernard Shaw)有一句名言,"明白事理的人使自己适应世界,不明白事理的人,硬想使世界适应自己(The reasonable man adapts himself to the world; the unreasonable one persists in trying to adapt the world to himself.)。"

世界著名摇滚音乐家约翰·列侬说:"如果你不能改变自己,你就改变世界;如果你不能改变世界,你就改变自己(If you can't change yourself, change the world; If you can't change the world, change yourself.)。"

人生规划的步骤如下:

面试主考官常常会问这样一个问题:如果你获得这个职位,你将如何开展工作?这就是你必须回答的一个简单的职业生涯规划问题。面对日益激烈的职场竞争,每个人都不得不面对这样的问题:我未来的路在哪?如何找到我满意的工作?所以每个人其实都潜移默化地在心里想过自己的职业规划,也许只是很模糊的初步设想,但职业生涯规划需要经过认真地思考、分析并付诸文字,才能逐渐明晰,并具备科学性、可行性。

(1)确立自己的人生观、价值观和人生目标:人生规划的目的就是要确定自己能为社会所做贡献的目标,也是人生规划的基础和原则。根据自己面对的形势及拥有的资源,对自己做一个恰当的定位。展望你想要什么,并针对自己当前所处环境及位置,确定有可能实现的愿望,包括职业目标、收入目标、终身学习目标、社会地位等名望的期望和成就感。

(2)自我分析:客观分析自己的兴趣爱好、性格倾向、身体状况、教育背景、专长、过往经历和思维能力。认识自我主要从5个方面开始:喜欢做什么——职业兴趣;能够做什么——职业能力;适合做什么——个人特质;最看重什么——职业价值观;人岗是否匹配——胜任特征。

(3)制定目标:根据自己的能力素质模型,以及自己的理想,并结合专业与社会需求,充分利用家庭、学校的各种领域和行业资源,进行SWOT[S(strengths)是优势、W(weaknesses)是劣势、O(opportunities)是机会、T(threats)是威胁]分析,制定个人能通过努力达到的目标。要学会通过多方咨询了解职业需要具备什么条件,判断职业目标是否可行。实现自己的目标要学习什么,要具备什么条件,然后制订切实可行的计划,包括长远计划,中长期计划,短期目标与计划。

(4)遴选职业:三百六十行,行行出状元,根据自己的优势与不足,选择感兴趣的目标职业,以饱满的热情投入工作中,可以增强工作中上进的动力和激情,激发个人潜力,为社会做出更大的贡献。就业容易导致工作中产生抵触情绪,影响工作效率,应及时调整心态适应工作,避免工作中发生失误。

(5)计划行动:在第十二届全国人民代表大会第一次会议上,习近平总书记说:"'功崇惟志,业广惟勤。'我国仍处于并将长期处于社会主义初级阶段,实现中国梦,创造全体人民更加美好的生活,任重而道远,需要我们每一个人继续付出辛勤劳动和艰苦努力。"❶"功崇惟志,业广惟勤"的出处,是《尚书·周书》中的《周官》篇。宝剑锋从磨砺出,梅花香自苦寒来,需要艰苦努力才能实现自己的期望。针对自己的未来定位及职业要求,及时反思个人的学习行为,发现短板,找出差距,制订切实可行的行动计划,并在学习、实践锻炼的过程中适时适事进行调整,才能不断提高自己的综合素质。为了实现自己的人生目标,在大学阶段应加强学习与实践,进入职场后应脚踏实地朝目标迈进。

(6)反馈调整:当发现自己的行动与规划有偏差时,及时修正自己的计划;或调整自己的行动。达成一个小目标后,向下一个目标进发,一年上一个台阶,最终实现大的目标。

四、能力规划

小学、初中和高中学习阶段,班主任时刻关注呵护,任课老师课业相随,家长生活与学习风雨陪伴,共同为上大学这一阶段目标而努力。渴盼着成长的少年,终于踏进孜孜以求的大学,享受青年的快乐和大学的自由。因时间自由、行动自由,且没有了强力管理,缺少面对面的引导和重点关注,在学习方法、生活方式等方面会有些许不适应,骤然而至的成年、就业压力,容易导致迷茫和不知所措,迷失努力方向和前进的动力。大学生需要调整心态,找到学习的具体目标。

大学生能力规划的技能与素养应重点考虑专业知识能力、可迁移能力、自我管理能力。对于交通工程专业或交通运输类专业的学生而言,专业知识能力就是运用所学的专业理论和方法在职业活动范围内解决工程问题和研究问题。可迁移技能是个体所能胜任的活动,具体表现为一个人所能从事的工作,需通过观察、实践、思考、熟练等过程掌握,因其往往具有通用性,所以被称为可迁移技能,这也是在工作中用人单位最为看重的部分。自我管理技能是一个人在工作中所表现出来的特征和品质,有时候又被称为职业素养,是影响职业生涯成功与否的关键。

大学生活的任务是学习基本的专业理论,培养独立思考和解决问题的基本能力,以及提高表达、协调、沟通的综合素质,概括起来说就是学会做人、做事、做学问的基本道理。

---

❶ 习近平在十二届全国人大会议闭幕会上发表重要讲话[EB/OL].(2014-02-28)[2021-04-23]http://news.cnr.cn/special/2014lh/gol/201402/t20140228_514960556.shtml.

1. 学习做人及与人相处

《礼记·大学》:"古之欲明明德于天下者,先治其国;欲治其国者,先齐其家者,先修其身;欲修其身者,先正其心;欲正其心者,先诚其意;欲诚其意者,先致其知,致知在格物。物格而后知至,知至而后意诚,意诚而后心正,心正而后身修,身修而后家齐,家齐而后国治,国治而后天下平。"

（1）传承中华美德

大学生在社会生活中重点要学会与人相处,做到品行端正、尊敬师长、团结同学,讲文明礼貌,遵守公共场合的秩序,爱护公共场所卫生等,不断提升个人修养。

（2）有集体荣誉感

积极参加集体活动,言行举止符合社会道德规范,不危害国家、社会、集体的利益和形象,为班级与专业、学院与学校增光添彩。

（3）塑造良好的个人形象

个人形象包括仪容和品质,给人留下的第一印象非常重要,正直、诚实、善良、守信的个人形象在社会活动及社会交往中有助于提升交流沟通的成效。

2. 学会求知

大学培养的是各个学科、专业领域的高级专门人才。交通工程是传授、学习交通系统工程与研究所需的基础理论、专业基本理论与知识、方法与应用,以适应行业和学科的工作应用需求。交通工程课程体系安排的学期学年课程之间一般是先修课程（基础）和后续课程（提高、延伸）的关联关系,课程之间的理论和方法既相关又独立,因课程延续时间短、节奏较快,如果不能厘清章节之间的关系,就会感到内容繁杂、头绪不清,影响学习效果。应在掌握专业与综合性知识基础上,培养创造性思维。

大学生的学习和生活注意事项:

学会自我约束:克服失望、迷惘或者彷徨不知所措,把学习、就业、生活压力转化为憧憬美好未来的动力,咨询辅导员或者班主任、专业老师及高年级的学长,学会控制情绪。

延续梦想:充分利用课余时间读各种有益书籍,补充知识,参加科技和社会活动,增强实践能力。

沟通交流:主动与同学、老师沟通交流,提高解决问题的能力;条件许可,可走出校门到其他院校,或通过参加各种学术会议进行交流。

资源利用:充分利用大学的师资、实验室、图书馆与数据库学习资源。大学里人才济济,各学科专业的老师在不同领域都有深入研究实践,找对人可以解决不同行业的疑难问题。大学的实验室一般是开放的,只要勇敢地去畅想并付诸实践,实验室的老师能提供所有的帮助。发现了自己感兴趣的课题,就应当积极去图书馆查阅相关文献,了解这个课题的来龙去脉和目前的研究动态,是大学生应掌握的基本学习方法。

主动学习,积极参加专题报告和讲座、科研和社会实践活动,拓宽视野。

3. 学会做事

王安石的《寄吴冲卿》中,读书谓已多,抚事知不足,实践锻炼是学习成长的重要一环,只有在学中做、做中学,结合《道路工程技术人员职业标准》中的执业活动范围,进行有针对性的实践锻炼,学以致用,才能检验课堂学习的理论和方法的掌握程度,也可以提高毕业后步入社会的职业适应能力。

交通工程或交通运输类专业毕业生应主动参与到专业教师的科研与社会服务项目中去,通过参与职业活动中常见的交通组织方案、运输组织、交通影响分析等项目任务,熟悉项目的工作流程与过程。

4. 培养做学问

子曰:"学而不思则罔,思而不学则殆。"只有结合生活实际,勤于观察思考,才能发现问题。交通工程或交通运输类专业学生应结合课程、生活或者教师的科研项目,开动脑筋,利用交通知识参与大学生科技竞赛、创新创业等实践活动,通过实践锻炼,学会思考,把学到的交通工程或交通运输工程的理论、方法,应用于解决实际问题,在科技创新活动中掌握建模分析、实验设计与科研论文写作的基本技能。

5. 准备相关从业资格考试

进入大学校园,很多同学相互影响,都有考取证书的想法,但也存在学生考取的证书多,但缺少真正对自己职业生涯有用处的证书的现象。因此,在考取资格证的过程中,要从工作需要出发,避免盲目考证。学生报考比较通用的证书,主要有英语四六级考试等升学证书、建造师证等专业证书,以及 CAD 工程师认证等非专业的职场辅助类证书。

从业人员资格证是进入相应行业的必备证书,也是进入相关工作单位的重要支撑。工学毕业的大学生可申请工程师的技术职称,而注册工程师是指国家对从事专业性工程设计、建设与管理活动的专业技术人员实行执业资格注册管理制度。

交通工程专业毕业后可以考"道路注册工程师""道路交通工程师""造价注册工程师""结构注册工程师""注册城乡规划师"等资格证书,以证明自己达到的专业能力和水平。

第二节 创新创业教育

创新是一个民族进步的灵魂,是国家兴旺发达的不竭动力,综合国力竞争,归根结底是科技实力的竞争、高素质人才的竞争。一个拥有创新能力和大量高素质人才资源的国家,才具备科技和经济发展的巨大潜力。大力培养大学生创新创业能力,可以为社会输送一大批具有创新思维的新青年,能有效地维持和推动国家创新体系的建立,符合国家科教兴国和建设创新型国家的发展战略。

2010 年 5 月 13 日,教育部发布了《教育部关于大力推进高等学校创新创业教育和大学生自主创业工作的意见》(教办〔2010〕3 号),在高等学校开展创新创业教育,积极鼓励高校学生自主创业,统筹做好高校创新创业教育、创业基地建设和促进大学生自主创业工作,是促进高校毕业生充分就业的重要措施。

创新的应用属性是指向创业的创新,强调了创新成果的市场化、商业化。在"创业"前面加上"创新"二字,其实是全面统领了创业的方向性,意在强调以创新成果去创业,鼓励和支持创新者去创业,而且是创新型创业、机会型创业、高增长地创业,提高了创业的层次和水平。从广义上看,创新与创业是"双生关系",虽然创业不是创新,创新也不是创业,创业不一定涉及创新,创新也不一定涉及创业,但是成功的创业离不开创新,成功的创新也往往在创业过程中产生。而且,广义的创业不只是建立新企业,它兼有经济、政治和社会意义。经济意义上的创业也突破了"创业就是创建新企业"的狭义范围,将"内创业"和"社会创业"也纳入创业研究领域。所以,"创业型"人才不是特指企业家,而特指具有创新创业精神和气质的人。这是认定一个人是否具有创新创业精神的重要依据。

培养大学生创新创业能力是建设创新型国家和落实"科教兴国"战略的需要。近年来,国务院和教育部颁布了多部创新创业教育的纲领性文件,逐步明确"面向全体""融合人才培养体系""普及创新创业教育"的基本原则和总体目标。我国高校创新创业教育已经进入了国家统一领导下的深入推进阶段。

一、大学生需要学习和了解创新创业知识

创新创业是国家战略,党中央、国务院高度重视创新创业人才培养,学习创业知识能够有效为未来创新创业打基础,为后续创业实践建立理论条件。目前是"大众创业,万众创新"的一个大好时机,国家为促进创新创业也大力出台了众多创新创业扶持政策,包括资金税收房租水电等。大学生是有知识有学问、有想法有激情的主角,大学生应当踊跃学习有关创新创业知识,投身于创新创业大潮中。

高校创新创业教育要与政府、高校、学科专业、社会发展协同,开设创新创业选修课,安排创新创业导师,提供创新创业指导和活动场所,开放共享实验教学资源、实习实训平台,组织参加各级各类创新创业竞赛,有重点、分层次举办讲座论坛,全方位、多方面开展主题活动。要加大创新创业价值宣传,发掘树立创新创业先进典型。

二、大学生需要进行创新创业训练

创新是以新思维、新发明和新描述为特征的一种概念化过程,大学生需要去认知社会,了解社会需求,运用所学到和掌握的知识和技能解决社会需求。创业就是创造企业,作为大学生,首先需要去了解企业,包括行业格局,行业属性,企业类型,企业的各大职能任务系统等,再去创造企业,解决社会需求。同时,鼓励学生创造性地投身于各种社会实践活动和社会公益活动中,通过开展创业教育讲座,以及各种竞赛、活动等方式,利用项目和社团等组织形式的"创业教育"实践群体来激发大学生的创新意识和创业精神,以社团为载体充分发挥大学生的主体作用,组织开展创业沙龙、创业技能技巧大赛等活动。发挥学生自我服务、自我教育功能,培养学生创业能力。

三、大学生创新创业教育的内容体系与课程设置

1. 内容体系

大学生创新创业教育的内容体系包括意识培养、能力提升、环境认知、实践模拟等。

意识培养:启蒙学生的创新意识和创业精神,让学生了解创新型人才的素质要求,了解创业的概念、要素与特征等,使学生掌握开展创业活动所需要的基本知识。

能力提升：解析并培养学生的批判性思维、洞察力、决策力、组织协调能力与领导力等各项创新创业素质，使学生具备必要的创业能力。

环境认知：引导学生认知当今企业及行业环境，了解创业机会，把握创业风险，掌握商业模式开发的过程，设计策略及技巧等。

实践模拟：通过创业计划书撰写、模拟实践活动开展等，鼓励学生体验创业准备的各个环节，包括创业市场评估、创业融资、创办企业流程与风险管理等。

2. 课程设置

大学生创新创业教育理念要转化为教育实践，需要依托有效的课程载体。课程体系是实现创新创业教育的关键。创新创业教育课程体系主要由以下三个层次构成：第一层次，面向全体学生，旨在培养学生创新创业意识、激发学生创新创业动力的普及课程；第二层次，面向有较强创新、创业意愿和潜质的学生，旨在提高其基本知识、技巧、技能的专门的系列专业课程；第三层次，旨在培养学生创新创业实际运用能力的各类实践活动课程，要以项目、活动为引导，教学与实践相结合，有针对性地加强对学生创业过程的指导。

高校创新创业教育的内容体系和课程互为支撑，内容体系为课程提供课程内容的支撑，课程体系为内容体系提供内容实现形式的支撑，两者共同作用，促进高校创新创业教育的发展。

四、交通工程或交通运输类专业毕业生创新创业

交通工程或交通运输类毕业生自主创业的范围广，适应能力强，在综合交通体系规划、交通基础设施或载运工具设计、建设与施工、运营与管理、ITS服务等领域都能如鱼得水。

交通工程专业学生利用交通系统形成和发展的工科思维、理念和理论方法，主动接触社会，寻找可以提供交通系统的规划、设计、设施与设备施工、交通管理、安全管理等的咨询服务的机会，并找到可以为之奋斗的事业。

在交通系统相关的软件开发、交通设备、交通服务等领域亦可有用武之地。

第三节 就业教育

一、我国高校毕业生就业情况与就业前景

我国高等教育从1999年开始扩招，至2003年高校毕业生人数开始快速增长。2002年全国高校毕业学生约145万人，2003年毕业生人数212万人，2015年毕业生人数749万人，2020年毕业生人数874万人，2003—2020年的17年里年均增长18.4%。

近年来，全国大学毕业生初次就业率一般77%左右（指毕业生在离校前已落实就业单位的比率，数值上等于"已就业人数"除以"参加就业人数"的百分率。其中，"已就业人数"包括已经找到工作单位的毕业生、继续攻读研究生或专科升为本科的毕业生；"参加就业人数"即为毕业生人数），详见表11-3-1和图11-3-1。

近年来全国高校毕业生人数增长与初次就业状况统计　　表 11-3-1

年份（年）	高校毕业生	高校毕业生初次就业率（%）	本科就业率（%）	研究生招生（硕士）（万人）
2014		>70	92.1	
2015			91.7	
2016	765		91.6	
2017	795	>77	91.9	
2018	820		91.5	85.8（76.25）
2019	834		91.0	91.7（71.1）
2020	874			111.4（90）

注：数据主要来源于《中国教育发展报告》，第三方社会调查机构麦可思研究院《中国大学生就业报告》（就业蓝皮书）。

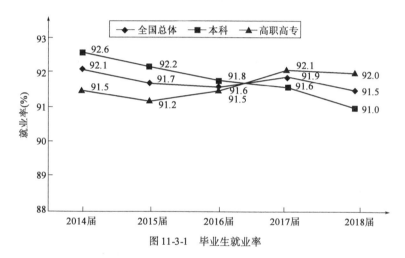

图 11-3-1　毕业生就业率

高校总体就业率（俗称的"就业率"，指教育部门在每年的 12 月底，统计截至当年 12 月底的"已就业人数"除以"参加就业人数"的比率）相关报告显示，全国各地高校的总体就业率不平衡，一般东部地区的高校高于中西部地区高校毕业生的总体就业率，发达地区高校高于欠发达地区高校毕业生的总体就业率。

2020 年 9 月 22 日，在教育部发布会上，国家发展改革委透露，我国研究生培养规模稳步扩大，目前理工科博士占 79%，硕士占 57%。专业学位硕士生招生超过 60%。"十三五"期间，为适应经济社会发展和增强未来发展动力的需要，调整研究生培养规模和结构，研究生招生规模从 2016 年的约 80 万人增加到 2020 年的 110 万人左右，高层次人才有效地支撑高质量发展，如图 11-3-2 所示。

目前，我国依然存在一定程度的就业总量矛盾，结构性问题将成为就业的主要问题。新中国成立以来至改革开放初期，我国高等教育实行的是精英教育。近些年来，我国高等教育逐渐进入大众化阶段，高校毕业生人数的逐年增加，大学生就业方式和就业格局上经历了由精英化向大众化转变的过程，大学毕业生需要作为一个普通社会成员去求职和就业。目前，我国处在经济社会转型和就业人口高峰交织时期，多年来高校毕业生未就业人数的逐年累增和当年增加毕业生人数的叠加加大了我国每年高校毕业生就业压力和困难。高校毕业生初次就业率和总体就业率呈现有下降的趋势。目前,导致高校毕业生就业困难的主要原因有三点:一是我国经济处于转型期,国内劳动力市场需求具有一定萎缩;二是部分高校教育内容与培养方式落后,不太适应经济社会发展的要求;三是毕业生就业期望值过高。因此,大学生有必要消除自己的主观理想预期与社会客观实际之间的差距,主动地转变就业观念、调整自身素质,以充分适应社会。

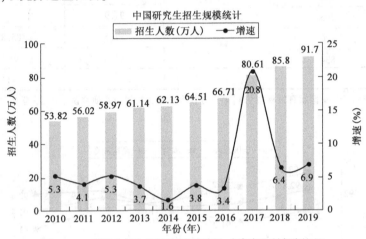

图11-3-2　研究生招生情况(国家统计局、中商产业研究院整理)

二、就业目标的确定

埃德加·H·施恩教授提出了"职业锚"这一教育理论。他认为,人们不管怎样都难以放弃职业中对自己而言至关重要的那种价值观或者东西。一个人找到了职业发展中的"锚",也就找到了职业规划发展的中心,在清楚了解自身能力与天资的情况下,结合职业动机便可以明确自己的职业规划。在大学生职业规划教育中,职业锚教育理论主要体现在态度和价值观、需求和动机、能力与才干等方面。

任何成功的就业选择与规划必然涉及其发展中所体现的制订行动计划、明确职业发展目标、选择职业发展路线、选择适合事业、评估发展机会、自我能力评估、确定个人职业志向和反馈等诸多环节,是一个需要及时开始、长期坚持、周而复始、连续规划的过程。未找到就业支点,无法确立就业目标是我国大学生在校学习期间普遍存在的问题,学生没有根据职业发展规律和自身特长找到自己的"职业锚"类型,对很多职业心生渴望,每一个都只是略懂一二,且能力有限。无法依托专长找到的职业支点,必然会在激烈的市场竞争中处于劣势。

要正确认识就业形势与择业困难之间的关系并理性地择业。如果社会中就业适龄人口的数量大于社会所能提供的就业岗位数量,这种情况对于该社会而言便构成了就业绝对困难情境。可以说,就业绝对困难主要存在于社会层面。实际上,就业困难与岗位少是相对的,很多单位存在招工难的普遍情况。一方面,由于社会所能提供的就业岗位数量基本上是一种趋势性估算,而且主要是以常规化就业岗位计算的,所以,对社会就业结构中的"弹性"系数以及对个体化就业岗位数量,一般很难做出精确的预测,其结果势必导致对就业绝对困难系数的计算也难以达到高度精确。这便为社会争取从就业绝对困难向相对困难的转变留下可能的空间。另一方面,处在现实社会背景下的个人,择业时对自身就业意向的恰当定位和及时调整,将会有助于促进其就业难度的减小。具体而言,在择业的同一个时间段上,如果人们在择业标准中对就业地区、从业机构、职业类型等的选择都过于集中化,那么,势必导致在这些就业地区、从业机构、职业类型上的集中竞争,形成就业绝对困难情境并加大就业绝对困难系数。相反,如果面对这种情势及时进行调整,选择目前被暂时忽视或"冷落"的就业地区、从业机构、职业类型等,实际上等于主动选择了一种就业相对容易,甚至减小了就业相对困难系数情况,换言之,这种调整便可能意味着就业机会的形成。

要鼓励我国大学生自主创业。我国已经将"大众创业、万众创新"作为国家未来发展之策,广大大学毕业生应该积极响应国家号召,走入国家创新创业的发展征程。大学生可以将自主创业成为个人层面上减少就业难度的一种主动性的现实选择方案。自改革开放以来,我国的就业形式经历了几种重要转变:第一,从最初主要是机关、国有企事业单位就业,到出现了更多的私有、外企及个体就业;第二,从原先主要是机构化就业,到出现了更多的个体化就业;第三,从最初主要是占据现有的就业岗位,到出现了更多的创造就业岗位。这种变化与体制改革和市场经济进程是一致的。后期出现的就业形式,对个体自主性的要求越来越高。自主创业则是这一方面的集中体现,它成为个体在解决就业问题上发挥主观能动性的重要形式。

广大大学毕业生要降低过高的就业期望值,鼓励到老少边穷地区,特别是基层、农村和西部偏远地区就业。目前,很多高校毕业生还是把就业区域选在大城市和经济发达地区,就业单位仍然定位在国有大中型企业、三资企业,到基层、农村、西部偏远地区和老少边穷地区去就业的意愿还是不高。实际上,经过几十年的发展,大城市和经济发达地区的人才,特别是本科人才已接近饱和,就业竞争激励,但广大基层、农村、西部偏远地区和老少边穷地区正需要大量人才。因此,大学生去广大的基层、农村、西部偏远地区和老少边穷地区就业,容易找到工作,也容易找到好工作。

参 考 文 献

[1] 邓学钧,刘建新.交通运输工程导论[M].北京:清华大学出版社,2009.

[2] 《中国公路学报》编辑部.中国交通工程学术研究综述.2016[J].中国公路学报,2016,06,1-155.

[3] 田亮.应用型交通工程专业人才培养与教学改革探讨[J].考试周刊,2010(41):11-12.

[4] 冉茂平,周兴林.交通工程专业创新型人才培养途径探讨[J].长江大学学报自然科学版:理工旬刊,2015(10):75-77.

[5] 教育部 财政部关于"十二五"期间实施"高等学校本科教学质量与教学改革工程"的意见[R].教高[2011]6号.

[6] 陈玉祥.从标准的内涵看我国本科教学质量标准的建立[J].中国高教研究,2007(7):35-37.

[7] 李志义.解析工程教育专业认证的成果导向理念[J].中国高等教育,2014(17):7-10.

[8] 刘睿健.交通工程进入2.0[J].中国交通信息化,2019,6:22-26.

[9] 方守恩.交通工程新内涵[J].中国公路,2018,6:36-38.

[10] 同济大学交通运输工程学院.同济大学杨佩昆教授学术生涯[M].上海:同济大学出版社,2020.

[11] 《中国教育年鉴》编辑部.中国教育年鉴(1949—1981)[M].北京:中国大百科出版社,1984.

[12] 《中国教育年鉴》编辑部.中国教育年鉴(1982—1984)[M].北京:中国大百科出版社,1986.

[13] 《中国教育年鉴》编辑部.中国教育年鉴(1994)[M].北京:中国大百科出版社,1994.

[14] 《中国教育年鉴》编辑部.中国教育年鉴(1999)[M].北京:中国大百科出版社,1999.

[15] 《中国教育年鉴》编辑部.中国教育年鉴(2012)[M].北京:中国大百科出版社,2013.

[16] 中华人民共和国教育部高等教育司.普通高等学校本科专业目录和专业介绍(2012年)[M].北京:高等教育出版社,2012.

[17] 中华人民共和国教育部.教育部关于公布2019年度普通高等学校本科专业备案和审批结果的通知[OL].(2020-9-20) http://www.moe.gov.cn/srcsite/A08/moe_1034/s4930/202003/t20200303_426853.html.

[18] 刘小强.高等教育专业目录修订的回顾与思考[J].中国高教研究,2011(3):

22-25.

[19] 徐吉谦,陈学武.交通工程总论[M].3版.北京:人民交通出版社股份有限公司,2015.

[20] 任福田,刘小明,孙立山.交通工程学[M].3版.北京:人民交通出版社股份有限公司,2018.

[21] 李淑庆.交通工程导论[M].北京:人民交通出版社,2010.

[22] 杨晓光,白玉,马万经,等.交通设计[M].北京:人民交通出版社,2010.

[23] 王炜,陈学武.交通规划[M].2版.北京:人民交通出版社股份有限公司,2017.

[24] 邵春福.交通规划原理[M].2版.北京:中国铁道出版社,2016.

[25] 关宏志,刘小明.停车场规划设计与管理[M].北京:人民交通出版社,2003.

[26] 王殿海.交通系统分析[M].北京:人民交通出版社,2007.

[27] 陆化普,李瑞敏,朱茵.智能交通系统[M].北京:中国铁道出版社,2004.

[28] 徐建闽.智能交通系统[M].北京:人民交通出版社股份有限公司,2014.

[29] 梁国华.交通工程设施设计[M].北京:人民交通出版社股份有限公司,2014.

[30] 杨晓光,滕靖.公共交通通行能力和服务质量手册[M].北京:中国建筑工业出版社,2016.

[31] 陈峻,徐良杰,朱顺应,等.交通管理与控制[M].北京:人民交通出版社,2012.

[32] 吴兵,李晔.交通管理与控制[M].北京:人民交通出版社,2009.

[33] 裴玉龙.道路交通安全[M].北京:人民交通出版社,2007.

[34] 张卫华.道路交通安全[M].北京:人民交通出版社股份有限公司,2016.

[35] 张大庆,田风奇,赵红英,等.工程制图[M].北京:清华大学出版社,2015.

[36] 蔡志理.交通工程CAD[M].北京:人民交通出版社股份有限公司,2015.

[37] 胡运权.运筹学教程[M].5版.北京:清华大学出版社,2018.

[38] 刘舒燕.交通运输系统工程[M].北京:人民交通出版社,1998.

[39] 杨炜苗.大学生职业生涯规划与就业指导[M].北京:清华大学出版社,2020.

[40] 麦可思数据(北京)有限公司.2020年中国大学生就业报告(就业蓝皮书)[R]. www.mycosinstitute.org.

[41] 褚江伟.交通运输专业导论[M].北京:人民交通出版社股份有限公司,2020.

[42] 蔡志理,高超,李炜.交通设备与控制工程专业导论[M].北京:人民交通出版社股份有限公司,2019.

[43] 刘建新,陆建,吴娇蓉.交通运输专业学位建设的实践与探索[M].北京:清华大学出版社,2020.

[44] 胡麒牧.出行即服务MaaS:智慧交通和绿色出行的未来[J].中国汽车报网,2019-11-07.

[45] 邹海波,吴群琪.交通与运输概念及其系统辨析[J].长安大学学报(社会科学版),2007(1):20-23.

[46] 赵丽霞,高月娥.关于世界交通运输发展历程及启示[J].黑龙江交通科技,2009

(3):108-111.
[47] 沈志云.交通运输工程学[M].北京:人民交通出版社,2007.
[48] 国务院学位委员会第六届学科评议组.一级学科博士、硕士学位基本要求[M].北京:高等教育出版社,2014.
[49] 王兵.交通信息技术及应用[M].北京:机械工业出版社,2016.
[50] 吴兆麟.综合交通运输规划[M].北京:清华大学出版社,2009.
[51] 李如跃,赵娜娜.论国外通识教育对当代中国高等教育的启示[J].现代教育管理,2012(12):126-127.